提笔，书写人生的辉煌

曾经我们用书写裹挟着感情，排列出含有微妙情愫的只言片语，又将这些文字赋予不同的形状和意象去描绘我们的外在和内心。"见字如面"、"字如其人"、"见信如晤"，均表露着文字给人们带来的内心的慰藉和文字下若隐若现的思念。而现在我们用键盘代替了书写，用电子规范化的像素块同化了每个人的外在形象和内在心声。这虽然是科技的进步，但也不免是一种深深的遗憾。

我们似乎早已习惯电子化的像素块，但是考场的考试作文，又把我们从敲击成字的现代科技拽到了那个提笔写字的年代。人们为了应付考试，又拿起了颇感陌生的笔，在回忆半天后写出歪歪扭扭的字。看看自己写的字，再看看自己精致的脸庞和非凡的气质，字如其人似乎在无情地嘲讽我们。

所以，为了应付考试的写作，更是为了让大家能够在未来书写一手漂亮的汉字，做到真正的字如其人，船长便推出了考试字帖，用以帮助大家在考场上既快速又漂亮地书写一篇高分文章。

考试的写作和平时修身养性的写作有非常大的区别，船长虽然给大家传授写作知识，教会大家考场上写出高分文章的技巧，但是船长没有办法代替大家去考场作答。考场上只能依靠同学自己的书写把平时学到的知识汇聚成一篇优秀的文章，但同学书写的环节往往总是出现各种各样的问题。

问题一：字写好看作文就写不完。很多同学还停留在小时候学硬笔书法的阶段，为了把字写好看只能一笔一划地写，但是考试的时间非常的紧张，可能同学一笔一划刚写完一半，考试已经截止了，这样只能是名落孙山，懊悔不已。而且每年考场上这样的同学大量存在。

问题二：作文要按时写完，字体就潦草难辨识。在这么多年的执教生涯中，我见过无数同学的作文，在规定时间内作答的手写作文中，一篇写完并且字迹清秀干净易辨识的作文几乎凤毛麟角，我每每遇到都对其流露出暗室逢灯的喜悦，不由得想多给点分，我相信这也是阅卷老师在疲惫面对大量试卷时的感觉。

如何才能把时间和字写好看这两个看似矛盾的命题结合呢？那一定是按照正确的方法进行考前练习。

关于正确的方法，就是找到既能快速书写又能整洁美观的字体，经过多年考场的经验和教学对比，我们选择了行楷字体。一是因为行楷本身就易于快速书写，二来行楷比起正楷更加的灵活，有易识别、易学习等特征。

考前的练习分为两部分，字体纠正部分和速度提升部分，由于很多同学存在提笔忘字、字体难以辨识、潦草杂乱等问题，所以本字帖的60%可以用来慢慢地练习，先将自己的书写习惯纠正过来，剩下的40%就需要进行提速，在保证字体美观的情况下按照论效范文最多20分钟写完，论说文范文25分钟写完，从而提升自己的作答速度，为实现自己的求学梦想写下坚实的一笔。

当然，通过考试只是我们人生精彩中的很小的一部分，希望这本字帖能够帮助大家在考试中取得好成绩，也更希望在日后的某个清晨、黄昏或者夜晚，一杯清茶一盏台灯，你又拿起了这本字帖，一笔一划去临摹去修为，去书写属于自己的人生辉煌。

新浪微博：写作船长

B 站：写作船长

微信号：handsome_captain

各大应用商店均可下载 MBA 大师 APP

内含百万播放量的全科免费习题课，
帮你顺利通过管理类和经济类联考！

管综真题精讲视频　　经综真题精讲视频

目 录

管理类联考近五年真题及范文

2017年管理类论效真题

（人性奉恶）

范文解析在这里哦

56.论证有效性分析：分析下述论证中存在的缺陷和漏洞，选择若干要点，写一篇600字左右的文章，对该论证的有效性进行分析和评论。（论证有效性分析的一般要点是：概念特别是核心概念的界定和使用是否准确并前后一致，有无各种明显的逻辑错误，论证的论据是否成立并支持结论，结论成立的条件是否充分，等等。）

　　如果我们把古代荀子、商鞅、韩非等人的一些主张归纳起来，可以得出如下一套理论：

　　人的本性是"好荣恶辱，好利恶害"的，所以，人们都会追求奖赏、逃避刑罚。因此拥有足够权力的国君只要利用赏罚就可以把臣民治理好了。

　　既然人的本性是好利恶害的，那么在选拔官员时，既没有可能也没有必要去寻求那些不求私利的廉洁之士，因为世界上根本不存在这样的人。廉政建设的关键，其实只在于任用官员之后有效地防止他们以权谋私。

　　怎样防止官员以权谋私呢？国君通常依靠设置监察官的方法。这种方法其实是不合理的。因为监察官也是人，也是好利恶害的，所以依靠监察官去制止其他官吏以权谋私，就是让一部分以权谋私者去制止另一部分人以权谋私，结果只能使他们共谋私利。(100字)

　　既然依靠设置监察官的方法不合理，那么依靠什么呢？可以利用赏罚的方法来促使臣民去监督。谁揭发官员的以权谋私就奖赏谁，谁不揭发官员的以权谋私就惩罚谁，臣民出于好利恶害的本性就会揭发官员的以权谋私。这样，以权谋私的罪恶行为就无法藏身，就是最贪婪的人也不敢以权谋私了。(200字)(300字)

【参考范文】

　　利用赏罚就可以治理好臣民吗？

　　材料从荀子、商鞅、韩非子的主张开始，主张人的本性是"好荣恶辱，好利恶害"的，之后经过一系列的推导得出只需(400字)

要赏罚就可以治理好臣民了。这个推理过程犯了诸多的逻辑错误，现做如下分析：

首先，文章材料由人的奉性是"好荣恶辱，好利恶害"推导出人们都会追求奖赏，逃避刑罚，这犯了混淆概念的错误，利不一定是奖赏有可能是一种荣誉感，同理害也不一定是刑罚。而且材料后续说拥有足够权力的国君只利用赏罚就可以治理好臣民未免太过绝对，治理好臣民还需要仁政、教化等多种因素结合，单单靠赏罚是不够的。 (100字) (200字)

其次，材料由人的奉性是好利恶害，推导出在选拔官员的时候没必要寻找廉洁之士，因为这种人根本不存在的推理犯了强加因果的错误。每个人对利的见解不一样，利包括私利和公利，如果一个人不追求个人私利而是追求社会公利，这样的人也不一定不廉洁。其次实现廉政建设的目的还有提高官员的思想文化水平等，不单单是杜绝以权谋私，这样的说法太过于绝对。 (300字)

接着，材料由检察官是好利恶害的， (400字)

推出他们一定会以权谋私，犯了明显的逻辑错误。好利恶害和以权谋私没有必然的因果关系。虽然检察官也是好利恶害，但是他们追求的利可能是民族大利，他们的利恰好是制止官员以权谋私，这样的话，文中检察官会和官员以权谋私的结论是无法成立的。

(100字)

最后，文章由臣民是好利恶害的本性，推出利用赏罚就可以促使臣民监督官员，犯了强加因果的错误。臣民固然有好利恶害的本性，倘若没有提供臣民揭发官员的

(200字)

渠道，或者赏罚的程度比较低，反而会受到官员的打击报复。那么靠赏罚措施就无法驱使臣民揭发官员，自然得不到罪恶无法藏身的结论。

综上所述，文章由利用赏罚就可以治

(300字)

理好臣民的推理，是存在很多逻辑推理错误的，这是一个明显站不住脚的结论。

2017年管理类论说文真题（保守与创新）

57.论说文：根据下述材料，写一篇700字左

(400字)

右的论说文，题目自拟。

　　一家企业遇到了这样一个问题：究竟是把有限的资金用于扩大生产呢，还是用于研发新产品？有人主张投资扩大生产，因为根据市场调查，原产品还可以畅销三到五年，由此可以获得可靠而丰富的利润。(100字)有人主张投资研发新产品，因为这样做，虽然有很大的风险，但风险背后有数倍于甚至数十倍于前者的利润。

【参考范文】

　　　　　国之命脉，创新为魂

　　材料中提到企业面临一个两难问题，(200字)到底是立足当下把有限的资金扩大生产，还是选择冒险创新，追求数十倍利润的未来发展。回顾人类历史的发展，我认为企业应该选择后者，因为"创新是向前不止(300字)的动力，是光辉时代的奠基。"

　　人没有创新如同没有灵魂，忙忙碌碌终无所成。北宋程颢有云："不日新者必日退。"君子之本，创新为魂，不思新立，只可身如蒿草随风飘零。太史公前，史书《左传》《国策》皆负盛名，史书奉宗叙事(400字)

写作试卷答题纸

为主，此写法已经为史家首选不二法门。太史公著《史记》推陈出新，以人为传，一登巅峰，无人能及。商鞅立法，一改行政，再修财经，创新之为，终获成功，成秦朝百世万代雄霸天下之基业，树赢政一人挥杖万里尽躬之雄威。自古以来创新就(100字)是君子之品，成事之基。

　　企业没有创新就如同逆水行舟，旧业无新终会惨遭淘汰。一个企业若只是畏手畏脚，贪图眼前利益而不顾创新，终被历史的滚滚车轮碾碎。乔布斯以一己之见力(200字)挽全球电子产品之狂澜，最终让苹果成为世界排名前列的科技产品企业。反观柯达，一味地沉迷在自己胶卷事业的帝国中不知创新，最终落得被市场淘汰的下场。企业的发展要学会顺应市场，更要引领市场，(300字)这样的企业才能在时代发展的大背景下异军突起，永立潮头。

　　国家没有创新就如同盲夫夜路，沉迷于自己的世界最后走向深渊。大国重器需创新才能拥有，安邦之道需创新才能贴合，民族基业需创新才能长存。清朝锁国，盲(400字)

目自封，终在坚船利炮下臣服；改革开放，创新发展，中华民族得以重新傲立世界之林；长征火箭，不断创新，终得神州笑傲苍穹；小小芯片，一味进口，一朝停供，庞大国企风雨摇曳。国家必定要创新，这样如盲夫获明，大道长通，才能在不断的国际竞争中不被淘汰和挺直腰杆。

（100字）

　　周易有云："凡益之道，与时偕行。"创新精神自古以来都是个人企业以及国家的主导精神，无论是个人的长远发展，还是企业的占领市场，还是国家的傲立群雄，都需要创新作为最稳固的后盾。

（200字）

2018年管理类论效真题（物质与精神）

56.论证有效性分析：分析下述论证中存在

（300字）

的缺陷和漏洞，选择若干要点，写一篇600字左右的文章，对该论证的有效性进行分析和评论。（论证有效性分析的一般要点是：概念特别是核心概念的界定和使用是否准确并前后一致，有无各种明显的逻辑错误，论证的论据是否成立并支持结论，结论成

（400字）

立的条件是否充分，等等。）

　　哈佛大学教授本杰明·史华慈（Benjamin I. Schwartz）在二十世纪末指出，开始席卷一切的物质主义潮流将极大地冲击人类社会固有的价值观念，造成人类社会精神世界的空虚，这一论点值得商榷。
(100字)

　　首先，按照唯物主义物质决定精神的基本原理，精神是物质在人类头脑中的反映。因此，物质丰富只会充实精神世界，物质主义潮流不可能造成人类精神世界的空虚。
(200字)

　　其次，后物质主义理论认为：个人基本的物质生活一旦得到满足，就会把注意点转移到非物质方面。物质生活丰裕的人，往往会更注重精神生活，追求社会公平，个人尊严等等。
(300字)

　　还有，最近一项对某高校大学生的抽样调查表明。有69%的人认为物质生活丰富可以丰富人的精神生活，有22%的人认为物质生活和精神生活没有什么关系，只有9%的人认为物质生活丰富反而会降低人的精神追求。
(400字)

　　总之，物质决定精神，社会物质生活水平的提高会促进人类精神世界的发展。担心物质生活的丰富会冲击人类的精神世界，只是杞人忧天罢了。

【参考范文】

物质主义真的不会造成精神世界空虚吗？（100字）

　　材料通过一系列的论证，试图得出社会物质生活水平的提高会促进精神世界的发展的结论，其论证过程存在诸多的逻辑错误，现简要分析如下：

　　首先，文中借用唯物主义"物质决定（200字）精神"的理论，推出物质丰富只会充实精神世界的论述犯了混淆概念的错误。唯物主义的"物质"是指哲学范畴的客观存在的事物和规律，而"精神"指的是与客观存在相对应的概念和定义。这与物质主义（300字）潮流中的与生活相关的"物质"是完全不同的概念。所以自然无法得出物质丰富只会充实精神世界的结论。

　　其次，文中认为，个人的基本物质条件满足了，就一定会把注意力转移到非物质生活，这里犯了强加因果的错误。个人（400字）

对物质的需求往往并不局限于基本的满足，满足了基本物质后往往会有更高的物质要求，而并不必然会把注意力转移到非物质生活上。自然下文物质生活丰裕一定就会更重视精神生活的论述也是错误的。

接着，文中通过对大学生群体进行调查，得出大多数人认为物质生活可以丰富精神生活的结论，此处犯了以偏概全的错误。大学生只能代表社会上一个小群体，他们处于还没有完全接触社会，对精神与物质两者关系没有感受深刻的时间段，所以对于他们的调查不能代表整个社会群体的感受。

最后，社会物质生活水平的提高，也不见得一定会促进人类精神文明的发展。社会的物质水平和精神世界的发展并不是简单的正比关系。世界上不乏一些富裕的国家，人民群众物质生活水平提高后，反而使人民变得懒惰，贪图享乐，并没有促进整个社会精神文明的发展。

综上所述，原文犯了混淆概念、以偏概全等等诸多逻辑错误，从而推出的物质

(100字)
(200字)
(300字)
(400字)

主义不会造成精神世界的空虚的结论自然也是无法成立的。

2018年管理类论说文真题（人工智能）

57.论说文：根据下述材料，写一篇700字左右的论说文，题目自拟。

（100字）

　　有人说，机器人的使命，应该是帮助人类做那些人类做不了的事，而不是取代人类。技术变革会夺取一些人低端繁琐的工作岗位，最终也会创造更高端更人性化

（200字）

的就业机会，例如，历史上铁路的出现抢去了很多挑夫的工作，但又增加了千百万的铁路工人。人工智能是一种技术变革，人工智能也将促进未来人类社会的发展。有人则不以为然。

（300字）

【参考范文】

　　　　　人工智能赋能新时代

　　曾几何时人工智能正在全球范围内蓬勃兴起，世界为此正在悄然转变，随着人工智能的不断发展，人类正在不断迈向一个又一个更高的台阶。虽然科技的发展注

（400字）

写作试卷答题纸

定会淘汰一部分落后产能，但是我们不能因噎废食，因为新时代需要人工智能来赋值。

　　新时代的发展需要以人工智能为基础。在科学技术是第一生产力的今天，人工智能作为全球科学技术的领头羊而被各大国家追捧。我国要想又好又快地发展就需要以人工智能为基础，不断地完善我国的科学技术水平，从而为未来的崛起做好准备。以阿里为首的企业在人工智能领域不断地发展，现在不但成为了世界闻名的大企业，而且在人工智能的引导下还产生了数个新兴产业，那些因人工智能冲击而失业的工人又有了用武之地。新的时代有新要求，技术的发展必须要有牢固而广阔的基础，这样我国的复兴之路才能稳固长存。

　　新时代的发展需要以人工智能为推动。我国正处于高质量发展的攻坚阶段，人工智能的发展应用将有力地推动社会经济发展的智能化，有效增强公共服务和城市管理能力。人工智能的交通管理体系让车辆和行人更加各行其道各守其规，社会公共秩序在人工智能的推动下不断地发展和提高；以人工智能为基础的社保体系让全国亿计人口可以方便快捷地查询和办理业务，好似庞大的巨人由此可以活动自如。这些成果都得益于人工智能对科技的不断推动，新的时代已经来临，借助人工智能的动力

(100字)

我们的复兴之路才能快速发展。

　　新时代的发展需要以人工智能为目标。中国人工智能发展逐步走出了一条需求导向引领商业模式创新、市场应用倒逼基础理论和关键技术创新的独特发展路径。我

(200字)

们更要以人工智能的高目标作为我们新时代的发展方向。我国还有许多问题等待我们去解决，例如空气污染问题，部分科学技术的发展和生产效率落后于发达国家的问题，国家的高新技术的落地应用以及快

(300字)

速服务于人民群众的问题等。新时代的发展需要我们以人工智能为目标，这样我们的复兴之路才能立足高远。

　　新时代的发展需要我们不断地发展高新技术和淘汰落后产能，如若一味地畏手畏脚担心淘汰的落后产能给我们带来的后

(400字)

果而固步自封，那我们永远不能发展强大，因为我们面对的是新时代，这个新时代需要人工智能来赋能！

2019年管理类论效真题（选择越多越快乐）

56.论证有效性分析：分析下述论证中存在的缺陷和漏洞，选择若干要点，写一篇600字左右的文章，对该论证的有效性进行分析和评论。（论证有效性分析的一般要点是：概念特别是核心概念的界定和使用是否准确并前后一致，有无各种明显的逻辑错误，论证的论据是否成立并支持结论，结论成立的条件是否充分，等等。）

　　有人认为选择越多越快乐，其理由是：人的选择越多就越自由，其自主性就越高，就越感到幸福和满足，所以就越快乐。其实，选择越多可能会越痛苦。

　　常言道："知足常乐。"一个人知足了才会感到快乐。世界上的事物是无穷的，所以选择也是无穷的。所谓"选择越多越快乐"，意味着只有无穷的选择才能使人感到最快乐。而追求无穷的选择就是不知足，不知足者就不会感到快乐，那就只会感到痛苦。

　　再说，在做出每一次选择时，首先需要我们对各个选项进行考察分析，然后再进行判断决策。选择越多，我们在考察分析选项时势必付出更多的精力，也就势必带来更多的烦恼和痛苦。事实也正是如此。我们在做考卷中的选择题时，选项越多选择起来就越麻烦，也就越感到痛苦。（100字）

　　还有，选择越多，选择时产生失误的概率就越高，由于选择失误而产生的后悔就越多，因而产生的痛苦也就越多。有人因为飞机晚点而后悔没选坐高铁，就是因为可选交通工具多样而造成的。如果没有高铁可选，就不会有这种后悔和痛苦。（200字）（300字）

　　退一步说，即使其选择没有绝对的对错之分，也肯定有优劣之分。人们做出某一选择后，可能会觉得自己的选择并非最优而产生懊悔。从这种意义上说，选择越多，懊悔的概率就越大，也就越痛苦。很多股民懊悔自己没有选好股票而来赚到更（400字）

多的钱，从而痛苦不已，无疑是因为可选购的股票太多造成的。

【参考范文】

选择越多痛苦就越多吗？

文章通过一系列的推理得出"选择越多可能会越痛苦"的结论，但是文章此结论在推理过程中犯了诸多逻辑错误，现择重点简要分析如下：

首先"知足常乐"的意思是人知足了就会快乐，而不是只有知足才快乐，知足是快乐的充分条件而不是必要条件。由世界上的事物是无穷的推导出选择也是无穷的，此处犯了混淆核心概念的错误，世界上的事物是无穷的，但是这些事物并非人类都能进行选择，文章混淆了事物的总量与事物可选择数量的概念。

其次文章由付出更多的努力推导得出会带来更多的烦恼和痛苦，此处的推理有强加因果之嫌。一个人的努力与是否带来烦恼与痛苦之间没有必然的逻辑关系，付出的努力也有可能取得成功从而带来了喜悦和欢乐。后续文章通过考卷中选择题佐

(100字)(200字)(300字)(400字)

证了生活中选择越多痛苦越多，此类比也是不恰当的。生活中的选择是选择最适合或者最喜欢的方式，没有严格的对错之分，但是考试中的选择题却有正确答案，若在考试中的选项直接能选出正确选项也不一定带来痛苦。

(100字)

　　接着文章由"选择越多"推出"产生失误概率越高"，"后悔越多"从而"痛苦越多"，此推理过程是不恰当的。选择越多不一定错误率越高，错误率高也不一定就会产生后悔，从而是否一定会痛苦也就不得而知。选择的多样性也有可能带给自己

(200字)

更多开心与高兴，并非就会痛苦。而且文章后续因为选择多样性，推出选择飞机晚点后悔没有选择高铁的结论，选择的行为与选项多样化和选择后带来的后果之间没

(300字)

有必然的逻辑关系。

　　最后文章由选择并非最优推出从而会产生懊恼，此推理明显有误的。只要选择能够达到预期的结果，不管是不是最优选择，同样也可以令人开心。而且能否选择正确的股票赚钱和可供选购的股票数量之

(400字)

间也没有必然的逻辑关系，即使股票数量很少，股民同样有可能赚不到钱。

综上所述，文章"选择越多痛苦就会越多"的结论有待商榷，文章种种推理很难对此结论起到强有力的支撑。

（100字）

2019年管理类论说文真题（论辩）

57.论说文：根据下述材料，写一篇700字左右的论说文，题目自拟。

知识的真理性只有经过检验才能得到

（200字）

证明。论辩是纠正错误的重要途径之一，不同观点的冲突会暴露错误而发现真理。

【参考范文】

真理愈辩愈明

知识难免有对有错，而论辩是发现和

（300字）

纠正错误的重要途径之一，只有不断通过观点之间的论辩与碰撞，才能更好地帮助我们发现真理和鉴别谬误。正所谓："真理愈辩愈明。"

论辩是真理的铺路石。潮流浩荡，纵观华夏，唯有真理让我们毅力坚挺，而真

（400字）

写作试卷答题纸

理不是天生就存在的，需要我们用论辩去发现去探索。春秋战国，礼崩乐坏，弑君无罪，亡国常常，但就是在这样的环境下却诞生了影响中国未来几千年的文化真理，这无不得益于诸子百家之间不断的论辩，让自己的学说更加接近真理从而影响后世千年。(100字)反观清朝，帝王一言，闭关锁国，直到帝国主义坚船利炮才让我们打开国门。真理是一步一步走出来的，而没有论辩作为铺路石，真理的路会异常难走。

　　论辩是真理的登山阶。回首百年，华(200字)夏民族，受尽屈辱，但是坚持真理让我们一步步地发展壮大起来。在革命初期，经过几次失败后不断地论辩，我们提出了"农村包围城市，武装夺取政权"的战略目标，从而稳住了脚跟，壮大了队伍。在抗(300字)日战争时期，伟大领袖毛泽东经历过大量的论辩最后写出了对抗日战争起到指导性作用的《论持久战》，批判了当时社会上"速胜论"和"亡国论"，对未来的形势做出了准确预测和安排。正是因为我们掌握了胜利的真理，才能稳扎稳打地一步一步走(400字)

写作试卷答题纸

向胜利。

　　论辩是真理的瞭望台。经过论辩我们才能掌握真理，掌握真理我们才能实现复兴。在国家一穷二白的时候，邓小平经过反复的论辩得出我国实施改革开放才能实现富强的真理，从此中国开放大门，经过40年的奋斗和发展我们已经摘去了当初贫困潦倒的帽子，国家社会的各项事业得到了长足的发展。而且我国的人民代表大会制度就是建立在论辩上的，因为国家长治久安、社会和谐发展、国民幸福安康的真理需要我们不断地去论辩才能发掘。

　　辩之，思之，笃行之，论辩让我们更快地接近真理，从而更快地走向成功，而历史也告诉我们万不可独断而行，唯有论辩才能让真理愈加地明确。

2020年管理类论效真题（冬奥会）

56.论证有效性分析：分析下述论证中存在的缺陷和漏洞，选择若干要点，写一篇600字左右的文章，对该论证的有效性进行分析和评论。（论证有效性分析的一般要点是：概念特别是核心概念的界定和使用是否准确并前后一致，有无各种明显的逻辑错误，论证的论据是否成立并支持结论，结论成立的条件是否充分，等等。）

　　北京联手张家口共同举办2022年冬季 (100字)
奥运会，中国南方的一家公司决定在本地投资设立一家商业性的冰雪运动中心，这家公司认为，该中心一旦投入运营，将获得可观的经济效益，这是因为：

　　北京与张家口共同举办冬奥会，必然 (200字)
会在中国掀起一股冰雪运动的热潮。中国南方许多人从未有过冰雪运动的经历，会出于好奇心，而投身于冰雪运动。这正是一个千载难逢的绝好商机，不能轻易错过。

　　而且，冰雪运动与广场舞、跑步等不 (300字)
一样，需要一定的运动用品，例如冰鞋、滑雪板、运动服装等等，这些运动用品价格不菲，而且有较高的商业利润。如果在开展商业性冰雪运动的同时，也经营冬季运动用品，这样公司可以获得更多的利润。

　　另外，目前中国网络购物已经成为人 (400字)

写作试卷答题纸

们的生活习惯，但相对于网络商业，人们更青睐直接体验式的商业模态，而商业性冰雪运动正是直接体验式的商业模态，无疑具有光明的前景。

【参考范文】

南方冰雪运动真的可以获得可观收益吗？(100字)

　　材料中的公司通过一系列的推理和论证，得出在南方投资冰雪运动中心将会获得可观收益的结论。但是此结论在推理过程中犯了诸多的逻辑错误，其有效性还需进一步商榷。(200字)

　　首先，材料认为北京与张家口举办冬奥会，必然会在中国掀起一股冰雪运动热潮的推理犯了以偏概全的逻辑错误。北京与张家口只是中国众多北方城市之中的两个，冬奥会在这两所城市举办不代表全国(300字)人民必然都对冰雪运动充满热情，自然不能推出该活动必然会在全国掀起一股冰雪热潮。

　　其次，材料认为因为南方人未参加过冰雪运动，所以因为好奇心就会投身冰雪运动。此处的推理有强加因果之嫌。有好(400字)

奇心并非一定会进行体验，很多人可能对冰雪运动有好奇心，但是会因为了解程度低，参与的程序复杂等因素而放弃体验，所以两者之间并没有直接的逻辑关系。

接着，材料认为，冬季运动用品价格不菲，有较高的商业利润，公司就会获得更多的利润。此处的推理难免有不当推理之嫌。南方大部分地区冬季很少有适合冰雪运动的气候和场地，而且很少有人使用冰鞋、滑雪板、运动服装等冬季运动用品，即便用品价格不菲，有较大利润空间，但是没有销量依旧很难盈利。

最后，材料认为相比较网络购物，人们更加青睐直接体验式商业模态，而冰雪运动是直接体验式商业模态，所以具有光明前景。此处的推理有混淆概念之嫌。商业模态只是销售过程中的一种模式或者属性，人们青睐这种模态，并不等于会喜欢每一种具备这种模态的产品。所以并不能正确推出冰雪运动有光明前景的结论。

综上所述，南方公司以冬奥会为契机，在本地投资冰雪运动中心将获得可观的经

(100字)
(200字)
(300字)
(400字)

济效益这一观点的有效性值得进一步论证。

2020年管理类论说文真题（挑战者号）

57.论说文：根据下述材料，写一篇600字左右的论说文，题目自拟。

据报道，美国航天飞机"挑战者号"采用了斯沃克公司的零配件，该公司密封圈技术专家博伊斯·乔利多次向公司高层提醒：低温会导致橡皮密封圈脆裂而引发重大事故，但是，这一建议一直没有受到重视。1986年1月27日，佛罗里达州卡纳维拉尔角发射场的气温降到零度以下，美国宇航局再次打电话给斯沃克公司，询问其对航天飞机的发射还有没有疑虑之处。为此，斯沃克公司召开会议，博伊斯·乔利坚持认为不能发射，但公司高层认为他所持理由还不够充分，于是同意宇航局发射。1月28日上午，航天飞机离开发射平台，仅过了73秒，悲剧就发生了。

【参考范文】

用兼听筑起规避风险的长堤

　　隐藏的风险很难察觉，但是当我们闭目塞听的时候，即便是明显暴露在我们眼前的风险也会被视而不见，就如同博伊斯·乔利明显指出挑战者号的风险，但是公司高层却充耳不闻，最终导致了这一重大事件。历史的悲剧一再提醒我们，要用兼听筑起规避风险的长堤。

(100字)

　　公司高层对意见和建议的漠视，导致了这一重大的事故。事故之所以发生得如此惨重，这和公司高层对意见和建议的处理方式是分不开的。博伊斯·乔利不只一次公开表示，密封圈存在巨大安全隐患，但是公司高层急于求成，对专业的意见和建议充耳不闻，任由风险存在，也正是因为这种闭目掩耳的态度，最终让花费了巨大精力和财力的挑战者号化为乌有。

(200字)

(300字)

　　这不单单是态度的问题，更是一种企业内部对待意见和建议处理方式的流程问题。当一种巨大的风险被指出时，没有详细地测试，全面地评估，而是简单以理由不充分就充耳不闻。唐太宗身居帝位，尚能虚心纳谏，以魏征为镜，斯沃克公司的

(400字)

管理人员却急功近利对科学家多次的警示无动于衷，结果可想而知。试问，假若斯沃克公司能够有严格的意见建议处理体系，公司高层严格遵守制度。巨大风险的提示还会被忽略？悲剧还会发生吗？

　　健全的意见和反馈管理体系，关注并乐于接受负面意见的管理格局，是规避风险，防患于未然的两块基石。一方面要靠制度，让科学，理性顺其自然地发出应有的警示和建议，从而指导决策；另一方面要从人的角度建立管理的格局观。每一个步骤不掉以轻心，每一个细节不自以为是，每一份建议都认真对待。只有这样才能最大可能地把事情做到尽善尽美，防患于未然，规避风险。

　　任何事情都存在隐患和错误的可能。正所谓当局者迷，有时人们会因为眼前的目标冲昏了头脑，不能冷静而客观地采纳反面意见。如何让风险得到有效的控制，如何让意见能够得到有效的传达，这是问题的关键。有去"兼听"的心态，加上保障"兼听"能够履行到位的制度，才能筑起有效的规避风险的长廊。

2021年管理类论效真题（眼见未必为实）

56.论证有效性分析：分析下述论证中存在的缺陷和漏洞，选择若干要点，写一篇600字左右的文章，对该论证的有效性进行分析和评论（论证有效性分析的一般要点是：概念特别是核心概念的界定和使用是否准确并前后一致，有无各种明显的逻辑错误，论证的论据是否成立并支持结论，结论成立的条件是否充分，等等。）

常言道："耳听为虚，眼见为实"，但实际"眼见未必为实"。从哲学上讲，事物表象不等于事物真相。我们亲眼看到的显然不是事物真相。只有将表相加以分析，透过现象看本质才能看到真相。换言之，我们看到的未必是真实情况，即"所见未必为实"。

举例来说，人们都看到了旭日东升，夕阳西下，也就是说，太阳绕地球转，但是，只是人们站在地球上看的表象而已，其实这是地球自转造成。由此可见，眼见者未必实。

　　我国古代哲学家老子早就看到了这一点。他说过，人们只看到了房子的"有"（有形的结构），但人们没看到"无"（房子中无形的空间）才有实际效用。这也说明眼所见者未必实，未见者为实。

　　老子还说，讲究表面的礼节是"忠信之薄"的表现。韩非解释时举例说，父母和子女因为感情深厚而不礼节，可见讲究是感情不深的表现。现在人们把那种客气的行为称作"见外"，也是这个道理。这其实也是一种"眼所见者未必实"的现象。因此，如果你看到有人对你很客气，就认为他对你好，那就错了。

【参考范文】

　　　　眼见真的未必为实吗？

　　材料分别对自然现象、礼节与感情等进行分析，最终得出了眼见未必为实的结论。但是此结论在推导的过程中犯了诸多的逻辑错误，现择其要点分析如下：

　　首先，材料从哲学的概念进行引申，

认为哲学上事物表象不等于事物真相，所以亲眼看到的显然不是事物的真相。此处的推理有强加因果之嫌疑。哲学层面阐述的是两者之间的关系，而现实生活中存在很多事物表象就是事物真相的例子，所以随后的真相只有分析才能得出也不成立。（100字）

　　其次，材料认为人在地球上看到太阳东升西落，所以认为太阳绕地球转是典型的眼见未必为实的例子。此处的推理也存在强加因果之嫌。眼睛看到的东西和对其分析得出的结论是完全不同的概念。太阳（200字）东升西落是眼见为实，但是太阳围绕地球转并非是眼睛看到的，而是通过科学分析得出的结论，结论的正确与否和眼睛看到的实际事物正确与否无关。

　　随后，材料通过老子哲学概念中的"（300字）有"和"无"，对眼见未必为实进行论证，此处犯了混淆概念的错误。房子看到的是"有"的部分，产生实际效用的是"无"的部分，此处的实际是实用的意思，而眼见未必为实的"实"是看得见的意思，"看得见"和"实用"是两个完全不同的概（400字）

念，无法用是否有实际效用来推出看得见的是否真实存在。

最后材料由老子的话进行切入，通过对讲究与感情之间的关系进行论证，并将眼见未必为实与其进行关联，最终得出了客气并非是对你好的结论。但是此推理犯了诸多的逻辑错误。因为亲情不讲究，所以讲究是感情不深。此处有不当类比之嫌疑，亲情和其他的感情不同，亲情因为有血缘关系作为纽带可以不讲究，其余的感情就需要讲究作为维系的关键，但是这并不代表感情不深。随后材料认为客气是见外，看见有人对你客气并非对你好，从而得出眼见未必为实的结论。感情不深不代表会对你不好，也有可能是君子之交，合乎礼节和规矩。其次客气是可以眼见的，但是对你是否好并非可以眼见，而是眼见之后的分析和感觉，无法用个人的主观感受来判断眼见部分的真实性。

综上所述，材料在推理的过程中犯了诸多的逻辑错误，得出的结论存在大量的不妥，其眼见未必为实的结论还需进一步

写作试卷答题纸

的论证。

2021年管理类论说文真题（道德教育与科学教育）

57.论说文：根据下述材料，写一篇700字左右的论说文，题目自拟。 (100字)

　　我国著名实业家穆藕初在《实业与教育之关系》中指出教育最重要之点在道德教育（如责任心和公共心之养成、机械心之拔除）和科学教育（如观察力、推论力、判断力之养成）。完全受此两种教育，实业中坚者遂出之。 (200字)

【参考范文】

　　　　以道德科学之合　创中坚不朽之业

　　教育的重点是什么？这个问题被争论千百年。而我国著名的实业家穆藕初在《实业与教育之关系》中指出教育最重要之点要以道德科学教育之合，才能创造中坚不朽之业。 (300字)

　　科学教育是国之兴旺的命脉。现在的国际竞争就是经济与科学的竞争，在科学 (400字)

技术是第一生产力的今天，我们必须要培养科学教育的基础，科学技术的强大依赖于科学教育的养成。古往今来那些伟大的科学家、实业家、企业家无疑是以观察力、推理力、判断力作为基础的，无论是发明地动仪的张衡、撰写《大明历》、精确圆周率的祖冲之，都是凭借其自身优秀的观察力和推断力而成就自我的。又或者是杨振宁、褚时健、任正非等，均依靠强大的推论力和判断力而名扬海内外。如果没有这些科学教育，即便机遇在面前也很难被发现并抓住。

　　道德教育是发展壮大的法门。无论是事业还是实业，从 0 到 1 需要的是科学的研发和生产，但是从 1 到100就需要的是道德的控制和引导。没有道德教育，即便实现了从 0 到 1，最终也会一无所有。无论是三鹿奶粉、还是长生长春疫苗，虽然都曾经崛起，但是最后都陨落。他们都忽视了道德教育的力量，最终落得锒铛入狱的下场。相反那些从发展之初就牢牢树立道德教育意识的人，都反倒收获了极大的成

(100字)
(200字)
(300字)
(400字)

功。无论是满怀社会责任感的郭明义还是拔除机械心的邵逸夫，他们都用道德教育谱写了事业的伟大长青。

　　科学教育与道德教育的结合，才能成就不朽之伟业。没有科学教育，只会成为没有方向只知道蛮干的"莽夫"，最终即便机遇出现也只能原地踏步无法乘势而为。没有道德教育，即便有幸小有成就，也最终会"德不配位，必有灾殃；德薄而位尊，智小而谋大，力小而任重，鲜不及矣。"所以我们想要有一定的成就，就必须要把两者结合起来，以科学教育作为推动，以道德教育作为引导，这样才能创造中坚不朽的功绩。

　　道德教育如船，科学教育就如帆。失船，帆沉不知所踪；失帆，船动随波逐流；我们要想将事业的航船开得又快又好，就需要将道德教育与科学教育相结合，这样我们的大道才能康庄。

经济类联考近三年真题及范文

2018年经济类论效（市场竞争）

41.论证有效性分析：分析下述论证中存在的缺陷和漏洞，选择若干要点，写一篇600字左右的文章，对该论证的有效性进行分析和评述。（论证有效性分析的一般要点是：概念及主要概念界定和使用的准确性及前后是否互相矛盾，有无各种明显的逻辑错误，论据是否支持结论，论据的成立条件是否充分。还要注意逻辑结构和语言运用。）

市场竞争有利于谁？有些人认为有利于消费者，市场中不同的商家为了各自的利益相互斗争，从客观上为第三方——消费者带来好处。因为他们在争斗中互相压价，那么将使消费者占得便宜。

非常肯定地说，这种在把生产者与消费者相互割裂基础上的观点是极其错误的。消费者是谁？在现代社会，消费者不是什么第三者，他们之所以有消费能力，是因为他们作为公司的员工获得报酬。市场的主导消费是谁？也是在单位默默工作，以获得收入的劳动雇佣人。消费者即生产者。在市场竞争中，还会是与消费者毫无切身利益关系吗？还会是消费者占得便宜吗？

　　两家电器公司价格大战，我作为IT公司的员工，感到占便宜，因为电器价格下降了，但是对于电器公司呢？价格战使利润率降低，使电器公司的员工丧失了提高工资的可能。利润是公司再投资的来源，也是工资的来源，这损害了相关竞争公司的员工利益。我在为电器公司竞争感到占便宜的同时，IT公司之间也在竞争，我如同那个电器公司的员工一样恨自己的公司因许多竞争对手无法独占或大部分占领市场。所以谁也没有占便宜，因为市场竞争是普遍的。总的来说，市场竞争受益者是消费者是个伪命题。

　　那么市场竞争真正的受益者是谁？是那些能在市场竞争中取得优势的社会集团。而竞争中处于劣势的，总是大多数，他们只能分食较小的利润份额。那么，他们的员工就要承担竞争不利的威胁——降低薪

(100字)
(200字)
(300字)
(400字)

水。他们的境遇越是恶化，那么他们员工的购买力就越低。但是，处于竞争劣势中的总是大多数公司的员工，他们是消费者中的主力军。总之，市场竞争有利于占据竞争优势行业的员工——当他们作为消费者的时候，购买力会加强；不利于竞争劣势中的行业员工——他们同样作为消费者存在的时候，购买力就弱。市场竞争只是私有制条件下各市场主体利益相互对抗的产物，本身便是内耗，将一种混乱和内耗罩上有利于消费者的光环，根本是靠不住的。

【参考范文】

优势的社会集团在竞争中真的获利吗？

材料通过对市场上消费者生产者的一系列的论述，并通过举例等方式证明了在市场竞争中，只有取得优势的社会集团会获利的观点，但是此观点在一定的程度上是站不住脚的，现简要分析如下：

首先，材料认为，消费者和生产者无法割裂，因为作为公司员工是生产者，获得报酬有消费能力，所以他们就是消费者。

此处的推理存在不当推理之嫌，消费者并非都是企业的员工，也有个体经营者、企业股东分红、农民、军人，他们的消费能力并非是作为企业员工获得的报酬。

　　其次，材料通过举IT公司的例子，认为价格战使得利润率下降，利润下降，从而公司员工丧失了提高工资的可能。此处的推理有忽略他因之嫌，电器价格降低，其利润率降低真的就无法获得利润吗？很多薄利多销的企业也获得了可观的效益。既然可以获得效益，那么丧失了员工提高工资的可能性的言论就是无稽之谈了。

　　接着，材料认为，因为市场竞争是普遍的，谁也没有占便宜，所以市场竞争受益者是消费者是个伪命题，此结论也是站不住脚的。市场竞争是普遍的，不代表谁都占不了便宜，很多企业在市场竞争中，发现自身缺陷，并不断完善企业产品，获得可观利润的比比皆是。而且广大消费者在企业的竞争中也能购得物美价廉的商品，这就是一种受益。

　　最后，材料认为，市场竞争中的劣势

集团，会导致员工降低薪资，境遇恶化，购买力降低。市场上的劣势集团可能分食较小的份额不一定代表他们就会利润减少从而降低薪资，可能他们的利润份额正好维持正常运转。由此为依据的优势行业购买力强，劣势行业购买力弱也就站不住脚了。

（100字）

　　综上，材料的竞争中获利的是优势集团的言论是站不住脚的。

（200字）

2018年经济类论说文（教授穿金戴银）
42.论说文：阅读下面的材料，并据此写一篇不少于600字的论说文，题目自拟。

　　近期有报道称，某教授颇喜欢穿金戴银，全身上下都是世界名牌，一块手表价值几十万，所有的衣服和鞋子都是专门定

（300字）

制，价格不菲。他认为对"好东西"的喜爱没啥好掩饰的。"以前很多大学教授都很邋遢，有些人甚至几个月不洗澡，现在时代变了，大学教授应多注意个人形象，不能太邋遢了。"

（400字）

【参考范文】

穿戴有度，治学有尺

材料中的教授，喜欢穿金戴银，全身上下都是世界名牌，一块手表几十万，他认为，原来的教授不注意自己的形象，很邋遢，而现在的教授要注意自己的形象，不能太邋遢。但是在我看来，一个教授应该穿戴有度，治学有尺。

穿戴有度，既不邋遢到几个月不洗澡，更不应该一味追求奢靡和好东西。教授作为学者，就应该有学者的基本品格和要求，学者应该一心放在学术上，对于基本的物质享受，虽然没有要求，但是应该有度。假若一个学者，脖带大金链，脚穿人字拖，这虽然没有成文的规定不可，但是有悖学者之风骨。当然更不应该形象邋遢，正所谓，国士无双，教授代表着我国的高知识分子，也代表了高校的形象，应当整洁、利落，有学之大者之风范。

若一味地追求穿金戴银，奢靡之风，虽然在个人的喜好上并没有什么问题，但是容易在物质的引诱下导致思想滑坡，从而产生学术腐败等问题。当一个人喜欢上了名牌的奢侈品，穿金戴银以彰显身份的时候，他就容易被虚荣心操纵，当整个人被虚荣心左右的时候，为了追求更高的虚荣心，就会更加的变本加厉，如果经济状况不允许，他们就会开始为了物质而走上歪路，这也将会导致不合规的事情发生。

(100字)

　　现在的时代是开放的时代，更是多样化的时代，我们赞同那些为国家付出过时间、精力以及青春的人获得丰厚的回报，在物质层面上让他们不再窘迫，让他们在精神层面上感到满足，但是也更应该不忘初心，严谨治学。屠呦呦和袁隆平等科学家，国家给予他们丰厚的物质条件，但是他们依旧保持着学者勤俭、朴素、低调的作风，依旧在一线发光发热。这才是物质和治学两者最好的平衡。

(200字)

(300字)

　　随着物质条件的卓越，我们支持教授追求好的东西，但是必须有度，这样才能在物质条件的支持下发挥更多的光和热。

(400字)

2019年经济类论效真题（阿尔法狗）

41.论证有效性分析：分析下述论证中存在的缺陷和漏洞，选择若干要点，写一篇600字左右的文章，对该论证的有效性进行分析和评述。（论证有效性分析的一般要点是：概念及主要概念界定和使用的准确性及前后是否互相矛盾，有无各种明显的逻辑错误，论据是否支持结论，论据的成立条件是否充分。还要注意逻辑结构和语言运用。）

（100字）

Alpha go（阿尔法狗）是谷歌旗下的Deep Mind公司开发的智能机器人，其主要工作原理是深度学习。2016年3月，它和世界围棋冠军职业九段选手李世石人机大战，以4比1的总比分获胜。2017年5月，在中国乌镇围棋峰会上，它又与排名世界第一的世界围棋冠军柯洁对战，以3比0的总比分获胜。围棋届公认Alpha go棋力已经超过人类排名第一的棋手柯洁，赛后柯洁也坦言："在我看来，它（A）就是围棋上帝。能够打败一切……对于Alpha go的自我进步来讲，人类太多余了。"

（200字）

（300字）

（400字）

写作试卷答题纸

　　的确，在具有强大自我学习能力的Alphago面前，人类已黯然失色，显得十分多余了。未来机器人将变得越来越聪明。什么是聪明？聪明就是记性比你好，算得比你快，体力比你强。这三样东西，人类没有一样可跟机器人相提并论。因此，毫无疑问，Alphago宣告人类一个新时代的到来。现在一些饭店商店已经有机器人迎宾小姐，上海的一些高档写字楼已经由机器人送餐，日本已诞生了全自动化的宾馆，由清一色的机器人充当服务生。除了上天入地，还干许多人类干不了的活，机器人还可以进行难度更高、更大、精确度更高的手术，它们还能书法，绘画，创作诗歌小说等，轻而易举进入这些原奉人类专属的领域。迈入人工智能化时代，不只是快递小哥，连教师，医生甚至是艺术家也要被智能机器人取代了！

　　现在，我们正处在信息成几何级数增长的大数据包围中，个人的知识量如沧海一粟，显得无足轻重。过去重视学习基础知识的算法，如让小孩学习加减乘除，背诵默写古诗词等，已经变得毫无意义。你面对的是海量数据，关键不是生产而是使用它们，只要掌握如何搜索就行，网络世界没有你问不到的问题、搜索不到的信息和数据。一鼠标在手，你就可以畅行天下，尽享天下了。可以说，在这样的时代，人 (100字)
的唯一价值在于创新，所以教育的改革在于培养具有独立思考能力，具有批判性思维、创新性思维的人。注重创新，创造，创意，这是人唯一能超越机器人的地方了。

Alpha go 战胜围棋高手，只是掀开冰山 (200字)
一角，可以断言的是，随着人工智能时代的到来，人类即将进入一由机器人统治的时代，人不如狗，绝非危言耸听，如果我们不愿冒被机器人统治的风险，最好的办法把已有的人工智能全部毁掉，同时颁布 (300字)
法律明令禁止，就像禁止多利羊的克隆技术应用在人类身上一样。

【参考范文】

　　机器人真的要取代人类了吗？

　　材料通过对人工智能 Alpha go 打败棋王柯洁的一系列论述，认为人工智能终有一 (400字)

天打败人类，并统治人类。但是这一系列的推理存在诸多的逻辑漏洞，现分析如下：

首先，材料认为未来机器人将会越来越聪明，记性、体力、算得快，远远比人类好，所以人类的一个新的时代已经来临。此处的推理犯了混淆概念的错误，聪明不仅仅是记忆力、计算速度、体力，更多的是一个人的情商、思维意识等等，仅仅是记性、体力、计算速度不能全部代表聪明。

其次，材料认为，我们现在处于信息成几何倍数增长的时代，过去的基础知识已经毫无用处，面对海量数据，只需要搜索就可以了。此处的推理存在不当，能够查找知识和能够运用知识是两个不同的概念，而且海量的知识有对有错，我们没有一定量的知识储备，很难在庞大的信息面前选择对自己有用的信息。

接着，材料认为，人类唯一的价值在于创新，这是人类唯一能超越机器人的地方了。此处的推理显得过于绝对。创新需要扎实的基础知识，这些基础知识也是教育的目标之一，而且，除了创新，人类的情商、伦理、法律等等都是教育需要传授给我们的东西，不仅仅是培养独立思考的能力，而且这些也是人类超越机器人的方面。

最后，材料认为，随着人工智能的到来，人类将会被机器人统治，我们不想被统治，就最好毁掉所有机器人。此处的推理太过于非黑即白。人类并非和机器人不能共存，我们完全可以通过机器人处理更加危险和复杂的事物，而在机器人的研发上更加注重安全，这并不见得会被机器人统治。

综上所述，材料认为，机器人终有一天会统治人类的结论有些许荒诞之处，其论证的有效性还需要进一步论证。

2019 年经济类论说文（毛毛虫实验）

42.论说文：阅读下面的材料，并据此写一篇不少于600字的论说文，题目自拟。

法国科学家约翰·法伯曾做过一个著名的"毛毛虫实验"。这种毛毛虫有一种

"跟随者"的习性，总是盲目地跟着前面的毛毛虫走。法伯把若干个毛毛虫放在一只花盆的边缘上，首尾相接，围成一圈。他在花盆周围不远的地方，撒了一些毛毛虫喜欢吃的松叶。毛毛虫开始一个跟一个，绕着花盆，一圈又一圈地走。一个小时（100字）过去了，一天过去了，毛毛虫们还在不停地、固执的团团转。一连走了七天七夜，终因饥饿和筋疲力尽而死去。这其中，只要任何一只毛毛虫稍稍与众不同，便立刻会吃到食物，改变命运。（200字）

【参考范文】

盲目跟从　画地为牢

法伯的毛毛虫实验，证明了毛毛虫盲从的天性，但是这个实验对于我们来说，更重要的不是揭示毛毛虫生物的本性，而（300字）是在于警戒我们，盲目跟从只能画地为牢，我们要客观理性，拥有个人主见。

随着社会的逐渐发展，各种信息成指数增长的今天，人们的客观理性的主见却越来越少。越来越多的人盲目跟从，就如同墙头草，在各种各样的风向中来回摆动。（400字）

写作试卷答题纸

究其原因，互联网的快速发展，我们接触到了越来越多的信息，而在网络背后，各种各样的人在享受畅所欲言带来的快感的时候，他们也丧失了理性思考的能力，这就导致盲从者越来越多，甚至荒诞可笑的网络谣言都能被奉为金科玉律。大量的人，(100字)用眼睛代替了大脑，用嘴巴代替了思索，这也就导致盲从者越来越多。

　　减少盲从，更多的在于在不断提升个人认知范围之后，理性思维和批判性思维的培养和建立。没有一定知识基础的批判(200字)性思维就是抬杠，只有认知范围而没有理性和批判性思维的就是无知。认知范畴决定了思维的广度，很难被一些简单的盲从观点带跑偏，对一些简单的谣言也能一眼识破；而理性思维和批判精神决定了思维(300字)的高度，遇到信息不明确或者恶意为之的事件也能够理性分析，不被别人牵着鼻子走。两者结合，才能更好地促进个人主见的形成。

　　拥有主观意识者和盲从者相比，总是少数的，因为他们要想打破盲从不但要突(400字)

破自己的思维限制，更要打破他人的世俗观念。在这点上，社会制度和舆论，更应该有所担当，成为打破盲从的主战场，而不仅仅依靠社会上有主见的人去单打独斗。

无论什么年代，盲从都是存在的，但是不盲从者也是存在的，盲从者只会给自己画地为牢，而理性客观有主见的人，最终会打破心灵的牢狱，迈向人生的光明。

2020年经济类论效真题（金融机构）

41.论证有效性分析：分析下述论证中存在的缺陷和漏洞，选择若干要点，写一篇600字左右的文章，对该论证的有效性进行分析和评述。（论证有效性分析的一般要点是：概念及主要概念界定和使用的准确性及前后是否互相矛盾，有无各种明显的逻辑错误，论据是否支持结论，论据的成立条件是否充分。还要注意逻辑结构和语言运用。）

在漫长的发展过程中，金融机构和金融功能逐步形成和完善，但相比金融机构的发展演化，金融功能作为核心和基础则表现得更为稳定，主要表现为提供支付、资产转化、风险管理、信息处理和监督借款人等方面。近些年来金融科技发展突飞猛进，金融业产生了革命性的变化。

数百年来金融业有了很大变化，但金融功能比金融机构更具稳定性。在金融需求推动下，如今的金融规模总量更大、结构更复杂。金融科技发展带来的开放、高效、关联、互通，使金融风险更隐蔽、传递更迅速。互联网的普及为场景金融带来了庞大的用户基础，移动支付的技术发展为各式线上、线下金融场景的联动提供了更多的可能；风控技术的进步使得金融安全性得以保障；大数据技术则为整个场景金融生态的良性运转提供着关键性的技术支持。场景金融成为金融功能融合加速器。通过场景平台上将金融四项功能融为一体，或集成于一个手机。人与商业的关系迈入到了"场景革命"，供给、需求方便地通过"场景"建立连接，新场景正层出不穷地被定义，新平台不断被新需求创造，新模

写作试卷答题纸

式不断在升级重塑。

　　当前金融机构对于金融服务的供给力度仍然不足，特别是长尾客户的金融需求一直以来未被有效满足，巨大的服务真空为金融科技带来机会。通过金融科技技术运用，打破传统的金融边界限和竞争格局，(100字)创造出新的业务产品、渠道和流程，改变金融服务方式及社会公众的生活方式，解决传统金融的痛点；提高在传统业务模式下容易被忽视的微型企业客户的服务供给，将掀开金融竞争和金融科技发展的新的一(200字)幕。对于发展中小企业业务、消费金融和普惠金融意义重大。所以金融科技发展与支持实体经济发展必须要结合，实现"普"和"惠"的兼顾。

【参考范文】

金融机构注重小微客户意义真的重大吗？(300字)

　　材料通过叙述金融机构近些年来的快速发展，进而谈到金融科技的进步，得出了金融机构应该注重小微客户，这样才能有重大的发展意义的结论。但是此结论在推导的过程中犯了诸多的逻辑错误，现简(400字)

要分析如下：

　　首先，材料在第二段认为金融科技的发展让金融风险更加隐蔽、传递更加的迅速，而后文又得出风控技术保障了安全。此处的存在明显的矛盾，既然技术让风险加剧而后又何来的技术控制了风险。（100字）

　　其次，材料第三段段首认为长尾客户需求被满足就能带来巨大的机会。此处的推理较为理想化，类似金融机构长尾用户并非是其盈利关键，而是20%的客户提供了80%的利润，如果我们把精力都放在满足长尾客户需求上，那有可能赢利反倒下滑。（200字）

　　随后，材料认为通过金融科技就能打破金融边界和金融格局解决传统金融的痛点。此处的推理过于绝对，科技是能够带来革新，但是金融边界、金融格局以及传统金融的痛点等不光需要科技，还需要法律、道德等一系列的配合才能解决。（300字）

　　最后，材料认为金融企业应该支持小微企业所以应该支持实体经济。此处的推理犯了混淆概念的错误，小微经济指的是（400字）

写作试卷答题纸

规模，实体经济指的是类型，两者是不同的，不能由支持小微推出支持实体经济的结论。

综上所述，本文犯了一系列的错误，所以金融企业应该重点放在小微客户的结论是站不住脚的。

（100字）

2020年经济类论说文（马旭捐款）

42.论说文：阅读下面的材料，并据此写一篇不少于600字的论说文，题目自拟。

（200字）

2018年，武汉一名退休老人向家乡木兰县教育局捐赠1000万元，引起了广泛的关注。这笔巨款是马旭与丈夫一分一毫几十年积攒下来的，他们至今生活简朴，住在一个不起眼的小院里，家里没有一件像样的家具。

（300字）

马旭1932年出生于黑龙江省木兰县，1947年参军入伍，在东北军政大学学习半年后，成为解放军第四野战军的一名卫生员，先后参加过解放战争、抗美援朝战争，期间多次立功受奖。上世纪60年代，她被

（400字）

调入空降兵部队，成为一名军医，后来主
动要求学习跳伞，成为新中国第一代女空
降兵。此后20多年里，马旭跳伞多达140多
次，创下空降女兵跳伞次数最多和年龄最
大两项记录。

　　如今，马旭事迹家喻户晓，许多地方
邀请她参加各类活动，她大多婉拒。她说，
"我的一生都是党和部队给的，我只是做
了我力所能及的事。只要活着，我们还会
继续攒钱捐款，把自己的一切献给党和国
家。"

【参考范文】
　　　　　用奉献谱写人生篇章
　　每个人的一生都犹如一部篇章，有的
篇章华丽优美，有的篇章富丽堂皇，有的
篇章道貌岸然，有的篇章千古流芳。马旭
就是用她的一生来书写属于自己的篇章，
她把自己的青春奉献给了部队，把自己的
年轻奉献给了国家，把自己的人生奉献给
了人民，也正是有了这份奉献精神，她书
写了属于自己人生的伟大篇章。
　　奉献是一种把自己私利置之度外的态

写作试卷答题纸

度。奉献的种类有很多种，有的人奉献时间，有的人奉献精力，有的人奉献智慧，有的人奉献金钱，无论奉献什么，他们都有一种把自己的私利置之度外的伟大态度。大部分人都是逐利的，也正是因为逐利的普遍性，所以能够不逐利已经成为这个社会的难得之人，在不逐利的基础上还能够将自己的利益进行奉献，这少之又少，也正是因为它难能可贵才能被人称颂和赞赏。

　　奉献是一种把国家利益至高无上的境界。奉献的对象有很多种，有的人为资本奉献，有的人为名利奉献，有的人为权力奉献，有的人为金钱奉献，但是这些奉献都是人之常情，算不得有真正的大境界。只有为国家奉献才能算得上是崇高的境界，因为为资本奉献的人知道会收获实际的物质，为权力奉献的目的在于收获自己的权利，这些奉献都是有目的的奉献，而为国家奉献因为其纯正而高贵所以才能收获人生的大境界。

　　奉献是一种把人民幸福长系心头的行为。社会上有很多人，他们热衷于晒豪车、晒豪房，热衷于不择手段拼命谋私利，这无可厚非。但是那些把自己的一生都奉献给人民幸福的人才是最富有的人，他们才是最高贵的。没有他们的付出哪来的好名逐利者炫耀的资本。

　　奉献之所以珍贵是因为它的罕见，奉献的人之所以伟大是因为它的难得，也正是因为这样的珍贵与难得，奉献者才能在历史长河中熠熠生辉。

(100字)

(200字)

(300字)

(400字)

（100字）

（200字）

（300字）

（400字）

2025 年全国硕士研究生招生考试

管理类专业学位联考综合能力试题

（科目代码：199）

考生注意事项

1. 答题前，考生须在试题册指定位置上填写考生姓名和考生编号；在答题卡指定位置上填写报考单位、考生姓名和考生编号，并涂写考生编号信息点。

2. 考生须把试题册上的"试卷条形码"取下，粘贴在答题卡的"试卷条形码粘贴位置"框中。不按规定粘贴条形码而影响评卷结果的，后果由考生自行负责。

3. 选择题的答案必须涂写在答题卡相应题号的选项上，非选择题的答案必须书写在答题纸指定位置的边框区域内。超出答题卡区域写的答案无效；在草稿纸、试题册上答题无效。

4. 填（书）写部分必须使用黑色字迹签字笔或者钢笔书写，字迹工整、笔迹清楚；涂写部分必须使用 2B 铅笔填涂。

5. 考试结束，将试题、答题卡一并装入试题袋中交回。

（以下信息考生必须认真填写）

考生编号													
考生姓名													

一、问题求解：第 1~15 小题，每小题 3 分，共 45 分。下列每题给出的五个选项中，只有一个选项是最符合题目要求的。

1. 两瓶酒精溶液体积相同，酒精与水的体积之比分别为1：2和2：3.将这两瓶酒精溶液混合，混合后酒精与水的体积之比为（　　）.

   A.7：13　　　　　　B.11：19　　　　　　C.23：37　　　　　　D.3：5　　　　　　E.5：7

2. 已知圆、正方形、等边三角形的周长分别为a, b, c.若它们的面积相等，则（　　）.

   A.$a < b < c$　　　B.$a < c < b$　　　C.$b < a < c$　　　D.$b < c < a$　　　E.$c < b < a$

3. 某人骑车从甲地前往乙地，前三分之一路程的平均速度是12km/h，中间三分之一路程的平均速度是18km/h，后三分之一路程的平均速度是12km/h.此人全程的平均速度是（　　）.

   A.12.5km/h　　　B.13km/h　　　C.13.5km/h　　　D.14km/h　　　E.14.5km/h

4. 一项任务，甲单独完成需要15天，甲、乙两人共同完成需要6天，甲、乙、丙三人共同完成需要4天.现在乙单独工作1天后，余下工作由甲、丙两人共同完成，还需要（　　）.

   A.4天　　　　　　B.5天　　　　　　C.6天　　　　　　D.7天　　　　　　E.8天

5. 如图，圆的半径为2，圆心角$\angle AOB = 120°$，点C是劣弧$\overset{\frown}{AB}$上的动点，则四边形$AOBC$面积的最大值为（　　）.

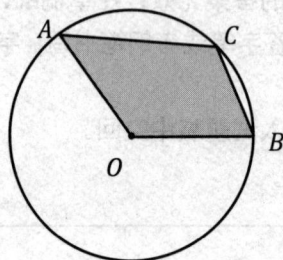

   A.$\sqrt{3}$　　　　　B.$2\sqrt{3}$　　　　　C.4　　　　　D.$3\sqrt{3}$　　　　　E.$4\sqrt{3}$

6. 如图，在大半球中挖去一个同心小半球，小半球直径为大半球直径的一半，若小半球的体积为20cm³，则剩下部分的体积为（　　）.

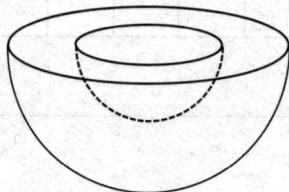

   A.160cm³　　　　B.140cm³　　　　C.100cm³　　　　D.80cm³　　　　E.60cm³

7. 某单位举行田径赛，参加田赛项目有 50 人，参加径赛项目有 45 人.已知该单位有 90 名员工，其中 18 人未参加比赛，若两类项目均参加的女员工有 5 名，则两类项目均参加的男员工有（　）．

A.10 人　　　　　　B.12 人　　　　　　C.14 人　　　　　　D.16 人　　　　　　E.18 人

已知点 A 是圆 $x^2+y^2-16x-12y+75=0$ 的圆心，过原点 O 作圆的一条切线，切点为 B，则三角形 AOB 的面积为（　）．

A.$\frac{15}{2}\sqrt{5}$　　　　B.$15\sqrt{5}$　　　　C.25　　　　D.$25\sqrt{3}$　　　　E.$\frac{25}{2}\sqrt{3}$

$1+2-3+4+5-6+7+8-9+10+\cdots+97+98-99=$（　）．

A.1536　　　　　　B.1551　　　　　　C.1568　　　　　　D.1584　　　　　　E.1617

0. 如图，在边长为 1 的正方形 $ABCD$ 中，E、F 分别为 AB，AD 的中点，DE，BF 交于点 O，四边形 $BCDO$ 的面积为（　）．

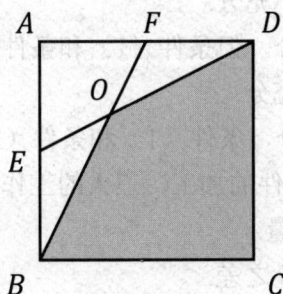

A.$\frac{2}{3}$　　　　　B.$\frac{3}{4}$　　　　　C.$\frac{5}{9}$　　　　　D.$\frac{7}{12}$　　　　　E.$\frac{11}{18}$

1. 已知 100 个小球中有两个次品，将 100 个球任意装 10 箱，每箱 10 个，则次品在同一箱的概率为（　）．

A.$\frac{1}{5}$　　　　　B.$\frac{2}{11}$　　　　　C.$\frac{1}{10}$　　　　　D.$\frac{1}{11}$　　　　　E.$\frac{9}{100}$

2. 某公司有甲、乙、丙三个股东，甲的股份是丙的 2.4 倍，乙的股份是丙的 3 倍，现年底分红，红利的 20% 三人平分，剩余的三人按股份比例分配，已知丙最终分得 460 万元，则公司年底红利总计（　）．

A.2400 万　　　　B.2100 万　　　　C.1800 万　　　　D.1200 万　　　　E.1000 万

13. 一个箱子中有 2 个白球，3 个红球，4 个黑球．随机取出 2 个小球，则取到同色的概率为（　）．

A.$\frac{1}{10}$　　　　　B.$\frac{1}{4}$　　　　　C.$\frac{7}{36}$　　　　　D.$\frac{5}{18}$　　　　　E.$\frac{1}{3}$

14. a、b、c、d 都为正整数，若 $\frac{29}{35}=\frac{b}{a}+\frac{d}{c}$，则 $a+b+c+d$ 的最小值为（　）．

A.15　　　　　B.16　　　　　C.17　　　　　D.18　　　　　E.24

15. A、B、C、D、E 五个集装箱堆两组，每次运走最上面的集装箱，将五个全部运走，则不同的搬运顺序有（　　）.

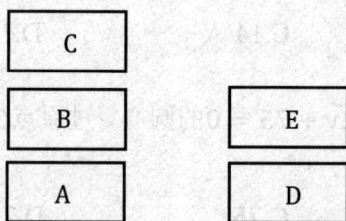

A.5种　　　　　B.6种　　　　　C.10种　　　　　D.12种　　　　　E.15种

二、条件充分性判断：第16~25小题，每小题3分，共30分。要求判断每题给出的条件（1）和条件（2）能否充分支持题干所陈述的结论。A、B、C、D、E五个选项为判断结果，请选择一项符合题目要求的判断。

A. 条件（1）充分，但条件（2）不充分.

B. 条件（2）充分，但条件（1）不充分.

C. 条件（1）和（2）单独都不充分，但条件（1）和条件（2）联合起来充分.

D. 条件（1）充分，条件（2）也充分.

E. 条件（1）和（2）单独都不充分，条件（1）和条件（2）联合起来也不充分.

16. 甲、乙、丙三人共同完成了一批零件的加工，三人的工作效率互不相同，已知他们的工作效率之比. 则能确定这批零件的数量.

（1）已知甲、乙两人加工零件数量之差.

（2）已知甲、丙两人加工零件数量之和.

17. 设 m, n 为正整数. 则能确定 m, n 的乘积.

（1）已知 m, n 的最大公约数.

（2）已知 m, n 的最小公倍数.

18. 甲班有34人，乙班有36人，在满分为100的考试中，甲班总分数与乙班总分数相等. 则可知两班的平均分之差.

（1）两班的平均分都是整数.

（2）乙班的平均分不低于65.

19. 如图，在菱形 $ABCD$ 中，M, N 分别为 AD 和 CD 的中点. P 是 AC 上的动点. 则能确定 $PM + PN$ 的最小值.

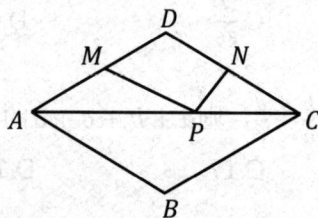

（1）已知 AC.

（2）已知AB.

20. 在分别标记了数字$1,2,3,4,5,a$的6张卡片中随机抽取2张.则这两张卡片上的数字之和为奇数的概率大于$\frac{1}{2}$.

（1）$a = 7$.

（2）$a = 8$.

21. 设a，b为实数.则$\left(a + b\sqrt{2}\right)^{\frac{1}{2}} = 1 + \sqrt{2}$.

（1）$a = 3$，$b = 2$.

（2）$(a - b\sqrt{2})(3 + 2\sqrt{2}) = 1$.

22. 设p,q是常数.若等腰三角形的底和腰长是方程$x^2 - 3px + q = 0$的两个不同的根.则能确定该三角形.

（1）$q \leq 2p^2$.

（2）$p \geq 2$.

23. 设x，y是实数.则$\sqrt{2x^2 + 2y^2} - |x| - y^2 \geq 0$.

（1）$|x| \leq 1$.

（2）$|y| \leq 1$.

24. 已知a_1，a_2，a_3，a_4，a_5为实数.则a_1，a_2，a_3，a_4，a_5成等差数列.

（1）$a_1 + a_5 = a_2 + a_4$.

（2）$a_1 + a_5 = 2a_3$.

25. 已知曲线L：$y = a(x - 1)(x - 7)$.则能确定实数a的值.

（1）L与圆$(x - 4)^2 + (y + 1)^2 = 10$恰有三个交点.

（2）L与圆$(x - 4)^2 + (y - 4)^2 = 25$有四个交点.

三、**逻辑推理**：第 **26~55** 小题，每小题 **2 分**，共 **60 分**。下列每题给出的五个选项中，只有一项是最符合试题要求的。

26. 以艺通心，是传统文化的核心艺术精神之一。艺术的本质是人内心世界的外化，通过艺术人们既可以表达自己的内心世界，也可以看到别人的内心世界。由此有专家认为，艺术可通心，对于促进不同国家、不同语言、不同文化之间人们的沟通交流具有天然优势。

以下哪项如果为真，最能支持上述专家的观点？

A. 目前，全球有九大语系7000多种语言，对大多数人而言，进行跨文化沟通交流存在相当大的语言障碍。

B. 事实上，我们可以听懂、看懂千百年之前的音乐、绘画作品，可以不借助翻译而直接通过艺术作品感受世界各地人民的情感脉动。

C. 传统文化认为，"唯乐不可以为伪"，即艺术来不得半点虚假，必须是创作者内心的真实写照，必须忠实反映创作者内心的真情实感。

D. 艺术具有基于人性、传达情感、诉诸形式、付诸感性等特点，在艺术创造、传播、接受、反馈过程中，这些特点对于任何人都是一样的。

E. 要借助艺术实现跨文化沟通交流，仅有艺术的共情是不够的，还需将文化融入其中，以文化人，这样才能真正实现以艺通心。

27. 研究人员对近 12 万名 50 岁及以上受访者进行调查后发现，大约有一半的受访者每天久坐 10 小时或更长。在随后的五年内，这些习惯久坐的人当中有 805 人陆续死亡。他们还发现，如果每天增加 10 分钟的活动，则每天久坐不到 10 小时的死亡风险可降低 15%，而超过 10 小时的死亡风险可降低 35%。研究人员由此认为，每天活动 20 分钟可减少久坐危害，降低死亡风险。

以下哪项如果为真，最能质疑上述研究人员的观点？

A. 在已经离世的 805 人中，357 人每天久坐不到 10 小时，448 人每天久坐 10 小时或更长。

B. 每天 20 分钟的活动指的是快步走、爬山、骑行等运动强度较大的活动，对此许多中老年人难以坚持。

C. 随着年龄增大，中老年人的身体机能会逐渐下降，即使每天活动 20 分钟，其久坐时间也会越来越长，死亡风险也随之增加。

D. 许多久坐者认为，每天只需花 20 分钟活动，就可以长时间坐着阅读、追剧或工作，哪怕一天累计久坐 10 小时以上也无妨。

E. 每天活动 20 分钟，并不意味着每天活动可以减少到 20 分钟，20 分钟只是正常人一天活动的最低要求，为了健康，活动时间可以更长一些。

28. 南方人习惯元宵节吃汤圆，这一习俗古已有之。有人将汤圆追溯至先秦时期南方流行的小吃"蜜饵"，《楚辞》中曾提到过它；也有人认为是唐朝时元宵节吃的一种称作"面茧"的带馅馒头。但有民俗学家指出，汤圆真正的前身是宋代被称为"圆子"的小吃。

以下哪项如果为真，最能支持上述民俗学家的观点？

A. "蜜饵"虽是一种用糯米粉裹以蜂蜜制成的糕点，但它不是元宵节的专属美食。

B. 宋代的"圆子"是用黑芝麻、猪油、白糖作馅，以糯米粉搓成圆形的"乳糖圆子"。

C. 宋代诗人周必大写的《元宵煮浮圆子》是迄今发现的最早描述元宵节水煮汤圆的诗歌。

D. 宋代饮食文化十分发达，相比于其他朝代，"圆子"种类更加繁多，比如山药圆子、珍珠圆子、金橘水团等。

E. 只有宋人常写涉及"圆子"的诗词，如南宋女诗人朱淑真曾在其《圆子》诗中写有"轻圆绝胜鸡头肉，滑腻偏宜蟹眼汤"。

29. 人生病时会出现发烧、疲倦、头疼、咳嗽、肌肉酸痛、食欲不振，精神萎靡等症状。有人认为，生病时出现这些症状是为了尽快清除病原体，让人恢复健康。比如，发烧是为了让人保持高体温以便杀死病原体。但是，也有研究人员发现，疲倦、头疼、心情抑郁和食欲不振等症状与清除病原体并没有直接的联系。他们据此推测，有些症状的出现不是为了提高个人的生存率，而是为了保护整个种群的利益。

以下哪项如果为真，最能支持上述研究人员的推测？

A. 病原体常常通过患者、医生、护士及患者家属扩散开来。

B. 一些病人在还没有发烧的时候，也会出现头疼、乏力和食欲不振等症状。

C. 出现疲倦、头疼和心情抑郁等症状是为了节约能量，便于人体继续保持高体温以杀死病原体。

D. 17 世纪黑死病传到一个英国村庄的时候，已被感染的村民为了不让病原体扩散，主动自我隔离，从而保护了周围村庄的安全。

E. 疲倦、心情抑郁等症状是为了让人减少社交，防止病原体人传人；咳嗽等症状是为了让同伴们知道自己生病了，最好离远些。

30. 鹅，通体洁白，脖颈纤细流畅，常引颈高歌，缓步行走。秦汉时期，鹅已成为"庆祭丧婚，节岁礼馈"的必设之物，虽然也偶上餐桌，但其身价昂贵，只有贵族才可享用。东晋时期大书法家王羲之养鹅、爱鹅之雅事传于后世。一般认为，他养鹅、爱鹅，是为了观察鹅行走的步态而体悟书法之道、君子之风。但也有专家认为，王羲之养鹅、爱鹅，其实也看重鹅的药用价值。

以下哪项如果为真，最能支持上述专家的观点？

A. 《隋书》说鹅肉"肥腻而滑，味美可口"，到了宋朝，鹅开始成为舌尖上的美味，鹅类菜品琳琅满目。

B. 在道教流行的魏晋时期，鹅常被看作体内怀有仙气的禽鸟，融仙风与道骨于一体，食之益处良多，王羲之可能对此亦有同感。

C. 南朝医家陶弘景发现，鹅血能缓解药石引发的症状；而唐朝孟诜《食疗本草》还认为，鹅肉、鹅血均有解毒功效，对服食丹药的人大有益。

D. 王羲之为天师道世家出身，曾与道士许迈共同修道服食丹药，常不远千里采买药石，其间发现鹅血、鹅肉能缓解服用药石引发的燥热症状。

E. 魏晋名士崇尚自然，喜好养生，加之当时道教和炼丹术习染，社会名士中服食药石之风盛行，而内服药石达到一定剂量即可使人中毒乃至死亡。

31. 近日，火车无座票和有座票价格相同的话题再次引起广泛关注。有人在暑期买不到有座票，持无座票上车后又找不到座位，于是在"站得实在辛苦"之余，觉得"有无同价"有失公平。他们认为，既然一个有座位、另一个无座位，两者享受的服务不一样，价格怎么可以一样呢？对此，有专家却认为，如果铁路公司根据市场需求将有、无座位的票价拉开差距，就可能对低收入者产生不利影响。

以下哪项如果为真，最能支持上述专家的观点？

A. 现在的无座票只是表明没有事先预留座位，无座票乘客上车后仍可能找到座位，如果实行无座票打折政策，有座票乘客会觉得不公平。

B. 如果无座票打折，就会激励一些人去购买无座票，而买了无座票的人上车后看到空座位一般总会去坐，这种"蹭座"行为会加大铁路公司的监管成本。

C. 即使"有无同价"，与较晚购到无座票相比，提早买到有座票仍需要在时间和精力等方面付出更多的代价，这意味着有座票的真实价格其实是高于无座票的。

D. 目前，铁路公司以先到先得的原则先售完有座票，再出售无座票，低收入者只要早些去抢票，还是可以买到有座票的。

E. 如果铁路公司执行"谁花钱多谁就有座位使用权"的原则，完全按市场供需来决定票价，那么在出行高峰期，低收入者可能完全没有机会得到座位。

32. 苏洵，字明允，是北宋文人苏轼的父亲，自南宋以来人们常以老泉称苏洵。但是，宋以后又有人发现，苏轼虽号东坡居士，但晚年也自号"老泉山人"。苏东坡有诗云"宝公骨冷唤不闻，却有老泉来唤人。此处，苏轼自称为"老泉"。与苏轼幼子苏过交往甚密的叶梦得在其《石林燕语》中证实，苏轼"晚又号老泉山人，以眉山先茔有老翁泉，故云"。由此，有专家认为，南宋以来的人们将苏洵称作老泉纯属误传。

以下哪项如果为真，最能支持上述专家的观点？

A. 明人黄灿、黄炜在《重编嘉祐集纪事》中说，他们亲眼见到有人向他们展示的苏轼《阳羡帖》上有"东坡居士、老泉山人"之图记。

B. 宋人梅尧臣曾作《题老人泉寄苏明允》诗云："泉上有老人，隐见不可常。苏子居其间，饮水乐未央。"这很容易让人以为苏老泉即苏洵。

C. 宋时避讳规矩严格，苏轼的祖父名苏序，苏轼在作诗文集序时均将"序"改称"叙"，从不敢违反避讳的规矩。

D. 宋光宗时郎晔《经进东坡文集事略》称苏轼为"老泉仲子也"；《三字经》的作者王应麟也说"苏老泉，二十七，始发"，其中的"苏老泉"即苏洵。

E. 西方人取名，经常用其祖父、外祖父或其他上辈的名字，以此表达纪念、尊敬、继承或荣耀之意。

33. 为加强考勤管理，某公司制订了相关条例。其中两条为：
（1）对连续 3 天以上未按时打卡且年终绩效排名在倒数 10% 之内的员工，扣发年终奖；
（2）对出现多次未按时打卡但年终绩效排名在前 10% 之内的员工，不扣发年终奖。

若该公司根据条例决定不扣发员工王某的年终奖，则以下哪项最能解释该公司决定的合理性？

A. 王某年终绩效排名在前 10% 之内。

B. 王某没有连续 3 天以上未按时打卡。

C. 王某虽多次未按时打卡但年终绩效排名在倒数 10% 之外。

D. 王某若年终绩效排名不在前 10% 之内，则他不曾多次未按时打卡。

E. 王某没有连续 3 天以上未按时打卡或者其年终绩效排名不在倒数 10% 之内。

34. 罗马帝国曾是世界上最强大的帝国之一，但西罗马早在公元 5 世纪就土崩瓦解，东罗马也在 15 世纪走向终结。如此庞大的帝国为何走向末路？有网友研究发现，罗马帝国的水渠管道有相当一部分是用铅铸造的。近年来又有考古人员发现，古罗马人的遗骨中铅含量异常，有的到了足以引发健康问题的程度。由此，这些网友认为，水在流经铅管道的时候被铅污染了，罗马居民天天饮用铅污染水，发生了铅中毒现象，从而加速了帝国的衰亡。

以下哪项如果为真，最能质疑上述网友的观点？

A. 罗马人广泛使用银作为货币和装饰，而用来冶炼出银的银矿石主体是铅，这使得罗马帝国每年产铅量巨大。

B. 铅金属熔点低又易铸造成型，拿来做水管极为合适，也可以用来制作生活中各种方便实用的合金工具。

C. 罗马人习惯用铅制容器加热葡萄汁，而实验发现在铅容器中熬制葡萄汁减少至三分之一时，每升葡萄汁中会含有高达一克的铅。

D. 罗马帝国早期很少有铅中毒的记载，直到公元 7 世纪，才有东罗马帝国的个别医师描述过慢性铅中毒症状，但对中毒原因莫衷一是。

E. 罗马帝国的铅水管里一般会结有一层很厚的水垢，这些水垢阻挡了水和铅的接触，使得水中的含铅量极少，并不足以威胁人的健康。

35. 作为一款生成式人工智能软件，RZN-III 利用已有网络文献，可为提问者提供经过搜索整理后相对合理的答案，给大学生学习带来便利。目前，有些大学禁止学生在做论文和课程作业时使用 RZN-III，否则将被视为学术不端；但也有一些大学不阻拦甚至鼓励学生使用它。对此有专家认为，RZN-III 虽只提供既有知识，但也能助力科技创新，大学禁用 RZN-III 其实不妥。

以下哪项如果为真，最能支持上述专家的观点？

A. 将 RZN-III 作为人的"外脑"，对人类的已有智慧进行向量化的储存和提取，会加速和简化人们的学习过程，这将为科技创新腾出时间和精力。

B. 传承文明需要一代代人组成人才梯队，不断学习、应用和创新。如果人类在 RZN-III 总结的前人智慧上躺平，其文明进程就会出现停滞甚至倒退。

C. 目前人类知识呈现大爆炸状态，很多人即便穷其一生都学不完某领域的基础知识，根本没有时间为该领域做些添砖加瓦的创新工作。

D. 大学不仅要传授知识与技艺，更要培养学生独立思考、科学思维的能力。如果让 RZN-III 代替学生思考，就会弱化他们的创新思维和进取心。

E. 作为一种现代社会的实用工具，RZN-III 应进入大学课堂，成为重要的大学教学内容，否则学生毕业后很难适应社会，更不用说参与激烈的人才竞争。

36. 牛磺酸是半胱氨酸的天然代谢产物，人体内和大多数动物性食物中都能找到这种成分。有研究发现，人体内的牛磺酸含量会随着年龄的增加而不断下降，一个 60 岁老人体内的牛磺酸水平只有 5 岁儿童的三分之一。一项针对万名 60 岁以上老人的体检统计显示，他们体内的牛磺酸水平越高健康状况越好。有专家据此认为，人体内的牛磺酸水平与人体的健康状况呈正相关关系。

以下哪项如果为真，最能支持上述专家的观点？

A. 牛磺酸可能具备抗衰老功效，但这个推测目前还没有获得严格的实验证据支持。

B．服用牛磺酸可缓解骨质疏松症这种典型的中老年疾病，甚至还能促进骨骼生长。

C．实验中服用牛磺酸的老鼠寿命延长了 3~4 个月，这相当于人类寿命的 7~8 年。

D．不管从事何种体育运动，只要进行经常性锻炼都会提升体内的牛磺酸水平。

E．有些猴子服用牛磺酸后，精力更加充沛，肌肉的耐力和爆发力都有所增长。

37. 生态文明建设覆盖面广、综合性强，涉及价值理念、目标导向、生产和消费方式等多个方面，是一项复杂的系统性工程。过去一段时间，由于生态环境数据信息在区域、部门、单位之间共享不够，导致生态环境治理在一定程度上存在碎片化现象，一些地方生态环境治理中"反复治理、治理反复"的问题较为突出。由此可见，建成生态环境数据"一张网"、建设数字生态文明是非常必要的。

以下哪项如果为真，最能支持上述论证？

A．数字化和绿色化相互融合、相互促进，已成为全球发展的重要主题。

B．建设数字生态文明能够有效提升生态文明建设的共享性、系统性和协同性。

C．建成生态环境数据"一张网"可以科学高效地解决生态环境问题，拓展生态环境治理的方法和路径。

D．建设绿色智慧的数字生态文明，可为促进经济社会全面绿色转型、建设人与自然和谐共生的现代化提供强劲动能。

E．数字赋能生态文明建设可以不断健全生态环境领域数字化的标准规范体系，为建设全球生态文明贡献中国标准。

38. 名山公园最美的风景往往在山顶才可寻觅。为了让游客既能看到美景又能轻松登山，很多公园在大山上安装了索道或电梯，实现了有些游客追求的"无痛登山"梦想。对此，许多登山爱好者却认为，"无痛登山"让登山失去了灵魂，这样的登山其实已经没有乐趣可言。

以下哪项如果为真，最能质疑上述登山爱好者的观点？

A．很多名山公园的登山步道长达数千米，海拔高差也达数百米乃至千米以上，对那些运动能力欠佳但又想"一览众山小"的游客实在不太友好。

B．一般来说，现在许多装有登山索道或电梯的名山公园，还留有传统登山步道供登山爱好者使用，游客可以量力而行，追寻各自的便利和快乐。

C．无须风吹雨打、烈日炙烤，无须劳累辛苦、久耗时间，很多游客走出高山索道或电梯，就能欣赏眼前一片广阔风景，打卡拍照后潇洒离去，好不自在。

D．在自然的山水中安装索道或电梯，不仅因耗费巨大而增加游客费用，而且会造成对绿水青山的破坏，不符合人与自然和谐共生的理念。

E．登山追求的是探索自然的乐趣和登险克难的快感，"无痛登山"用身心的闲置取代身心的磨砺，让这种乐趣和快感荡然无存。

39~40 基于以下题干：

全球气候正在变暖。权威科学报告显示，最近 50 年的全球气候变暖主要是人类燃烧化石燃料导致的。全球气候变暖已经给人类的生存和发展带来巨大灾害。当前人类的生产生活排放量正在逼近多个气候临界点，一旦突破这个临界点，人类的未来将面临巨大风险。如何应对这样的气候风险，以下几位专家相继得出不同看法：

甲：各国应尽快停止依赖化石燃料，转向开发风能、水能、太阳能等清洁能源。

乙：有些发展中国家由于经济、技术等条件的限制，目前还无法很快实现能源转型。

丙：当前气候风险巨大，不能尽快实现能源转型的国家就是在破坏人类的共同家园。

丁：全球气候变暖主要是发达国家200多年的工业排放导致的，他们应对此负责。

戊：若要求发展中国家尽快实现能源转型，发达国家就必须向他们提供资金和技术。

己：所谓气候风险目前还存在不确定性，在此情况下花费巨大代价去应对并不明智。

39. 根据以上信息，可以得出以下哪项？
   A. 乙反驳了甲。　　　　　　　　B. 丙反驳了甲。
   C. 己反驳了甲。　　　　　　　　D. 丁反驳了甲。
   E. 戊反驳了甲。

40. 对于上述专家观点，可以得出以下哪项？
   A. 乙和丁支持丙。　　　　　　　B. 丙和戊支持甲。
   C. 乙和丁支持戊。　　　　　　　D. 乙和丙支持己。
   E. 戊和己支持乙。

41. 已知"▦▨▩▣□""▨▤▤▣□▥"和"▤▤▣□▦▥"是三组图形符号，其中有两组分别表示"春花开满园"和"满山梅花开"。
   根据以上信息，可知"▤▤▥▨▥"中两个相邻图形符号表示的汉字有？
   A. 春山。　　B. 梅园。　　C. 梅山。　　D. 花园。　　E. 山花。

42. 某小区院子里栽种了许多树，既有常绿树，也有落叶树。其中，针叶树都是常绿树，阔叶树都不是常绿树；针叶树大都属于观赏树种；果树大部分不是常绿树，少部分是常绿树。
   根据以上信息，关于小区院子里栽种的树，可以得出以下哪项？
   A. 针叶树有些是果树。　　　　　B. 阔叶树有些不是果树。
   C. 有些针叶树不是果树。　　　　D. 有些果树不是阔叶树。
   E. 有些阔叶树是观赏树种。

43. 某地群山连绵，森林覆盖率高达75%，具有林海、高山草甸、天坑、峡谷等四种类型的自然景观，吸引着世界各地游客。一位细心的游客发现，该地四种自然景观共16处，每种类型的自然景观数量各不相同，另外，他还发现：
   （1）林海和峡谷的总数共是6处；
   （2）林海和天坑的总数共是7处；
   （3）4种类型自然景观中有一种类型的数量是3处。
   根据以上信息，可以得出以下哪项？
   A. 该地有2处林海。　　　　　　B. 该地有3处天坑。

C. 该地有 4 处峡谷。   D. 该地有 5 处高山草甸。

E. 该地有 8 处高山草甸。

44. 某大学新校区建成后，甲乙丙丁 4 位校领导对新校区建设①②③④⑤等 5 项工作进行了检查，已知他们每个人至少检查了其中 1 项工作，每项工作均被检查过一遍，且不会被重复检查，关于他们 4 人与其检查工作的对应情况有如下 3 种描述：

	①	②	③	④	⑤	对应情况描述正确的数量
描述一	乙	甲	丁	丁	丙	2
描述二	丙	甲	乙	甲	丁	2
描述三	甲	丙	丁	乙	甲	3

根据上述信息，可以得出哪项一定为真？

A. 甲检查了工作④。   B. 甲检查了工作⑤。

C. 乙检查了工作③。   D. 丙检查了工作②。

E. 丁检查了工作④。

45. 近期，某老年大学开设书法、手工、台球、古筝、声乐、绘画 6 门秋季课程，陆、赵、王、李 4 位老人均报名参加了其中 2 门课程的学习。已知：

（1）上述每门课程均至少有其中的 1 人报名；

（2）李所报课程仅与其他 3 人中的 1 人所报课程完全不同；

（3）若李王 2 人至多有 1 人报书法课程，则李和陆均报了声乐和绘画课程。

根据以上信息，可以得出哪项？

A. 赵报古筝。   B. 李报声乐。

C. 陆报绘画。   D. 王报台球。

E. 李报书法。

46. 某单位今年招聘了甲、乙、丙、丁、戊、己 6 名应届毕业生，其中博士 1 人，硕士 2 人，学士 3 人；2 名男性，4 名女性。已知：

（1）乙、丁 2 人性别相同，丙、己 2 人性别不同；

（2）甲、己 2 人学位相同，乙、丙、戊 3 人学位各不相同。

根据以上信息，可以得出以下哪项？

A. 乙、丁中至少有 1 人是女硕士。

B. 乙、丙中至少有 1 人是女硕士。

C. 丁、戊中至少有 1 人是男硕士。

D. 丙、戊中有 1 人是男博士。

E. 丙、戊中有 1 人是女博士。

47. 某部甲、乙、丙、丁、戊、己、庚、辛 8 名官兵以一路纵方队进行（先后顺序未必如此）。已知：甲之后有 3 名士兵；丙是士兵，其后有 2 名士兵；丁之前有 2 名军官，其后有 2 名士兵；己之后无士兵。

根据以上信息，可以得出以下哪项？

A. 乙是军官。   B. 丁是军官。

C. 戊是士兵。   D. 己是军官。

E. 8 人中有 5 名军官、3 名士兵。

48. 某大学开设 6 门中国古代经典选读课程，分别讲授《论语》《周易》《中庸》《墨经》《诗经》《尚书》之一，由周、吴、王 3 位老师各讲授其中 2 门且所讲完全不同。已知：

（1）吴老师、讲授《诗经》的和讲授《论语》的 3 人均是文学院的；

（2）周老师、讲授《墨经》的和讲授《周易》的 3 人均住在教师公寓。

根据以上信息，以下哪项是不可能的？

A. 讲授《论语》《周易》的是同一位老师。

B. 讲授《中庸》《尚书》的是同一位老师。

C. 讲授《墨经》《诗经》的是同一位老师。

D. 讲授《中庸》《墨经》的是同一位老师。

E. 讲授《诗经》《尚书》的是同一位老师。

49. 下面有一 5×5 的方阵，它所含的每个小方格中均可填入"酸""甜""苦""辣""咸"五味名称之一，有部分方格已经填入，要求该方阵每行、每列以及两条对角线的 5 个小方格中均含有五味名称，不能重复也不能遗漏。

①				辣
				②
		苦		
				甜
酸				

根据上述要求，以下哪项是空格①②中依次应填入的五味名称？

A. 甜、酸。   B. 甜、咸。   C. 咸、酸。   D. 甜、苦。   E. 咸、苦。

50~51 基于以下共同题干：

在欣赏一幅古代山水画时，某人发现在一片山水屋舍之间，有主人、童子、访客和垂钓 4 种人物共 6 人点缀其中。3 名访客正走在门外的小桥上高声呼喊，画中的主人正要打开院门迎客，童子正在院中煮茶，1 名钓者正在远离人群的一条小溪旁安静垂钓。赏画人将这 6 人当作甲、乙、丙、丁、戊、己，并且设想：

（1）如果甲是主人，则乙和丙均是访客；

（2）如果丙是访客，则己在院外且甲是童子；

（3）如果丙和丁至多有一人是访客，则甲是主人且戊在院内。

50. 根据以上信息，可以得出以下哪项？
    A. 甲是童子。　　B. 乙是访客。　　C. 丙是主人。　　D. 戊是访客。　　E. 己是钓者。

51. 如果乙在院外，则可以得出以下哪项？
    A. 丁是钓者。　　B. 乙是钓者。　　C. 乙是访客。　　D. 戊是主人。　　E. 己是访客。

52~53 基于以下共同题干：

某次考试有 10 道选择，小李、小王、小文各答对了其中 6 道题目。已知：

（1）没有人连续答对 3 道题目；

（2）小李第 2、4、9 题答错了，小王第 1、5、8 题答错了，小文第 3、6、9 题答错了。

52. 根据以上信息，以下哪项是可能的？
    A. 小李第 6 题答错了。　　　　　B. 小李第 10 题答错了。
    C. 小王第 9 题答错了。　　　　　D. 小王第 10 题答错了。
    E. 小王第 6 题答错了。

53. 若有一题 3 人均答对了，有一题 3 人均答错了，以下哪项一定是错误的？
    A. 小李第 3 题答对了。　　　　　B. 小王第 2 题答对了。
    C. 小王第 3 题答错了。　　　　　D. 小文第 2 题答错了。
    E. 小文第 4 题答对了。

54~55 题基于以下题干：

某学院尚余 9 个考场的监考任务供甲、乙、丙、丁、戊 5 位老师选择。已知，每场考试 2 小时，每位老师均需监考 2~3 个考场；有 2 个考场要求其中 2 人共同监考；其余 7 个考场要求单独监考，各需 1 名监考人员。这 9 个考场的时间安排如下：

时间/星期	星期一	星期二	星期三	星期四	星期五
上午 9:00-11:00	已安排	1 个考场	1 个考场	已安排	1 个考场
下午 14:00-16:00	已安排	无监考	例会	2 个考场	已安排
晚上 18:30-20:30	1 个考场 （2 人监考）	1 个考场	1 个考场	1 个考场 （2 人监考）	已安排

对于监考安排，丙、丁没有任何要求，但其他 3 位老师有如下要求：

甲：我的监考需安排在晚上，但不要连续两个晚上都安排监考。

乙：若我的监考没有都安排在前三天，则有一场需安排我和丙在同一天同一时间监考。

戊：我想监考三场，但都不要安排在上午。

事后得知，这 3 位老师的要求均得到了满足。

54. 若周五安排乙监考，则可以得出以下哪项？

A．甲都是单独监考。　　　　　　　　B．乙有一场共同监考。

C．丙都是共同监考。　　　　　　　　D．丁有一场共同监考。

E．戊至少有一场共同监考。

55. 若丁的监考都安排在晚上，则可以得出以下哪项？

A．周一晚上甲有监考。　　　　　　　B．周五上午乙有监考。

C．周四下午丙有监考。　　　　　　　D．周三晚上丁有监考。

E．周二晚上戊有监考。

四、写作：第 56～57 小题，共 65 分。其中论证有效性分析 30 分，论说文 35 分。

56. **论证有效性分析：分析下述论证中存在的缺陷和漏洞，选择若干要点，写一篇 600 字左右的文章，对该论证的有效性进行分析和评论。（论证有效性分析的一般要点是：概念特别是核心概念的界定和使用是否准确并前后一致，有无各种明显的逻辑错误，论证的论据是否成立并支持结论，结论成立的条件是否充分，等等）**

　　　有位西方哲学家曾经指出，一个人在已有的知识体系、价值观念、思维方式等因素的影响下，会形成特定的主观立场，即"前见"。实际上，人们在相互沟通与理解外部世界时无法摆脱这一"前见"。早在先秦时期，庄子就说过，人们认为毛嫱是美女，但鱼儿见到毛嫱只会惊恐游走，这些都表明，人们在相互沟通与理解过程中，主观立场造成了很大的障碍。

　　　首先，不同个体交流时无法避免偏见，偏见是每个人都可能拥有的，这一主观立场正是我们沟通与理解的障碍。我们对喜欢的人往往会宽厚包容，对不喜欢的人会吹毛求疵。科学研究表明，别人对我们的实际印象与我们自认为留给别人的印象往往存在差异。

　　　其次，性别不同也会带来主观立场的不同，从而导致沟通障碍。比如家庭中丈夫和妻子在思维方式上存在不小的差异，丈夫往往偏重理性，而妻子则偏重感性，所以双方从各自的主观立场出发讨论问题时，就会产生分歧与争议。

　　　再次，不同文化之间的交流与理解也存在同样问题。比如不同文化在审美标准上的主观差异通常会导致误解，与中国历史上伟大诗人李白作品相比，唐代僧人寒山的诗作更受一些美国人的喜爱，白居易的诗篇更受一些日本人青睐，所以不同文化背景下的读者在评判作家作品的高下时经常产生争议。

　　　虽然主观立场造成了沟通与理解的障碍，但这并不意味着人们无法进行理解与沟通。千百年来，人们通过换位思考来克服障碍，摆脱个人主观立场。

57. **论说文：根据下述材料，写一篇 700 字左右的论说文，题目自拟。**

　　　通常情况下，人们都希望被他人认可，被社会承认。这种心理会促使他们去接受某种评价标准，因为只有接受了标准并身体力行，他们才能被社会肯定，否则便会被认为不合群。

答案速查

数学：

1—5：BACCB　　　　6—10：BEEDA　　　　11—15：DADCC

16—20：DCEBD　　　21—25：AABEC

逻辑：

26—30：DCCED　　　31—35：ECEEA　　　36—40：BBCCC

41—45：ADBBE　　　46—50：ABBDA　　　51—55：DACEC

写作：

56—57：略

试卷解析

使用 MBA 大师 App 扫描下方二维码可查看试卷解析

扫码查看数学解析

扫码查看逻辑解析

扫码查看写作解析

2024 年全国硕士研究生招生考试

管理类专业学位联考综合能力试题

（科目代码：199）

考生注意事项

1. 答题前，考生须在试题册指定位置上填写考生姓名和考生编号；在答题卡指定位置上填写报考单位、考生姓名和考生编号，并涂写考生编号信息点。

2. 考生须把试题册上的"试卷条形码"取下，粘贴在答题卡的"试卷条形码粘贴位置"框中。不按规定粘贴条形码而影响评卷结果的，后果由考生自行负责。

3. 选择题的答案必须涂写在答题卡相应题号的选项上，非选择题的答案必须书写在答题纸指定位置的边框区域内。超出答题卡区域写的答案无效；在草稿纸、试题册上答题无效。

4. 填（书）写部分必须使用黑色字迹签字笔或者钢笔书写，字迹工整、笔迹清楚；涂写部分必须使用 2B 铅笔填涂。

5. 考试结束，将试题、答题卡一并装入试题袋中交回。

（以下信息考生必须认真填写）

考生编号															
考生姓名															

一、问题求解：第 1~15 小题，每小题 3 分，共 45 分。下列每题给出的五个选项中，只有一个选项是最符合题目要求的。

1. 甲股票上涨20%后的价格与乙股票下跌20%后的价格相等，则甲、乙股票的原价格之比为（　　）.

   A.1 : 1　　　　　B.1 : 2　　　　　C.2 : 1　　　　　D.3 : 2　　　　　E.2 : 3

2. 将3张写有不同数字的卡片随机地排成一排，数字面朝下.翻开左边和中间的2张卡片，如果中间卡片上的数字大，那么取中间的卡片，否则取右边的卡片.则取出的卡片上数字最大的概率为（　　）.

   A.$\dfrac{5}{6}$　　　　B.$\dfrac{2}{3}$　　　　C.$\dfrac{1}{2}$　　　　D.$\dfrac{1}{3}$　　　　E.$\dfrac{1}{4}$

3. 甲、乙两人参加健步运动，第一天两人走的步数相同，此后甲每天都比前一天多走700 步，乙每天走的步数保持不变.若乙前7天走的总步数与甲前6天走的总步数相同，则甲第7天走了（　　）步.

   A.10500　　　　B.13300　　　　C.14000　　　　D.14700　　　　E.15400

4. 函数 $f(x) = \dfrac{x^4 + 5x^2 + 16}{x^2}$ 的最小值为（　　）.

   A.12　　　　B.13　　　　C.14　　　　D.15　　　　E.16

5. 已知点 $O(0,0)$，$A(a,1)$，$B(2,b)$，$C(1,2)$，若四边形 $OABC$ 为平行四边形，则 $a + b =$（　　）.

   A.3　　　　B.4　　　　C.5　　　　D.6　　　　E.7

6. 已知等差数列 $\{a_n\}$ 满足 $a_2 a_3 = a_1 a_4 + 50$，且 $a_2 + a_3 < a_1 + a_5$，则公差为（　　）.

   A.2　　　　B.−2　　　　C.5　　　　D.−5　　　　E.10

7. 已知 m, n, k 都是正整数，若 $m + n + k = 10$，则 m, n, k 的取值方法有（　　）.

   A.21 种　　　B.28 种　　　C.36 种　　　D.45 种　　　E.55 种

8. 如图，正三角形 ABC 边长为3，以 A 为圆心，以2为半径作圆弧，再分别以 B，C 为圆心，以1为半径作圆弧，则阴影面积为（　　）.

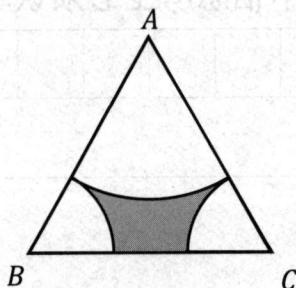

$$A.\frac{9}{4}\sqrt{3}-\frac{\pi}{2} \qquad B.\frac{9}{4}\sqrt{3}-\pi \qquad C.\frac{9}{8}\sqrt{3}-\frac{\pi}{2} \qquad D.\frac{9}{8}\sqrt{3}-\pi \qquad E.\frac{3}{4}\sqrt{3}-\frac{\pi}{2}$$

9. 在雨季，某水库的蓄水量已达警戒水位，同时上游来水注入水库，需要及时泄洪，若开4个泄洪闸，则水库的蓄水量到安全水位要8天；若开5个泄洪闸，则水库的蓄水量到安全水位要6天；若开7个泄洪闸，则水库的蓄水量到安全水位要（   ）.

A.4.8 天   B.4 天   C.3.6 天   D.3.2 天   E.3 天

10. 如图，在三角形点阵中，第 n 行及其上方所有点个数为 a_n，如 $a_1=1$，$a_2=3$，已知 a_k 是平方数且 $1<a_k<100$，则 $a_k=$（   ）.

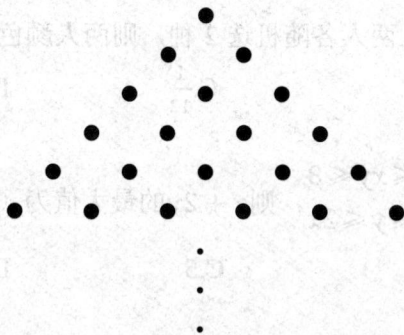

A.16   B.25   C.36   D.49   E.81

11. 如图，在边长为 2 的正三角形材料中，裁剪出一个半圆形.已知半圆的直径在三角形的一条边上，则这个半圆的面积最大为（   ）.

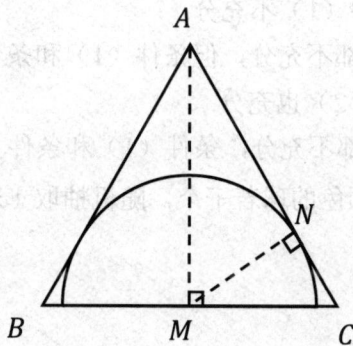

$$A.\frac{3}{8}\pi \qquad B.\frac{3}{5}\pi \qquad C.\frac{3}{4}\pi \qquad D.\frac{\pi}{4} \qquad E.\frac{\pi}{2}$$

12. 甲、乙两码头相距100千米，一艘游轮从甲地顺流而下，到达乙地用了4个小时，返回时游轮的静水速度增加了25%，用了5小时.则航道的水流速度为（   ）.

A.3.5km/h   B.4km/h   C.4.5km/h   D.5km/h   E.5.5km/h

13. 如图，圆柱形容器的底面半径是 $2r$，将半径为 r 的铁球放入容器后，液面的高度为 r，则液面原来的高度为（   ）.

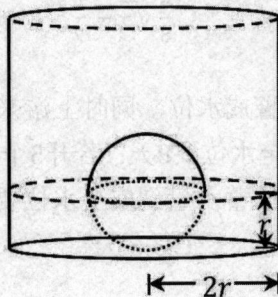

A. $\dfrac{r}{6}$ B. $\dfrac{r}{3}$ C. $\dfrac{r}{2}$ D. $\dfrac{2}{3}r$ E. $\dfrac{5}{6}r$

14. 有 4 种不同的颜色，甲乙两人各随机选 2 种，则两人颜色完全相同的概率为（　　）.

A. $\dfrac{1}{6}$ B. $\dfrac{1}{9}$ C. $\dfrac{1}{12}$ D. $\dfrac{1}{18}$ E. $\dfrac{1}{36}$

15. 设非负实数 x，y 满足 $\begin{cases} 2 \leqslant xy \leqslant 8 \\ \dfrac{x}{2} \leqslant y \leqslant 2x \end{cases}$，则 $x + 2y$ 的最大值为（　　）.

A. 3   B. 4   C. 5   D. 8   E. 10

二、**条件充分性判断：第 16~25 小题，每小题 3 分，共 30 分。要求判断每题给出的条件（1）和条件（2）能否充分支持题干所陈述的结论。A、B、C、D、E 五个选项为判断结果，请选择一项符合题目要求的判断。**

    A. 条件（1）充分，但条件（2）不充分.

    B. 条件（2）充分，但条件（1）不充分.

    C. 条件（1）和（2）单独都不充分，但条件（1）和条件（2）联合起来充分.

    D. 条件（1）充分，条件（2）也充分.

    E. 条件（1）和（2）单独都不充分，条件（1）和条件（2）联合起来也不充分.

16. 已知袋中装有红白黑三种颜色的球若干个，随机抽取 1 球.则该球是白球的概率大于 $\dfrac{1}{4}$.

    （1）红球数量最少.

    （2）黑球数量不到一半.

17. 已知 n 是正整数.则 n^2 除以 3 余 1.

    （1）n 除以 3 余 1.

    （2）n 除以 3 余 2.

18. 设二次函数 $f(x) = ax^2 + bx + 1$.则能确定 $a < b$.

    （1）曲线 $y = f(x)$ 关于直线 $x = 1$ 对称.

    （2）曲线 $y = f(x)$ 与直线 $y = 2$ 相切.

19. 设 a, b, c 为实数.则 $a^2 + b^2 + c^2 \leqslant 1$.

    （1）$|a| + |b| + |c| \leqslant 1$.

（2）$ab + bc + ac = 0$.

20. 设 a 为实数，$f(x) = |x - a| - |x - 1|$.则 $f(x) \leqslant 1$.

   （1）$a \geqslant 0$.

   （2）$a \leqslant 2$.

21. 设 a, b 为正实数.则能确定 $a \geqslant b$.

   （1）$a + \dfrac{1}{a} \geqslant b + \dfrac{1}{b}$.

   （2）$a^2 + a \geqslant b^2 + b$.

22. 兔窝位于兔子正北 60 米，狼在兔子正西 100 米，狼和兔子同时直奔兔窝.则兔子率先到达兔窝.

   （1）兔子的速度是狼速度的 $\dfrac{2}{3}$.

   （2）兔子的速度是狼速度的 $\dfrac{1}{2}$.

23. 设 x, y 为实数.则能确定 $x \geqslant y$.

   （1）$(x - 6)^2 + y^2 = 18$.

   （2）$|x - 4| + |y + 1| = 5$.

24. 设曲线 $y = x^3 - x^2 - ax + b$ 与 x 轴有三个不同的交点 A，B，C.则 $|BC| = 4$.

   （1）点 A 的坐标为 $(1, 0)$.

   （2）$a = 4$.

25. 设 a_n 为等比数列，S_n 是 $\{a_n\}$ 的前 n 项和.则能确定 a_n 的公比.

   （1）$S_3 = 2$.

   （2）$S_9 = 26$.

三、逻辑推理：第 26~55 小题，每小题 2 分，共 60 分。下列每题给出的五个选项中，只有一项是最符合试题要求的。

26. 健康连着千家万户的幸福，关系国家民族的未来，对于个人来说，健康是幸福之源。拥有健康，不一定拥有幸福；但失去健康，必然失去幸福。对于国家来说，人民健康是强盛之基。只有拥有健康的人民，才能拥有高质量发展能力。必须把保障人民健康放在优先发展的战略位置，大力推进健康中国建设。

   根据以上陈述，可以得出以下哪项？

   A．有的人拥有幸福，但不一定拥有健康。

   B．只要人民健康，就能推动国家高质量发展。

   C．世界上只有少数国家实现了人民健康、国力强盛。

   D．若没有健康的人民，一个国家就不会有高质量发展能力。

E．如果把保障人民健康放在优先发展的战略位置，就能实现国家强盛。

27．某大学管理学院安排甲、乙、丙、丁、戊、己 6 位院务会成员暑期值班 6 周，每人值班一周。已知：

（1）乙第四周值班；

（2）丁和戊的值班时间都早于己；

（3）甲值班的时间早于乙，但晚于丙。

根据以上信息，第三周可以安排的值班人员有哪些？

A．仅甲、丁。 　　　　　　　　　　 B．仅甲、戊。

C．仅丁、戊。 　　　　　　　　　　 D．仅甲、丁、戊。

E．仅丁、戊、己。

28．随着传播媒介的不断发展，其接收方式越来越多样。声音，作为一种接收门槛相对较低的传播媒介，它的"可听化"比视频的"可视化"受限制条件少，接收方式灵活。近来，各种有声读物、方言乡音等媒介日渐红火，一些听书听剧网站颇受欢迎，这让一些人看到了希望：会说话就行，用"声音"就可以获得财富。有专家就此认为，声媒降低了就业门槛，为人们提供了更多平等就业的机会。

以下哪项如果为真，最能质疑上述专家的观点？

A．传媒接收门槛的降低并不意味着声媒准入门槛的降低。

B．只有切实贯彻公平合理的就业政策，人们平等就业才有实现的可能。

C．一个行业吸纳的就业人员越多，它所能提供的平均薪酬水平往往越低。

D．有人愿意为听书付费，而有人不愿意，靠"声音"获得财富并不容易。

E．有人天生一副好嗓子，而有人的嗓音则需通过训练才能达到播音标准。

29．某部门拟在甲、乙、丙、丁、戊 5 个乡镇中选择 3 个进行调研。调研要求如下：

（1）乙、丁至多调研其一；

（2）若选择丙，则选择乙而不选择甲；

（3）若甲、戊中至少有一个不选择，则不选择丙。

根据以上信息，可以得出以下哪项？

A．甲、戊均不选。 　　　　　　　 B．甲、戊恰选其一。

C．乙、丙均不选。 　　　　　　　 D．乙、丙、丁恰选其一。

E．乙、丙、丁恰选其二。

30．当前，越来越多的网络作品将枯燥的文字转化成轻松的视听语言，不时植入段子、金句或评论，让年轻人乐此不疲，逐渐失去忍耐枯燥的能力，进入不了深度学习的状态。但是，能真正滋养一个人的著作往往都带着某种枯燥，需要读者投入专注力去穿透抽象。由此有专家建议，年轻人读书要先克服前 30 页的阅读痛苦，这样才能获得知识与快乐。

以下哪项如果为真，最能支持上述专家的观点？

A. 读书本身就很枯燥，学习就是学习，娱乐就是娱乐，所谓"娱乐式学习"并不存在。

B. 有些人拿起任何一本书都能津津有味地读下去，即使连续读 30 页，也不会感到枯燥乏味。

C. 一本书的前 30 页往往是该书概念术语的首次展现，要想获得阅读的愉悦，就要越过这个门槛。

D. 那些让人很舒服、不断点头的轻松阅读，往往只是重复你既有认知的无效阅读，哪怕读再多页也无益处。

E. 有些书即使硬着头皮读了前 30 页，后面的文字仍不能让人感到快乐并有所收获，读者将其弃置一边也不奇怪。

31. 纸箱是邮寄快递的主要包装材料之一，初次使用的纸箱大都可重复使用。目前大部分旧纸箱仍被当作生活垃圾处理，不利于资源的利用和环境的保护。其实，我们寄快递时所用的新纸箱快递点一般都要收费。有专家就此认为，即使从自身利益角度出发，快递点对纸箱回收也应具有积极性。

以下哪项如果为真，最能质疑上述专家的观点？

A. 有些人在收到快递后习惯将包装纸箱留存，积攒到一定数量后，再送到附近废品收购站卖掉。

B. 快递员回收纸箱的意愿并不高，为了赶时间，他们不会等客户拆封后再带走空纸箱。

C. 旧纸箱一般是以往客户丢下的，快递点并未花钱回购，在为客户提供旧纸箱时也不会收费。

D. 为了"有面子"，有些人在寄快递时宁愿花钱购买新纸箱，也不愿使用旧纸箱，哪怕免费使用也不行。

E. 快递点大多设有纸箱回收处，让客户拿到快递后自己决定是否将快递当场拆封并将纸箱留下。

32. 近日，某博物馆展出中国古代书画家赵、唐、沈、苏 4 人的书画，其中展览的《松溪图》《涧石图》《山高图》《雪钓图》分别是这 4 位最具代表性的画作之一。已知：

（1）若《松溪图》不是苏所画，则《山高图》是唐所画；

（2）若《松溪图》是苏或赵所画，则《雪钓图》是沈所画；

（3）若《雪钓图》是沈所画或《山高图》是唐所画，则《涧石图》是苏所画或《雪钓图》是唐所画。

根据上述信息，可以得出以下哪项？

A.《雪钓图》是沈所画。 B.《松溪图》是赵所画。

C.《松溪图》是唐所画。 D.《涧石图》是苏所画。

E.《山高图》是沈所画。

33. 人们常常听到这样的说法："天气凉了，大家要小心着凉感冒。"然而着凉未必意味着感冒。"着凉"仅仅指没有穿够保暖的衣物时体温过低的情况，而感冒的原因是病毒或细菌感染。但有研究人员分析了过去 5 年流感疫情监测数据后发现，流感的频繁活动通常发生在当年 11 月至次年 3 月期间。由此他们断定，寒冷天气确实更容易让人感染流行性感冒。

以下各项如果为真，则除哪项外均能支持上述研究人员的观点？

A．各种病毒在低温且干燥的环境中更稳定，而且繁殖得更快。

B．寒冷的天气里，人们更愿意待在温暖的室内，而不愿进行户外活动。

C．在通风不良的室内供暖环境中，人体抵御细菌感染的机能会有所减弱。

D．温度大幅降低会导致人体温度下降，妨碍呼吸系统和消化系统的正常运转。

E．当人体处于紧张状态比如承受低温时，其代谢系统和免疫系统的正常运转将会受到影响。

34. 位于长江三角洲的良渚古城遗址是中国已知古城中最早建有大型水利工程的城池。大约 4300 年前，良渚古城遭到神秘摧毁，良渚文明就此崩溃。研究人员借助良渚古城的地质样本，对该地的古代气候进行评估后断定，良渚古城的摧毁很可能与洪水的暴发存在关联。

以下哪项如果为真，最能支持上述研究人员的观点？

A．到目前为止，研究人员尚未发现人为因素导致良渚文明覆灭的证据。

B．研究人员发现，在保存完好的良渚古城遗址上覆盖着一层湿润的黏土。

C．良渚古城外围建有多条水坝，这些距今 5000 年左右的水坝能防御超大洪灾。

D．距今 4345 年至 4324 年期间，长江三角洲曾有一段强降雨时期，之后雨又断断续续下了很长时间。

E．公元前 2277 年前的某个夏季，异常的降雨量超出了当时先进的良渚古城水坝和运河的承受极限。

35~36 题基于以下题干：

某大学进行校园形象动物评选，对于喜鹊、松鼠、狐狸、刺猬、乌鸦和白鹭 6 种动物能否进入初选，有人预测如下：

（1）上述 6 种动物中若至少有 4 种入选，则刺猬和松鼠均入选；

（2）若松鼠、狐狸和乌鸦中至少有 1 种入选，则喜鹊入选，而刺猬不会入选。

评选结果表明，上述预测正确。

35. 根据以上信息，关于上述 6 种动物的入选情况，可以得出以下哪项？

A．至多有 3 种入选。

B．至少有 3 种入选。

C．乌鸦和刺猬均未入选。

D．乌鸦和刺猬至少有 1 种入选。

E．白鹭、松鼠和狐狸中至少有 1 种入选。

36. 若恰好有 3 种动物入选，则可以得出以下哪项？

A．刺猬入选。　　　　　　　　　B．狐狸入选。

C．喜鹊入选。　　　　　　　　　D．松鼠入选。

E．白鹭入选。

37. 脉冲星是银河系中难得的定位点，对导航极为有用。通过测量来自 3 颗或更多脉冲星每个脉冲的微小变化，航天器可以利用三角测量法确定自己在银河系中的位置。1972 年，科学家在一台宇宙探测器上安装了刻有 14 颗脉冲星的铭牌，这些脉冲星被当作一组特殊的宇宙路标，科学家试图以此引导外星人来到地球。但有专家断言，地球人制作的这一"脉冲星地图"很难实现预想的目标。

以下哪项如果为真，最能支持上述专家的观点？

A．科学家曾向太空发射载有地球信息的无线电波，但至今一无所获。

B．我们并不了解外星人，贸然邀请并指引他们来地球是非常危险的。

C．外星人即使获取铭牌，也可能看不懂铭牌，从而发现不了那 14 颗脉冲星。

D．任何先进到足以发现并获取"脉冲星地图"的智慧生物，都能看懂这张地图。

E．外星人捕获人类探测器的时间还很遥远，到那时 14 颗脉冲星的位置已发生很大变化，他们即使看懂铭牌，也只能"受骗上当"了。

38. 瘦肉精是一种牲畜饲料添加剂的统称，现在主要指莱克多巴胺，它通过模拟肾上腺素的功能来抑制饲养动物的脂肪生长，从而增加瘦肉含量。从现实来看，食用瘦肉精含量极低的肉类仍是安全的，但科学还无法证明瘦肉精对人体完全无害。目前，全球有 160 多个国家禁止在本国销售含有瘦肉精的肉类。有专家就此指出，全球多数国家对莱克多巴胺采取零容忍政策，是一项正确合理的决策。

以下哪项如果为真，最能支持上述专家的观点？

A．喂了瘦肉精的动物更容易疲劳、受伤，其死亡的概率也会增加。

B．目前，全球有 20 多个国家不允许在饲养中使用瘦肉精，但允许进口含有瘦肉精的肉类。

C．某国食品法典委员会规定，市场销售的肉类中莱克多巴胺的最高残留量不得超过亿分之一。

D．一项科学实验显示，摄入微量莱克多巴胺对人体无害，但该实验仅招募了 6 名志愿者，样本量严重不足。

E．如果允许瘦肉精合法使用，无法保证饲养者会严格按照使用指南喂养牲畜，而政府有关部门检查起来技术复杂、成本高昂。

39. 老孟、小王、大李 3 人为某小区保安。已知：一周 7 天每天总有他们 3 人中的至少 1 人值班，没有人连续 3 天值班，任意 2 人在同一天休假的情况均不超过 1 次。另外，还知道：

（1）老孟周二、周四和周日休假；

（2）小王周四、周六休假，周五值班；

（3）大李周六、周日休假，周五值班。

根据以上信息，可以得出以下哪项？

A．老孟周一值班。　　　　　　　　B．小王周一值班。

C．老孟周五值班。　　　　　　　　D．小王周三休假

E．大李周四休假。

40. 某单位举办两轮羽毛球单打表演赛，共有甲、乙、丙、丁、戊、己6位选手参加。每轮表演赛都按以下组合进行了5场比赛：甲对乙、甲对丁、丙对戊、丙对丁、戊对己。已知：

（1）每场比赛均决出胜负；

（2）每轮比赛中，各参赛选手均至多输一场；

（3）每轮比赛决出的冠军在该轮比赛中未有败绩，甲在第一轮比赛中获冠军；

（4）只有一组选手在第二轮比赛中的胜负结果与第一轮相同，其余任一组选手的两轮比赛结果均不同。

根据上述信息，可以得出第二轮表演赛的冠军是

A．乙　　　　　　　　　　B．丙

C．丁　　　　　　　　　　D．戊

E．己

41. 我国有些传统村落已有数百年历史，具有较高的历史文化价值。政府相继发布一批中国传统村落名录，对有些传统村落给予了有效的保护。但是，大量未纳入保护范围的传统村落仍处于放任自流的状态，其现状不容乐观。有专家就此指出，随着社会的快速发展和新生活方式的兴起，这些传统村落走向衰亡是一种必然趋势。

以下哪项如果为真，最能质疑上述专家的观点？

A．中国拥有高度发达的农耕文明，乡土中国的精神和文化现在仍是我们文化身份、民族情感的重要来源。

B．有些城里人自愿来到农村居住，他们养鸡种菜、耕读垂钓，全然不顾想去城市生活的乡邻们异样的眼光。

C．欧洲国家在工业化、城市化进程中，对一些传统村落进行了较好的保护，使其乡村文化、乡村生活方式延续至今。

D．我国有些传统村落虽未纳入保护名录，但也被重新规划、修缮，宜居程度显著提高，美丽乡村既留住了村民，也迎来了游客。

E．基于资源、环境、公共服务等方面的考虑，某些地方开启乡村合并模式，部分传统村落已经消失在合并的过程中。

42. 某烟花专卖店销售多种烟花。已知：

（1）若不是危险性大的烟花，则它们可降解或没有漂浮物；

（2）若是新型组合烟花或危险性大的烟花，则它们不是环保类烟花。

若该店所销售的某类产品是环保类烟花，则可以推出该类烟花

A．可降解。　　　　　　　　B．若不可降解，则没有漂浮物。

C．不可降解。　　　　　　　D．若可降解，则有漂浮物。

E．没有漂浮物。

43. 曼特洛编码是只能按照如下 3 条规则生成的符号串：

（1）曼特洛图形只有三个▲、▽、☆；

（2）一对圆括号中若只含有 0 个、1 个或者 2 个不同的曼特洛图形，则为曼特洛编码；

（3）一对圆括号中若只含有 1 个或 2 个曼特洛编码且不含其他符号，则也为曼特洛编码。

根据上述规定，以下哪项符号串是曼特洛编码？

A．(()▲☆)(☆▽))

B．((▲☆)(☆(▽)))

C．((▲)(☆())(☆▽))

D．((▲)(((☆▽)()))

E．((▲)(☆)(▽()☆)

44. 为满足持续激增的市场需求，半导体行业的许多工厂竞相增加芯片产能，预计供求平衡将在明年达成，此后可能会出现供应过剩。有分析人士认为，今年随着智能手机和新能源汽车的销售势头放缓，两大行业的产能将会降低，芯片供应的紧张形势有望得到缓解。

以下哪项最可能是上述分析人士的假设？

A．新能源汽车制造商在销售疲软的情况下大幅削减芯片库存。

B．智能手机和新能源汽车是半导体行业的两大主要终端用户。

C．智能手机因零部件短缺而更新升级迟缓，今年下半年销量将有所下滑。

D．芯片市场具有很强的周期性，每隔数年就会经历一次从峰值到低谷的循环。

E．市场需求情况将通过产品销售、生产供应等逐步向上游传导，并最终影响相关工厂的产能。

45. 下面有一 5×5 的方阵，它所含的每个小方格中均可填入"稻""黍""稷""麦""豆"五谷名称之一，有部分方格已经填入。要求该方阵每行、每列的五个小方格中均含有五谷名称，不能重复也不能遗漏。

根据上述要求，以下哪项是方阵①空格中应填入的五谷名称？

稷	麦			黍
麦	豆			
			①	
		黍		麦
		稷		稻

A．麦   B．豆   C．稻   D．稷   E．黍

46. 马可·波罗在《马可·波罗游记》中对元世祖忽必烈颇有赞词，并称忽必烈寿命"约有八十五岁"。这一说法与《元史》中"在位三十五年，寿八十"的记载不符。但有学者指出，游记中的说法很可能是正确的，因为拉施都丁在 14 世纪初写成的《史集》中称："忽必烈合罕(即可汗)在位三十五年，并在他的年龄达到八十三之后去世。"

以下哪项如果为真，最能支持上述学者的观点？

A．关于忽必烈寿命的记载，《元史》很可能使用的是中国人惯用的虚岁记法。

B. 中国历代皇帝平均寿命不到 40 岁，忽必烈则超出一倍多，历史排名第五。

C. 《史集》可信度较高，它纪年用的伊斯兰太阳历比《马可·波罗游记》用的突厥太阳历每 30 年少 1 年。

D. 《马可·波罗游记》出自鲁斯蒂谦之手，他声称该游记是他在狱中根据马可·波罗生前口述整理而成。

E. 《饮膳正要》曾记录忽必烈的生活："饮食必稽于本草，动静必准乎法度。"长寿与其善用医理调理身心有关。

47. 某大学从候选人甲、乙、丙、丁、戊、己、庚 7 人中选出 3 人作为本年度优秀教师。已知：

（1）甲、丙、丁、戊、己中至多有 2 人入选；

（2）若戊、己都没有入选，则丁、庚也都没有入选；

（3）若乙、庚中至少有 1 人没入选，则甲、丙都入选。

根据上述信息，可以得出以下哪项？

A. 甲入选。　　　　　　　　　B. 乙入选。

C. 丙入选。　　　　　　　　　D. 戊入选。

E. 庚入选。

48. 近年来，网络美图和短视频热带动不少小众景点升温。然而许多网友发现，他们实地探访所见的小众景点与滤镜照片中的同一景点形成强烈反差，而且其中一些体验项目也不像网络宣传的那样有趣美好、物有所值。有专家就此建议，广大游客应远离小众景点，不给他们宰客的机会。

以下哪项如果为真，最能质疑上述专家的建议？

A. 有些专家的建议值得参考，而有些专家的建议则可能存在偏狭之处。

B. 旅游业做不了"一锤子买卖"，好口碑才是真正的"流量密码"，靠"照骗"出位无异于饮鸩止渴。

C. 一般来说，在拍照片或短视频时相机或手机会自动美化，拍摄对象也是拍摄者主观选取的局部风景。

D. 随着互联网全面进入"光影时代"，越来越多的景点通过网络营销模式进行推广和宣传，即使那些著名景点也不例外。

E. 如今很多乡村景点虽不出名，但他们尝试农旅结合，推出"住农家屋、采农家菜、吃农家饭"的乡村游项目，让游客在美丽乡村流连忘返。

49. 某省举办运动会。该省 H 市参加的跳水、射箭、体操、篮球和短跑等项目所获金牌情况如下：

（1）跳水、射箭至少有一项获得金牌；

（2）若射箭、短跑至少有一项获得金牌，则体操也获得金牌；

（3）若短跑、篮球至少有一项未获得金牌，则跳水也未获金牌。

根据上述信息，可以得出以下哪项？

A．跳水获得金牌。 B．篮球未获金牌。

C．射箭未获金牌。 D．体操获得金牌。

E．短跑未获金牌。

50. 甲、乙、丙、丁、戊5人参加某单位招聘，他们分别应聘市场部、人事部和外联部3个岗位。已知每人都选择了2个岗位应聘，其中1个岗位5人都选择应聘。另外，还知道：

（1）选择市场部的人数比选择外联部的多1人；

（2）若甲、丙、丁中至少有1人选择了市场部，则只有甲和戊选择了外联部。

根据以上信息，可以得出以下哪项？

A．甲选择了市场部和外联部。

B．乙选择了市场部和人事部。

C．丙选择了人事部和外联部。

D．丁选择了市场部和外联部。

E．戊选择了市场部和人事部。

51. 在航空公司眼中，旅客大体分为两类："时间敏感而价格不敏感"且多在工作日出行的群体，"时间不敏感而价格敏感"且多在周末出行的群体。去年，为改善低客流状况，S航空公司推出了"周末随心飞"特惠产品：用户只需花3000元即可在本年度的任意周六和周日，不限次数乘坐该航空公司除飞往港澳台以外的任意国内航班。据统计，在S航的大本营H市，多个航班的"周末随心飞"旅客占比超过90%，且这些旅客大多是从H市飞往成都、深圳、三亚、昆明等热点城市的。

根据上述信息，可以得出以下哪项？

A．有些"周末随心飞"旅客以往并不曾飞往成都。

B．去年S航推出的"周末随心飞"产品可以跨年兑换使用。

C．没有"时间不敏感而价格敏感"的旅客会选择工作日出行。

D．有些"时间敏感而价格不敏感"的旅客会乘坐S航的周末航班。

E．去年乘坐S航航班飞往香港的旅客，使用的不是"周末随心飞"特惠产品。

52. 为了提高效益，经销商李军拟在花生、甜菜、棉花、百合、黄芪和生姜6种产品中选择3种经营。他有如下考虑：

（1）若经营百合，则也经营黄芪但不经营甜菜；

（2）若经营花生，则也经营甜菜但不经营棉花；

（3）若生姜或者棉花至少经营一种，则同时经营花生和百合。

根据以上信息，以下哪两种农产品是李军拟经营的？

A．花生和甜菜。 B．甜菜和棉花。

C．百合和黄芪。 D．花生和百合。

E．棉花和生姜。

53. 很多迹象表明，三星堆文化末期发生过重大变故，比如，三星堆两个器物坑的出土文物就留有不少被砸过和烧过的残损痕迹。关于三星堆王国衰亡的原因，一种说法认为是外敌入侵，但也有学者认为，衰亡很可能是内部权力冲突导致的。他们的理由是，三星堆出土的文物显示，三星堆王国是由笄发的神权贵族和辫发的世俗贵族联合执政；而金沙遗址出土的文物显示，三星堆王国衰亡之后继起的金沙王国仅由三星堆王国中辫发的世俗贵族单独执政。

以下哪项如果为真，最能支持上述学者的观点？

A. 三星堆出土的文物并不完整，使得三星堆王国因外敌入侵而衰亡的说法备受质疑。

B. 有证据显示，从三星堆文化到金沙文化，金沙王国延续了三星堆王国的主要族群和传统。

C. 一个古代王国中不同势力的联合执政意味着政治权力的平衡，这种平衡一旦被打破就会出现内部冲突。

D. 根据古蜀国的史料记载，三星堆文化晚期曾出现宗教势力过大、财富大多集中到神权贵族一方的现象。

E. 三星堆城池遭到严重破坏很可能是外部入侵在先、内部冲突在后，迫使三星堆人迁都金沙，重建都城。

54~55 题基于以下题干：

甲、乙、丙、丁 4 位记者对张、陈，王、李 4 位市民就民生问题进行了访谈。每次访谈均是 1 对 1 进行，每个人均进行或接受了至少 1 次访谈，访谈共进行了 6 次。已知：

（1）若甲、丙至少有 1 人访谈了陈，则乙分别访谈了王、李各 2 次；

（2）若乙、丁至少有 1 人访谈了陈，则王只分别接受了丙、丁各 1 次访谈。

54. 根据以上信息，可以得出以下哪项？

A. 甲至少访谈了张、李中的 1 人。

B. 乙至少访谈了陈、李中的 1 人。

C. 乙至少访谈了张、王中的 1 人。

D. 丁至少访谈了陈、张中的 1 人。

E. 丁至少访谈了李、张中的 1 人。

55. 若丙访谈了张和李，则可以得出以下哪项？

A. 张只接受了 1 次访谈。

B. 丙只进行了 2 次访谈。

C. 陈只接受了 1 次访谈。

D. 丁只进行了 2 次访谈。

E. 李只接受了 1 次访谈。

四、写作：第56～57小题，共65分。其中论证有效性分析30分，论说文35分。

56. 论证有效性分析：分析下述论证中存在的缺陷和漏洞，选择若干要点，写一篇600字左右的文章，对该论证的有效性进行分析和评论。（论证有效性分析的一般要点是：概念特别是核心概念的界定和使用是否准确并前后一致，有无各种明显的逻辑错误，论证的论据是否成立并支持结论，结论成立的条件是否充分，等等。）

人才是社会经济发展的重要因素，许多单位都十分注重培养自己需要的人才。其实，人才除了靠自己培养，还应该靠引进。

常言道："十年树木，百年树人。"这说明培养人才需要相当长的时间。即便不需要一百年，现在把一个人从小学培养到大学毕业，至少也要十五六年。由此可见，靠单位自己来培养人才根本不能解决当务之急。

其次，只注重培养而不注重引进并留住人才，结果往往事与愿违。例如，企业辛辛苦苦培养的一些人才跳槽了，一些高校的优秀毕业生出国了。因此，只着眼于培养只能是为他人作嫁衣裳。

再次，从历史上来看，秦孝公靠商鞅变法使秦国强大了，而商鞅是卫国人，是秦孝公招揽进来的，可见，招揽引进人才就能使国家强大起来。

可喜的是，如今不少单位出台了各种措施，引进了越来越多的人才。这样，我国的人才数量必将大幅增长，国家就会更加富强了。

57. 论说文：根据下述材料，写一篇700字左右的论说文，题目自拟。

发散性思维是指不依常规，寻求多变和多种答案的思维形式。具有这种思维形式的人，其言行往往会与众不同。

答案速查

数学：

1—5：ECDBB   6—10：CCBBC   11—15：ADEAE

16—20：CDCAC   21—25：BADCE

逻辑：

26—30：DDADC   31—35：CDBEA   36—40：CEEAE

41—45：DBDBA   46—50：CBEDB   51—55：EACAC

写作：

56—57：略

试卷解析

使用 MBA 大师 App 扫描下方二维码可查看试卷解析

扫码查看数学解析   扫码查看逻辑解析   扫码查看写作解析

2023 年全国硕士研究生招生考试

管理类专业学位联考综合能力试题

（科目代码：199）

考生注意事项

1. 答题前，考生须在试题册指定位置上填写考生姓名和考生编号；在答题卡指定位置上填写报考单位、考生姓名和考生编号，并涂写考生编号信息点。

2. 考生须把试题册上的"试卷条形码"取下，粘贴在答题卡的"试卷条形码粘贴位置"框中。不按规定粘贴条形码而影响评卷结果的，后果由考生自行负责。

3. 选择题的答案必须涂写在答题卡相应题号的选项上，非选择题的答案必须书写在答题纸指定位置的边框区域内。超出答题卡区域写的答案无效；在草稿纸、试题册上答题无效。

4. 填（书）写部分必须使用黑色字迹签字笔或者钢笔书写，字迹工整、笔迹清楚；涂写部分必须使用 2B 铅笔填涂。

5. 考试结束，将试题、答题卡一并装入试题袋中交回。

（以下信息考生必须认真填写）

考生编号															
考生姓名															

一、问题求解：第 1~15 小题，每小题 3 分，共 45 分。下列每题给出的五个选项中，只有一个选项是最符合题目要求的。

1. 油价上涨 5% 后，加一箱油比原来多花 20 元. 一个月后油价下降了 4%，则加一箱油需要（　　）.

   A. 384 元　　　　B. 401 元　　　　C. 402.8 元　　　　D. 403.2 元　　　　E. 404 元

2. 已知甲、乙两公司的利润之比为 3：4，甲、丙两公司的利润之比为 1：2. 若乙公司的利润为 3000 万元，则丙公司的利润为（　　）.

   A. 5000 万元　　B. 4500 万元　　　C. 4000 万元　　　D. 3500 万元　　　E. 2500 万元

3. 一个分数的分子与分母之和为 38，其分子、分母都减去 15，约分后得到 $\frac{1}{3}$，则这个分数的分母与分子之差为（　　）.

   A. 1　　　　　　B. 2　　　　　　C. 3　　　　　　D. 4　　　　　　E. 5

4. $\sqrt{5 + 2\sqrt{6}} - \sqrt{3} = $（　　）.

   A. $\sqrt{2}$　　　　B. $\sqrt{3}$　　　　C. $\sqrt{6}$　　　　D. $2\sqrt{2}$　　　　E. $2\sqrt{3}$

5. 某公司财务部有 2 名男员工、3 名女员工，销售部有 4 名男员工、1 名女员工. 现要从中选 2 名男员工、1 名女员工组成工作小组，并要求每部门至少有 1 名员工入选，则工作小组的构成方式有（　　）.

   A. 24 种　　　　B. 36 种　　　　C. 50 种　　　　D. 51 种　　　　E. 68 种

6. 甲、乙两人从同一地点出发，甲先出发 10 分钟. 若乙跑步追赶甲，则 10 分钟可追上；若乙骑车追赶甲，每分钟比跑步多行 100 米，则 5 分钟可追上. 那么甲每分钟走的距离为（　　）米.

   A. 50　　　　　　B. 75　　　　　　C. 100　　　　　　D. 125　　　　　　E. 150

7. 如图，已知点 $A(-1,2)$，点 $B(3,4)$. 若点 $P(m,0)$ 使得 $|PB| - |PA|$ 最大，则（　　）.

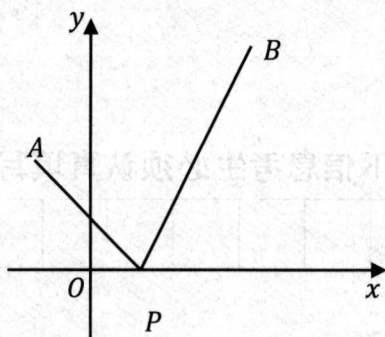

   A. $m = -5$　　　　B. $m = -3$　　　　C. $m = -1$　　　　D. $m = 1$　　　　E. $m = 3$

8. 由于疫情防控，电影院要求不同家庭之间至少间隔一个座位，同一家庭的成员要相连. 两个家庭去看电影，一家 3 人，一家 2 人，现有一排 7 个相连的座位，则符合要求的坐法有（　　）.

A.36 种　　　　B.48 种　　　　C.72 种　　　　D.144 种　　　　E.216 种

9. 方程 $x^2 - 3|x-2| - 4 = 0$ 的所有实根之和为（　　）.

A.−4　　　　B.−3　　　　C.−2　　　　D.−1　　　　E.0

10. 如图，从一个棱长为 6 的正方体中裁去两个相同的正三棱锥.若正三棱锥的底面边长 $AB = 4\sqrt{2}$，则剩余几何体的表面积为（　　）.

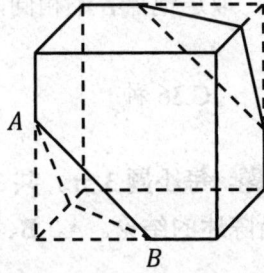

A.168　　B.$168 + 16\sqrt{3}$　　C.$168 + 32\sqrt{3}$　　D.$112 + 32\sqrt{3}$　　E.$124 + 32\sqrt{3}$

11. 如图，在三角形 ABC 中，$\angle BAC = 60°$，BD 平分 $\angle ABC$，交 AC 于 D，CE 平分 $\angle ACB$，交 AB 于 E，BD 和 CE 交于 F，则 $\angle EFB =$（　　）.

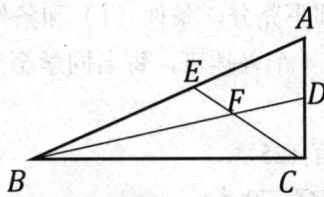

A.45°　　　　B.52.5°　　　　C.60°　　　　D.67.5°　　　　E.75°

12. 跳水比赛中，裁判给某选手的一个动作打分，其平均值为 8.6，方差为 1.1.若去掉一个最高得分 9.7 和一个最低得分 7.3，则剩余得分的（　　）.

A.平均值变小，方差变大　　　　　　　　B.平均值变小，方差变小

C.平均值变小，方差不变　　　　　　　　D.平均值变大，方差变大

E.平均值变大，方差变小

13. 设 x 为正实数，则 $\dfrac{x}{8x^3 + 5x + 2}$ 的最大值为（　　）.

A.$\dfrac{1}{15}$　　　　B.$\dfrac{1}{11}$　　　　C.$\dfrac{1}{9}$　　　　D.$\dfrac{1}{6}$　　　　E.$\dfrac{1}{5}$

14. 如图，在矩形 $ABCD$ 中，$AD = 2AB$，E，F 分别是 AD, BC 的中点.从 A、B、C、D、E 中任意取 3 个点，则这三个点为顶点可组成直角三角形的概率为（　　）.

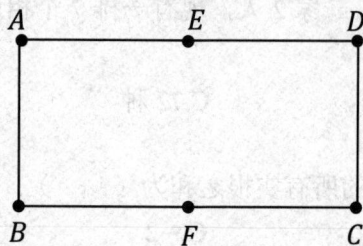

A.$\frac{1}{2}$　　　　B.$\frac{11}{20}$　　　　C.$\frac{3}{5}$　　　　D.$\frac{13}{20}$　　　　E.$\frac{7}{10}$

15. 快递员收到 3 个同城快递任务，取送地点各不相同，取送件可穿插进行.不同的取送件方式有（　　）．

　　A.6 种　　　　B.27 种　　　　C.36 种　　　　D.90 种　　　　E.360 种

二、条件充分性判断：第 16~25 小题，每小题 3 分，共 30 分。要求判断每题给出的条件（1）和条件（2）能否充分支持题干所陈述的结论。A、B、C、D、E 五个选项为判断结果，请选择一项符合题目要求的判断。

　　A. 条件（1）充分，但条件（2）不充分．

　　B. 条件（2）充分，但条件（1）不充分．

　　C. 条件（1）和（2）单独都不充分，但条件（1）和条件（2）联合起来充分．

　　D. 条件（1）充分，条件（2）也充分．

　　E. 条件（1）和（2）单独都不充分，条件（1）和条件（2）联合起来也不充分．

16. 有体育、美术、音乐、舞蹈 4 个兴趣班，每名同学至少参加 2 个.则至少有 12 名同学参加的兴趣班完全相同.

　　（1）参加兴趣班的同学共有 125 人．

　　（2）参加 2 个兴趣班的同学有 70 人．

17. 关于 x 的方程 $x^2 - px + q = 0$ 有两个实根 a 和 b.则 $p - q > 1$．

　　（1）$a > 1$．

　　（2）$b < 1$．

18. 已知等比数列 $\{a_n\}$ 的公比大于 1.则 $\{a_n\}$ 单调递增.

　　（1）a_1 是方程 $x^2 - x - 2 = 0$ 的根．

　　（2）a_1 是方程 $x^2 + x - 6 = 0$ 的根．

19. 设 x, y 是实数.则 $\sqrt{x^2 + y^2}$ 有最小值和最大值.

　　（1）$(x - 1)^2 + (y - 1)^2 = 1$．

　　（2）$y = x + 1$．

20. 设集合 $M = \{(x,y) \mid (x-a)^2 + (y-b)^2 \leqslant 4\}$，$N = \{(x,y) \mid x > 0, y > 0\}$. 则 $M \cap N \neq \varnothing$.

（1）$a < -2$.

（2）$b > 2$.

21. 甲、乙两车分别从 A，B 两地同时出发相向而行，1 小时后，甲车到达 C 点，乙车到达 D 点（如图）. 则能确定 A、B 两地的距离.

（1）已知 C、D 两地的距离.

（2）已知甲、乙两车的速度比.

22. 已知 m，n，p 为三个不同的质数. 则能确定 m，n，p 的乘积.

（1）$m + n + p = 16$.

（2）$m + n + p = 20$.

23. 八个班参加植树活动，共植树195棵. 则能确定各班植树棵数的最小值.

（1）各班植树的棵数均不相同.

（2）各班植树棵数的最大值是28.

24. 设数列 $\{a_n\}$ 的前 n 项和为 S_n. 则 a_2，a_3，a_4，$\cdots$ 为等比数列.

（1）$S_{n+1} > S_n$，$n = 1, 2, 3, \cdots$.

（2）$\{S_n\}$ 是等比数列.

25. 甲有两张牌 a，b，乙有两张牌 x，y，甲、乙各任意取出一张牌，则甲取出的牌不小于乙取出的牌的概率不小于 $\frac{1}{2}$.

（1）$a > x$.

（2）$a + b > x + y$.

三、逻辑推理：第 26~55 小题，每小题 2 分，共 60 分。下列每题给出的五个选项中，只有一项是最符合试题要求的。

26. 爱因斯坦思想深刻、思维创新。他不仅是一位伟大的科学家，还是一位思想家和人道主义者，同时也是一位充满个性的有趣人物。他一生的经历表明，只有拥有诙谐幽默、充满个性的独立人格，才能思想深刻、思维创新。

根据以上陈述，可以得出以下哪项？

A．有的思想家不是人道主义者。

B．有些伟大的科学家拥有诙谐幽默、充满个性的独立人格。

C．科学家一旦诙谐幽默、充满个性，就能做到思想深刻、思维创新。

D．有些人道主义者诙谐幽默、充满个性，但做不到思想深刻、思维创新。

E. 有的思想家做不到诙谐幽默、充满个性，但能做到思想深刻、思维创新。

27. 处理餐厨垃圾的传统方式主要是厌氧发酵和填埋，前者利用垃圾产生的沼气发电，投资成本高；后者不仅浪费土地，还污染环境。近日，某公司尝试利用蟑螂来处理垃圾。该公司饲养了 3 亿只"美洲大蠊"蟑螂，每天可吃掉 15 吨餐厨垃圾。有专家据此认为，用"蟑螂吃掉垃圾"这一生物处理方式解决餐厨垃圾，既经济又环保。

以下哪项如果为真，最能质疑上述专家的观点？

A. 餐厨垃圾经发酵转化为能源的处理方式已被国际认可，我国这方面的技术也相当成熟。

B. 大量人工养殖后，很难保证蟑螂不逃离控制区域，而一旦蟑螂逃离，则会危害周边生态环境。

C. 政府前期在工厂土地划拨方面对该项目给予了政策扶持，后期仍需进行公共安全监测和环境评估。

D. 我国动物蛋白饲料非常缺乏，1 吨蟑螂及其所产生的卵鞘，可产生 1 吨昆虫蛋白饲料，饲养蟑螂将来盈利十分可观。

E. 该公司正在建设新车间，竣工后将能饲养 20 亿只蟑螂，它们虽然能吃掉全区的餐厨垃圾，但全市仍有大量餐厨垃圾需要通过传统方式处理。

28. 记　者：贵校是如何培养创新型人才的？

受访者：大学生踊跃创新创业是我校的一个品牌。在相关课程学习中，我们注重激发学生创业的积极性，引导学生想创业；通过实训、体验，让学生能创业；通过学校提供专业化的服务，帮助学生创成业。在高校创业者收益榜中，我们学校名列榜首。

以下哪项最可能是上述对话中受访者论述的假设？

A. 不懂创新就不懂创业。

B. 创新能力越强，创业收益越高。

C. 创新型人才培养主要是创业技能的培训和提升。

D. 培养大学生创业能力只是培养创新型人才的任务之一。

E. 创新型人才的主要特征是具有不拘陈规、勇于开拓的创新精神。

29. 某部门抽检了肉制品、白酒、乳制品、干果、蔬菜、水产品、饮料等 7 类商品共 521 种样品，发现其中合格样品 515 种，不合格样品 6 种。已知：

（1）蔬菜、白酒中有 2 种不合格样品；

（2）肉制品、白酒、蔬菜、水产品中有 5 种不合格样品；

（3）蔬菜、乳制品、干果中有 3 种不合格样品。

根据上述信息，可以得出以下哪项？

A. 乳制品中没有不合格样品。

B. 肉制品中没有不合格样品。

C. 蔬菜中没有不合格样品。

D. 白酒中没有不合格样品。

E．水产品中没有不合格样品。

30. 时时刻刻总在追求幸福的人不一定能获得最大的幸福，刘某说自己获得了最大的幸福，所以，刘某从来不曾追求幸福。

以下哪项与上述论证方式最为相似？

A．年年岁岁总是帮助他人的人不一定能成为名人，李某说自己成了名人，所以，李某从来不曾帮助他人。

B．口口声声不断说喜欢你的人不一定最喜欢你，陈某现在说他最喜欢你，所以，陈某过去从未喜欢过你。

C．冷冷清清空无一人的商场不一定没有利润，某商场今年亏损，所以，该商场总是空无一人。

D．日日夜夜一直想躲避死亡的士兵反而最容易在战场上丧命，林某在一次战争中重伤不治，所以，林某从来没有躲避死亡。

E．分分秒秒每天抢时间工作的人不一定是普通人，宋某看起来很普通，所以，宋某肯定没有每天抢时间工作。

31~32 题基于以下题干：

某中学举行田径运动会，高二（3）班的甲、乙、丙、丁、戊、己 6 人报名参赛，在跳远、跳高和铅球 3 项比赛中，他们每人都报名 1~2 项，其中 2 人报名跳远，3 人报名跳高，3 人报名铅球。另外，还知道：

（1）如果甲、乙至少有一人报名铅球，则丙也报名铅球；

（2）如果己报名跳高，则乙和己均报名跳远；

（3）如果丙、戊至少有 1 人报名铅球，则己报名跳高。

31. 根据以上信息，可以得出以下哪项？

A．甲报名铅球，乙报名跳远。

B．乙报名跳远，丙报名铅球。

C．丙报名跳高，丁报名铅球。

D．丁报名跳远，戊报名跳高。

E．戊报名跳远，己报名跳高。

32. 如果甲、乙均报名跳高，则可以得出以下哪项？

A．丁、戊均报名铅球。　　　B．乙、丁均报名铅球。

C．甲、戊均报名铅球。　　　D．乙、戊均报名铅球。

E．甲、丁均报名铅球。

33. 进入移动互联网时代，扫码点餐、在线挂号、网购车票、电子支付等智能化生活方式日益普及，人们的生活越来越便捷。然而，也有很多老年人因为不会使用智能手机等设备，无法进入菜场、超市和公园，也无法上网娱乐与购物，甚至在新冠疫情期间因无法在手机中调出健康码而被拒绝乘坐公共交通。对此，某专家指出，社会正在飞速发展，不可能"慢"下来等老年人；老年人应该加强学习，跟上时代发展。

以下哪项如果为真，最能质疑该专家的观点？

A. 老年人也有享受获得公共服务的权利，为他们保留老办法，提供传统服务，既是一种社会保障，更是一种社会公德。

B. 有些老年人学习能力较强，能够熟练使用各种电子产品，充分感受移动互联网时代的美好。

C. 目前中国有 2 亿多老年人，超 4 成的老年人存在智能手机使用障碍，仅会使用手机打电话。

D. 社会管理和服务不应只有一种模式，而应更加人性化和多样化，有些合理的生活方式理应得到尊重。

E. 有些老年人感觉自己被时代抛弃了，内心常常充斥着窘迫与挫败感，这容易导致他们与社会的加速脱离。

34. 某单位采购了一批图书，包括科学和人文两大类。具体情况如下：

（1）哲学类图书都是英文版的；

（2）部分文学类书不是英文版的；

（3）历史类图书都是中文版的；

（4）没有一本书是中英双语版的；

（5）科学类图书既有中文版的，也有英文版的；

（6）人文类图书既有哲学类的，也有文学类的，还有历史类的。

根据以上信息，关于该单位采购的这批图书，可以得出以下哪项？

A. 有些文学类图书是中文版的。

B. 有些历史类图书不属于哲学类。

C. 英文版图书比中文版图书数量多。

D. 有些图书既属于哲学类也属于科学类。

E. 有些图书既属于文学类也属于历史类。

35. 曾几何时，"免费服务"是互联网的重要特征之一，如今这一情况正在发生改变。有些人在网上开辟知识付费平台，让寻求知识、学习知识的读者为阅读"买单"，这改变了人们通过互联网免费阅读的习惯。近年来，互联网知识付费市场的规模正以连年翻番的速度增长。但是有专家指出，知识付费市场的发展不可能长久，因为人们大多不愿为网络阅读付费。

以下哪项如果为真，最能质疑上述专家的观点？

A. 高强度的生活节奏使人无法长时间、系统性阅读纸质文本，见缝插针、随时呈现的碎片化、网络化阅读已成为获取知识的常态。

B. 日常工作的劳累和焦虑使得人们更喜欢在业余时间玩网络游戏、看有趣视频或者与好友进行微信聊天。

C. 日益增长的竞争压力促使当代人不断学习新知识，只要知识付费平台做得足够好，他们就愿意为此付费。

D. 当前网上知识付费平台竞争激烈，尽管内容丰富、形式多样，但是鱼龙混杂、缺少规范，一些年轻人沉浸其中难以自拔。

E. 当前，许多图书资料在互联网上均能免费获得，只要合理用于自身的学习和研究，一般不会产生知识产权问题。

36. 甲：如今，独特性正成为中国人的一种生活追求。试想周末我穿一件心仪的衣服走在大街上，突然发现你迎面走来，和我穿的一模一样，"撞衫"的感觉八成会是尴尬之中带着一丝不快，因为自己不再独一无二。

乙：独一无二真的那么重要吗？想想 20 世纪七八十年代满大街的中山装、八十年代遍地的喇叭裤，每个人也活得很精彩。再说"撞衫"总是难免的，再大的明星也有可能"撞衫"，所谓的独特只是一厢情愿。走自己的路，不要管自己是否和别人一样。

以下哪项是对甲、乙对话最恰当的评价？

A. 甲认为独一无二是现在每个中国人的追求，而乙认为没有人能做到独一无二。

B. 甲关心自己是否和别人"撞衫"，而乙不关心自己是否和别人一样。

C. 甲认为"撞衫"八成会让自己感到不爽，而乙认为自己想怎么样就怎么样。

D. 甲关心的是个人生活的独特性，而乙关心的是个人生活的自我认同。

E. 甲认为乙遇到"撞衫"无所谓，而乙认为别人根本管不着自己穿什么。

37~38 题基于以下题干：

某研究所甲、乙、丙、丁、戊 5 人拟定去我国四大佛教名山普陀山、九华山、五台山、峨眉山考察。他们每人去了上述两座名山，且每座名山均有其中的 2~3 人前往，丙与丁结伴考察。

已知：

（1）如果甲去五台山，则乙和丁都去五台山；

（2）如果甲去峨眉山，则丙和戊都去峨眉山；

（3）如果甲去九华山，则戊去九华山和普陀山。

37. 根据以上信息，可以得出以下哪项？

A. 甲去五台山和普陀山。　　　　B. 乙去五台山和峨眉山。

C. 丙去九华山和五台山。　　　　D. 戊去普陀山和峨眉山。

E. 丁去峨眉山和五台山。

38. 如果乙去普陀山和九华山，则 5 人去四大名山（按题干所列顺序）的人次比是：

A. 3：3：2：2　　　　　　　　B. 2：3：3：2

C. 2：2：3：3　　　　　　　　D. 3：2：2：3

E. 3：2：3：2

39. 水在温度高于 374℃，压力大于 22MPa 的条件下称为超临界水。超临界水能与有机物完全互溶，同时还可以大量溶解空气中的氧，而无机物特别是盐类在超临界水中的溶解度很低。由此，研究人员认为，利用超临界水作为特殊溶剂，水中的有机物和氧气可以在极短时间内完成氧化反应，把有机物彻底"秒杀"。

以下哪项如果为真，最能支持上述研究人员的观点？

A．有机物在超临界水中通过分离装置可瞬间转化为无毒无害的水、无机盐以及二氧化碳等气体，并最终在生产和生活中得到回收利用。

B．超临界水氧化技术具有污染物去除率高、二次污染小、反应迅速等特征，被认为是废水处理技术中的"杀手锏"，具有广阔的工业应用前景。

C．超临界水只有兼具气体与液体的高扩散性、高溶解性、高反应活性以及低表面张力等优良特点，才能把有机物彻底"秒杀"。

D．超临界水氧化技术对难以降解的农化、石油、制药等有机废水尤为适用。

E．如果超临界水氧化技术成功应用于化工、制药等行业的污水处理，可有效提升流域内重污染行业的控源减排能力。

40. 小陈与几位朋友商定利用假期到某地旅游，他们在桃花坞、第一山、古生物博物馆、新四军军部旧址、琉璃泉、望江阁 6 个景点中选择了 4 个游览。已知：

（1）如果选择桃花坞，则不选择古生物博物馆而选择望江阁；

（2）如果选择望江阁，则不选择第一山而选择新四军军部旧址。

根据以上信息，可以得出以下哪项？

A．他们选择了桃花坞。

B．他们没有选择望江阁。

C．他们选择了新四军军部旧址。

D．他们没有选择第一山。

E．他们没有选择古生物博物馆。

41. 张先生欲花 5 万元购置橱柜、卫浴或供暖设备。已知：

（1）如果买橱柜，就不买卫浴，也不买供暖设备；

（2）如果不买橱柜，就买卫浴；

（3）如果卫浴、橱柜至少有一种不买，则买供暖设备。

根据以上陈述，关于张先生的购买打算，可以得出以下哪项？

A．买橱柜和卫浴。　　　　B．买橱柜和供暖设备。

C．买橱柜，但不买卫浴。　D．买卫浴和供暖设备。

E．买卫浴，但不买供暖设备。

42. 某台电脑的登录密码由 0~9 中的 6 个数字组成，每个数字最多出现一次。关于该 6 位密码，已知：

（1）74 16 05 中共有 4 个数字正确，其中 3 个位置正确，1 个位置不正确；

（2）32 09 68 中恰有 3 个数字正确且位置正确；

（3）41 72 80 中共有 4 个数字不正确。

根据上述信息，可以得出该登录密码的前两位是？

A. 7 1　　　　　　　　　　　B. 4 2

C. 7 2　　　　　　　　　　　D. 3 1

E. 3 4

43. 研究表明，鱼油中的不饱和脂肪酸能有效降低人体血脂水平并软化血管。因此，鱼油通常被用来预防因高血脂引起的心脏病、动脉粥样硬化和高胆固醇等疾病，降低死亡风险。但有研究人员认为，食用鱼油不一定能够有效控制血脂水平并预防由高血脂引起的各种疾病。

以下哪项如果为真，最能支持上述研究人员的观点？

A. 鱼油虽然优于猪油、牛油，但毕竟是脂肪，如果长期食用，就容易引起肥胖。

B. 鱼油的概念很模糊，它既指鱼体内的脂肪，也包括被做成保健品中的鱼油制品。

C. 不饱和脂肪酸很不稳定，只要接触阳光、空气，就会氧化分解。

D. 通过长期服用鱼油制品来控制体内血脂的观点始终存在学术争议。

E. 人们若要身体健康最好注意膳食平衡，而不是仅仅依靠服用浓缩鱼油。

44. 近年来，一些地方修改了本地见义勇为的相关条例，强调对生命的敬畏和尊重，既肯定大义凛然、挺身而出的见义勇为，更鼓励和提倡科学、合法、正当的"见义智为"。有专家由此指出，从鼓励见义勇为到倡导"见义智为"，反映了社会价值观念的进步。

以下各项如果为真，则除了哪项均能支持上述专家的观点？

A. "见义智为"强调以人为本、合理施救，表明了科学理性、互帮互助的社会价值取向。

B. 有时见义勇为需要专业技术知识，普通民众如果没有相应的知识，最好不要贸然行事，应及时报警求助。

C. 所有的生命都是平等的，救人者与被救者都具有同等的生命价值，救人者的生命同样应得到尊重和爱护。

D. 我国中小学正在引导学生树立应对突发危机事件的正确观念，教育学生如何在保证自身安全的情况下"机智"救助他人。

E. 倡导"见义智为"容易给一些自私懦弱的人逃避社会责任制造借口，见死不救的惨痛案例可能增多，社会道德水平可能因此而下滑。

45. 近期一项调查数据显示：中国不缺少外科医生，而缺少能做手术的外科医生；中国人均拥有的外科医生数量同其他中高收入国家相当，但中国人均拥有的外科医生所做的手术量却比那些国家少 40%。

以下哪项如果为真，最能解释上述现象？

A. 年轻外科医生一般总要花费数年时间协助资深外科医生手术，然后才有机会亲自实习主刀上阵，这已成为国内外医疗行业的惯例。

B. 近年来，我国能做手术的外科医生的人均手术量已与其他中高收入国家外科医生的人均手术量基本相当。

C. 患者在需要外科手术时都很想请经验丰富的外科医生为其主刀，不愿成为年轻医生的练习对象，对此医院一般都会有合理安排。

D. 资深外科医生经常收到手术邀请，他们常年奔波在多所医院，为年轻医生主刀示范，培养了不少新人。

E. 从一名医学院学生成长为能做手术的外科医生，需要经历漫长的学习过程，有些人中途不得不放弃梦想而另谋职业。

46~47 题基于以下题干：

某单位购买了《尚书》《周易》《诗经》《论语》《老子》《孟子》各 1 本，分发给甲、乙、丙、丁、戊 5 个部门，每个部门至少 1 本。已知：

（1）若《周易》《老子》《孟子》至少有 1 本分发给甲或乙部门，则《尚书》分发给丁部门且《论语》分发给戊部门；

（2）若《诗经》《论语》至少有 1 本分发给甲或乙部门，则《周易》分发给丙部门且《老子》分发给戊部门。

46. 若《尚书》分发给丙部门，则可以得出以下哪项？
   A.《诗经》分发给甲部门。　　　　　B.《论语》分发给乙部门。
   C.《老子》分发给丙部门。　　　　　D.《孟子》分发给丁部门。
   E.《周易》分发给戊部门。

47. 若《老子》分发给丁部门，则以下哪项是不可能的？
   A.《周易》分发给甲部门。　　　　　B.《周易》分发给乙部门。
   C.《诗经》分发给丙部门。　　　　　D.《尚书》分发给丁部门。
   E.《诗经》分发给戊部门。

48. "嫦娥"登月、"神舟"巡天，我国不断谱写飞天梦想的新篇章。基于太空失重环境的多重效应，研究人员正在探究植物在微重力环境下生存的可能性。他们设想，如果能够在太空中种植新鲜水果和蔬菜，则不仅有利于航天员的身体健康，而且还可以降低食物的上天成本，同时，可以利用其消耗的二氧化碳产生氧气，为航天员生活与工作提供有氧环境。

以下哪项如果为真，则可能成为研究人员实现上述设想的最大难题？

A. 为了携带种子、土壤等种植必需品上天，飞船需要减少其他载荷以满足发射要求，这可能影响其他科学实验的安排。

B. 有些航天员虽然在地面准备阶段学习掌握了植物栽培技术，但在太空的实际操作中他们可能会遇到意想不到的情况。

C. 太空中的失重、宇宙射线等因素会对植物的生长和发育产生不良影响，食用这些植物可能有损航天员的健康。

D. 有些航天员将植物带入太空，又成功带回地面，短暂的太空经历对这些植物后来的生长发育可能造成影响。

E. 过去很多航天器携带植物上天，因为缺乏生长条件，这些植物都没有存活很长。

49. 十多年前曾有传闻：M 国从不生产一次性筷子，完全依赖进口，而且 M 国 96%的一次性筷子来自中国。2019 年有媒体报道："去年 M 国出口的木材中，约有 40%流向了中国市场，而且今年中国订单的比例还在进一步攀升，中国已成为 M 国木材出口中占比最大的国家。"张先生据此认为，中国和 M 国木材进出口角色的转换，表明中国人的环保意识已经超越 M 国。

以下哪项如果为真，最能削弱张先生的观点？

A. 十多年前的传闻不一定反映真实情况，实际情形是中国的一次性筷子比其他国家的更便宜。

B. 从 2018 年起，中国相关行业快速发展，木材需求急剧增长；而 M 国多年养护的速生林正处于采伐期，出口量逐年递增。

C. 近年中国修订相关规范，原来只用于商品外包装的 M 国杉木现也可用于木结构建筑物，导致进口大增。

D. 制作一次性筷子的木材主要取自速生杨树或者桦树，这类速生树种只占中国经济林的极小部分。

E. 中国和 M 国在木材贸易上的角色转换主要是经济发展导致，环保意识只是因素之一但不是主要因素。

50. 公司为了让员工多运动，近日出台一项规定：每月按照 18 万步的标准对员工进行考核，如果没有完成步行任务，则按照"一步一分钱"标准扣钱。有专家认为，此举鼓励运动，看似对员工施加压力，实质上能够促进员工的身心健康，引导整个企业积极向上。

以下各项如果为真，则除哪项外均能质疑上述专家的观点？

A. 按照我国《劳动法》等相关法律规定，企业规章制度所涉及的员工行为应与工作有关，而步行显然与工作无关。

B. 步行有益身体健康，但规定每月必须步行 18 万步，不达标就扣钱，显得有些简单粗暴，这会影响员工对企业的认同感。

C. 公司鼓励员工多运动，此举不仅让员工锻炼身体，还可释放工作压力，培养良好品格，改善人际关系。

D. 有员工深受该规定的困扰，为了完成考核，他们甚至很晚不得不外出运动，影响了正常休息。

E. 该公司老张在网上购买了专门刷步行数据的服务，只花 1 元钱就可轻松购得两万步。

51. 通过第三方招聘进入甲公司从事销售工作的职员均具有会计学专业背景。孔某的高中同学均没有会计学专业背景，甲公司销售部经理孟某是孔某的高中同学，而孔某是通过第三方招聘进入甲公司的。

根据以上信息，可以得出以下哪项？

A. 孔某具有会计学专业背景。

B. 孟某不是通过第三方招聘进入甲公司的。

C. 孟某曾经自学了会计学专业知识。

D. 孔某在甲公司做销售工作。

E. 孔某和孟某在大学阶段不是同学。

52. 入冬以来，天气渐渐寒冷。11 月 30 日，某地气象台对未来 5 天的天气预报显示：未来 5 天每天的最高气温从 4℃开始逐日下降至-1℃；每天的最低气温不低于-6℃；最低气温-6℃只出现在其中一天。预报还包含如下信息：

（1）未来 5 天中的最高气温和最低气温不会出现在同一天，每天的最高气温和最低气温均为整数；

（2）若 5 号的最低气温是未来 5 天中最低的，则 2 号的最低气温比 4 号的高 4℃；

（3）2 号和 4 号每天的最高气温与最低气温之差均为 5℃。

根据以上预报信息，可以得出以下哪项？

A. 1 号的最低气温比 2 号的高 2℃。

B. 3 号的最高气温比 4 号的高 1℃。

C. 4 号的最高气温比 5 号的高 1℃。

D. 3 号的最低气温为-6℃。

E. 2 号的最低气温为-3℃。

53. 甲：张某爱出风头，我不喜欢他。

乙：你不喜欢他没关系，他工作一直很努力，成绩很突出。

以下哪项与上述反驳方式最为相似？

A. 甲：李某爱慕虚荣，我很反对。

乙：反对有一定道理，但你也应该体谅一下他，他身边的朋友都是成功人士。

B. 甲：贾某整天学习，寡言少语，神情严肃，我很担心他。

乙：你的担心是多余的。他最近在潜心准备考研，有些紧张是正常的。

C. 甲：韩某爱管闲事，我有点讨厌他。

乙：你的态度有问题。爱管闲事说明他关心别人，乐于助人。

D. 甲：钟某爱看足球赛，但自己从来不踢足球，对此我很不理解。

乙：我对你的想法也不理解，欣赏和参与是两回事啊。

E. 甲：邓某爱读书但不求甚解，对此我很有看法。

乙：你有看法没用。他的文学素养挺高，已经发表了 3 篇小说。

54~55 题基于以下题干：

某机关甲、乙、丙、丁 4 人参加本年度综合考评。在德、能、勤、绩、廉 5 个方面的单项考评中，他们之中都恰有 3 人被评为"优秀"，但没有人 5 个单项均被评为"优秀"。已知：

（1）若甲和乙在德方面均被评为"优秀"，则他们在廉方面也均被评为"优秀"；

（2）若乙和丙在德方面均被评为"优秀"，则他们在绩方面也均被评为"优秀"；

（3）若甲在廉方面被评为"优秀"，则甲和丁在绩方面均被评为"优秀"。

54. 根据上述信息，可以得出以下哪项？
   A. 甲在廉方面被评为"优秀"。
   B. 丙在绩方面被评为"优秀"。
   C. 丙在能方面被评为"优秀"。
   D. 丁在勤方面被评为"优秀"。
   E. 丁在德方面被评为"优秀"。

55. 若甲在绩方面未被评为"优秀"且丁在能方面未被评为"优秀"，则可以得出以下哪项？
   A. 甲在勤方面未被评为"优秀"。
   B. 甲在能方面未被评为"优秀"。
   C. 乙在德方面未被评为"优秀"。
   D. 丙在廉方面未被评为"优秀"。
   E. 丁在廉方面未被评为"优秀"。

四、写作：第 56～57 小题，共 65 分。其中论证有效性分析 30 分，论说文 35 分。

56. 论证有效性分析：分析下述论证中存在的缺陷和漏洞，选择若干要点，写一篇 600 字左右的文章，对该论证的有效性进行分析和评论。（论证有效性分析的一般要点是：概念特别是核心概念的界定和使用是否准确并前后一致，有无各种明显的逻辑错误，论证的论据是否成立并支持结论，结论成立的条件是否充分，等等。）

   随着人口的老龄化，大家都在谈论老年人还要不要继续工作的话题。我们认为，老年人应该继续工作。

   我国《宪法》规定："中华人民共和国公民有劳动的权利和义务。"由此可见，老年人继续工作是法律赋予他们的权利。

   据统计，我国 2019 年人均预期寿命已经达到 77.3 岁，这说明老年人的健康水平大大提高了，所以老年人完全有能力继续工作。

   如果老年人不再继续工作而退出劳动力市场，就势必会打破劳动力市场的原有平衡，从而造成社会劳动力的短缺。如果老年人继续工作，就能有效地避免这一问题。

   此外，老年人有权利享受更高质量的生活。他们想增加收入，改善生活，就应该继续工作。再说，有规律的生活方式有益于身体健康，而工作实际上是一种有规律的生活方式，所以老年人继续工作还有益于其身体健康。

57. 论说文：根据下述材料，写一篇 700 字左右的论说文，题目自拟。

   人们常说"领导艺术"，可见领导与艺术之间存在着某种相似点，如领导一个团队完成某项任务就和指挥一个乐队演奏某首乐曲一样。

答案速查

数学：

1—5：DBDAD

6—10：CACBB

11—15：CEBED

16—20：DCCAE

21—25：EACCB

逻辑：

26—30：BBCDA

31—35：BAABC

36—40：DEAAC

41—45：DECEB

46—50：DECBC

51—55：BDEEC

写作：

56—57：略

试卷解析

使用 MBA 大师 App 扫描下方二维码可查看试卷解析

扫码查看数学解析

扫码查看逻辑解析

扫码查看写作解析

2022 年全国硕士研究生招生考试

管理类专业学位联考综合能力试题

（科目代码：199）

考生注意事项

1. 答题前，考生须在试题册指定位置上填写考生姓名和考生编号；在答题卡指定位置上填写报考单位、考生姓名和考生编号，并涂写考生编号信息点。

2. 考生须把试题册上的"试卷条形码"取下，粘贴在答题卡的"试卷条形码粘贴位置"框中。不按规定粘贴条形码而影响评卷结果的，后果由考生自行负责。

3. 选择题的答案必须涂写在答题卡相应题号的选项上，非选择题的答案必须书写在答题纸指定位置的边框区域内。超出答题卡区域写的答案无效；在草稿纸、试题册上答题无效。

4. 填（书）写部分必须使用黑色字迹签字笔或者钢笔书写，字迹工整、笔迹清楚；涂写部分必须使用 2B 铅笔填涂。

5. 考试结束，将试题、答题卡一并装入试题袋中交回。

（以下信息考生必须认真填写）

考生编号																
考生姓名																

一、问题求解：第 1~15 小题，每小题 3 分，共 45 分。下列每题给出的五个选项中，只有一个选项是最符合题目要求的。

1. 一项工程施工 3 天后，因故停工 2 天，之后工程队提高工作效率 20%，仍能按原计划完成，则原计划工期为（　　）.
   A.9 天　　　　　B.10 天　　　　　C.12 天　　　　　D.15 天　　　　　E.18 天

2. 某商品的成本利润率为 12%.若其成本降低 20% 而售价不变，则利润率为（　　）.
   A.32%　　　　　B.35%　　　　　C.40%　　　　　D.45%　　　　　E.48%

3. 设 x，y 为实数，则 $f(x,y)=x^2+4xy+5y^2-2y+2$ 的最小值为（　　）.
   A.1　　　　　B.$\frac{1}{2}$　　　　　C.2　　　　　D.$\frac{3}{2}$　　　　　E.3

4. 如图，$\triangle ABC$ 是等腰直角三角形，以 A 为圆心的圆弧交 AC 于 D，交 BC 于 E，交 AB 的延长线于 F.若曲边三角形 CDE 与 BEF 的面积相等，则 $\frac{AD}{AC}=$（　　）.

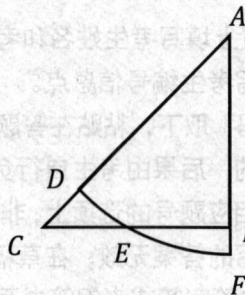

   A.$\frac{\sqrt{3}}{2}$　　　　　B.$\frac{2}{\sqrt{5}}$　　　　　C.$\sqrt{\frac{3}{\pi}}$　　　　　D.$\frac{\sqrt{\pi}}{2}$　　　　　E.$\sqrt{\frac{2}{\pi}}$

5. 如图，已知相邻的圆都相切.从这 6 个圆中随机取出 2 个，这 2 个圆不相切的概率是（　　）.

   A.$\frac{8}{15}$　　　　　B.$\frac{7}{15}$　　　　　C.$\frac{3}{5}$　　　　　D.$\frac{2}{5}$　　　　　E.$\frac{2}{3}$

6. 如图，在棱长为 2 的正方体中，A，B 是顶点，C，D 是所在棱的中点，则四边形 $ABCD$ 的面积为（　　）.

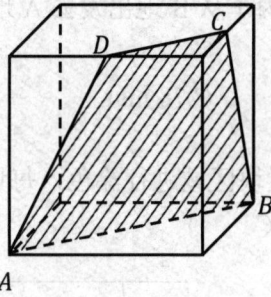

A.$\dfrac{9}{2}$ 　　　　B.$\dfrac{7}{2}$ 　　　　C.$\dfrac{3\sqrt{2}}{2}$ 　　　　D.$2\sqrt{5}$ 　　　　E.$3\sqrt{2}$

7. 桌面上放有 8 只杯子，将其中的 3 只杯子翻转（杯口朝上与朝下互换）作为 1 次操作.8 只杯口朝上的杯子经 n 次操作后，杯口全部朝下，则 n 的最小值为（　　　）.

A.3 　　　　B.4 　　　　C.5 　　　　D.6 　　　　E.8

8. 某公司有甲、乙、丙三个部门.若从甲部门调 26 人到丙部门，则丙部门人数是甲部门人数的 6 倍；若从乙部门调 5 人到丙部门，则丙部门人数与乙部门人数相等.甲、乙两部门人数之差除以 5 的余数为（　　　）.

A.0 　　　　B.1 　　　　C.2 　　　　D.3 　　　　E.4

9. 在直角 $\triangle ABC$ 中，D 是斜边 AC 的中点，以 AD 为直径的圆交 AB 于 E.若 $\triangle ABC$ 的面积为 8，则 $\triangle AED$ 的面积为（　　　）.

A.1 　　　　B.2 　　　　C.3 　　　　D.4 　　　　E.6

10. 一个自然数的各位数字都是 105 的质因数，且每个质因数最多出现一次.这样的自然数有（　　　）.

A.6 个 　　　　B.9 个 　　　　C.12 个 　　　　D.15 个 　　　　E.27 个

11. 购买 A 玩具和 B 玩具各 1 件需花费 1.4 元，购买 200 件 A 玩具和 150 件 B 玩具需花费 250 元.A 玩具的单价为（　　　）.

A.0.5 元 　　　　B.0.6 元 　　　　C.0.7 元 　　　　D.0.8 元 　　　　E.0.9 元

12. 甲、乙两支足球队进行比赛，比分为 4:2，且在比赛过程中乙队没有领先过，则不同的进球顺序有（　　　）.

A.6 种 　　　　B.8 种 　　　　C.9 种 　　　　D.10 种 　　　　E.12 种

13. 4 名男生和 2 名女生随机站成一排，女生既不在两端也不相邻的概率为（　　　）.

A.$\dfrac{1}{2}$ 　　　　B.$\dfrac{5}{12}$ 　　　　C.$\dfrac{3}{8}$ 　　　　D.$\dfrac{1}{3}$ 　　　　E.$\dfrac{1}{5}$

14. 已知 A，B 两地相距 208km，甲、乙、丙三车的速度分别为 60km/h，80km/h，90km/h.甲、

乙两车从 A 地出发去 B 地，丙车从 B 地出发去 A 地，三车同时出发.当丙车与甲、乙两车距离相等时，用时（　　）.

A.70 min　　　　B.75 min　　　　C.78 min　　　　D.80 min　　　　E.86 min

15. 如图，用 4 种颜色对图中的五块区域进行涂色，每块区域涂一种颜色，且相邻的两块区域颜色不同.不同的涂色方法有（　　）.

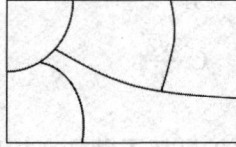

A.12 种　　　　B.24 种　　　　C.32 种　　　　D.48 种　　　　E.96 种

二、条件充分性判断：第 16~25 小题，每小题 3 分，共 30 分。要求判断每题给出的条件（1）和条件（2）能否充分支持题干所陈述的结论。A、B、C、D、E 五个选项为判断结果，请选择一项符合题目要求的判断。

A. 条件（1）充分，但条件（2）不充分.

B. 条件（2）充分，但条件（1）不充分.

C. 条件（1）和（2）单独都不充分，但条件（1）和条件（2）联合起来充分.

D. 条件（1）充分，条件（2）也充分.

E. 条件（1）和（2）单独都不充分，条件（1）和条件（2）联合起来也不充分.

16. 如图，AD 与圆相切于点 D，AC 与圆相交于点 B，C.则能确定 $\triangle ABD$ 与 $\triangle BDC$ 的面积比.

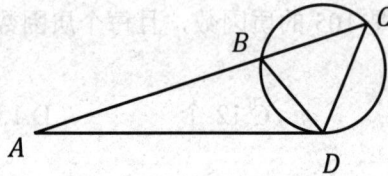

（1）已知 $\dfrac{AD}{CD}$.

（2）已知 $\dfrac{BD}{CD}$.

17. 设实数 x 满足 $|x-2|-|x-3|=a$.则能确定 x 的值.

（1）$0 < a \leqslant \dfrac{1}{2}$.

（2）$\dfrac{1}{2} < a \leqslant 1$.

18. 两个人数不等的班数学测验的平均分不相等.则能确定人数多的班.

（1）已知两个班的平均分.

（2）已知两个班的总平均分.

19. 在△ABC中，D为BC边上的点，BD，AB，BC成等比数列.则∠BAC = 90°.
   （1）BD = DC.
   （2）AD ⊥ BC.

20. 将75名学生分成25组，每组3人.则能确定女生人数.
   （1）已知全是男生的组数和全是女生的组数.
   （2）只有1名男生的组数和只有1名女生的组数相等.

21. 某直角三角形的三边长a，b，c成等比数列.则能确定公比的值.
   （1）a是直角边长.
   （2）c是斜边长.

22. 已知x为正实数.则能确定$x - \dfrac{1}{x}$的值.
   （1）已知$\sqrt{x} + \dfrac{1}{\sqrt{x}}$的值.
   （2）已知$x^2 - \dfrac{1}{x^2}$的值.

23. 已知a，b为实数.则能确定$\dfrac{a}{b}$的值.
   （1）a，b，a + b成等比数列.
   （2）a(a + b) > 0.

24. 已知正数列$\{a_n\}$.则$\{a_n\}$是等差数列.
   （1）$a_{n+1}^2 - a_n^2 = 2n$，n = 1，2，….
   （2）$a_1 + a_3 = 2a_2$.

25. 设实数a，b满足|a − 2b| ≤ 1.则|a| > |b|.
   （1）|b| > 1.
   （2）|b| < 1.

三、**逻辑推理：第26~55小题，每小题2分，共60分。下列每题给出的五个选项中，只有一个选项是最符合题目要求的。**

26. 百年党史充分揭示了中国共产党为什么能、马克思主义为什么行、中国特色社会主义为什么好的历史逻辑、理论逻辑、实践逻辑。面对百年未有之大变局，如果信念不坚定，就会陷入停滞彷徨的思想迷雾，就无法应对前进道路上的各种挑战风险。只有坚持中国特色社会主义道路自信、理论自信、制度自信、文化自信，才能把中国的事情办好、把中国特色社会主义事业发展好。

根据以上陈述，可以得出以下哪项？

A．如果坚持"四个自信"，就能把中国的事情办好。

B．只要信念坚定，就不会陷入停滞彷徨的思想迷雾。

C．只有信念坚定，才能应对前进道路上的各种挑战风险。

D．只有充分理解百年党史揭示的历史逻辑，才能将中国特色社会主义事业发展好。

E．如果不能理解百年党史揭示的理论逻辑，就无法遵循百年党史揭示的实践逻辑。

27. "君问归期未有期，巴山夜雨涨秋池。何当共剪西窗烛，却话巴山夜雨时。"这首《夜雨寄北》是晚唐诗人李商隐的名作。一般认为这是一封"家书"，当时诗人身处巴蜀，妻子在长安，所以说"寄北"。但有学者提出，这首诗实际上是寄给友人的。

以下哪项如果为真，最能支持以上学者的观点？

A．李商隐之妻王氏卒于大中五年，而该诗作于大中七年。

B．明清小说戏曲中经常将家庭塾师或官员幕客称为"西席""西宾"。

C．唐代温庭筠的《舞衣曲》中有诗句"回鸾笑语西窗客，星斗寥寥波脉脉"。

D．该诗另一题为《夜雨寄内》，"寄内"即寄怀妻。此说得到了许多人的认同。

E．"西窗"在古代专指客房、客厅，起自尊客于西的先秦古礼，并被后世习察日用。

28. 退休在家的老王今晚在《焦点访谈》《国家记忆》《自然传奇》《人物故事》《纵横中国》这5个节目中选择了3个节目观看。老王对观看的节目有如下要求：

（1）如果观看《焦点访谈》，就不观看《人物故事》；

（2）如果观看《国家记忆》，就不观看《自然传奇》。

根据上述信息，老王一定观看了如下哪个节目？

A．《纵横中国》   B．《国家记忆》

C．《自然传奇》   D．《人物故事》

E．《焦点访谈》

29. 2020年全球碳排放量减少大约24亿吨，远远大于之前的创纪录降幅，例如第二次世界大战结束时下降9亿吨，2009年金融危机最严重时下降5亿吨。非政府组织全球碳计划（GCP）在其年度评估报告中说，由于各国在新冠疫情期间采取了封锁和限制措施，汽车使用量下降了一半左右，2020年的碳排放量同比下降了创纪录的7%。

以下哪项如果为真，最能支持GCP的观点？

A．2020年碳排放量下降最明显的国家或地区是美国和欧盟。

B．延缓气候变化的办法不是停止经济活动，而是加速向低碳能源过渡。

C．根据气候变化《巴黎协定》，2015年之后的10年全球每年需减排10亿~20亿吨。

D．2020年在全球各行业减少的碳排放总量中，交通运输业所占比例最大。

E．随着世界经济的持续复苏，2021年全球碳排放量同比下降可能不超过5%。

30. 某小区2号楼1单元的住户都打了甲公司的疫苗，小李家不是该小区2号楼1单元的住户，小赵家都打了甲公司的疫苗，而小陈家都没有打甲公司的疫苗。

根据以上陈述，可以得出以下哪项？

A. 小李家都没有打甲公司的疫苗。

B. 小赵家是该小区 2 号楼 1 单元的住户。

C. 小陈家是该小区的住户，但不是 2 号楼 1 单元的。

D. 小赵家是该小区 2 号楼的住户，但未必是 1 单元的。

E. 小陈家若是该小区 2 号楼的住户，则不是 1 单元的。

31. 某研究团队研究了大约 4 万名中老年人的核磁共振成像数据、自我心理评估等资料，发现经常有孤独感的研究对象和没有孤独感的研究对象在大脑的默认网络区域存在显著差异。默认网络是一组参与内心思考的大脑区域，这些内心思考包括回忆旧事、规划未来、想象等。孤独者大脑的默认网络联结更为紧密，其灰质容积更大。研究人员由此认为，大脑默认网络的结构和功能与孤独感存在正相关。

以下哪项如果为真，最能支持上述研究人员的观点？

A. 人们在回忆过去、假设当下或预想未来时会使用默认网络。

B. 有孤独感的人更多地使用想象、回忆过去和憧憬未来以克服社交隔离。

C. 感觉孤独的老年人出现认知衰退和患上阿尔茨海默病的风险更高，进而导致部分脑区萎缩。

D. 了解孤独感对大脑的影响，拓展我们在这个领域的认知，有助于减少当今社会的孤独现象。

E. 穹窿是把信号从海马体输送到默认网络的神经纤维束，在研究对象的大脑中，这种纤维束得到较好的保护。

32. 关于张、李、宋、孔 4 人参加植树活动的情况如下：

（1）张、李、孔至少有 2 人参加；

（2）李、宋、孔至多有 2 人参加；

（3）如果李参加，那么张、宋两人要么都参加，要么都不参加。

根据以上陈述，以下哪项是不可能的？

A. 宋、孔都参加。　　　　　　　　　B. 宋、孔都不参加。

C. 李、宋都参加。　　　　　　　　　D. 李、宋都不参加。

E. 李参加，宋不参加。

33. 2020 年下半年，随着新冠病毒在全球范围内的肆虐及流感季节的到来，很多人担心会出现大范围流感和新冠疫情同时暴发的情况。但是有病毒学家发现，2009 年甲型 H1N1 流感毒株出现时，自 1997 年以来一直传播的另一种甲型流感毒株消失了。由此他推测，人体同时感染新冠病毒和流感病毒的可能性应该低于预期。

以下哪项如果为真，最能支持该病毒学家的推测？

A. 如果人们继续接种流感疫苗，仍能降低同时感染这两种病毒的概率。

B. 一项分析显示，新冠肺炎患者中大约只有 3%的人同时感染另一种病毒。

C. 人体感染一种病毒后的几周内，其先天免疫系统的防御能力会逐步增强。

D. 为避免感染新冠病毒，人们会减少室内聚集、继续佩戴口罩、保持社交距离和手部卫生。

E. 新冠病毒的感染会增加参与干扰素反应的基因的活性，从而防止流感病毒在细胞内进行复制。

34. 补充胶原蛋白已经成为当下很多女性抗衰老的手段之一。她们认为：吃猪蹄能够补充胶原蛋白，为了美容养颜，最好多吃些猪蹄。近日有些专家对此表示质疑，他们认为多吃猪蹄其实并不能补充胶原蛋白。

    以下哪项如果为真，最能质疑上述专家的观点？

    A. 猪蹄中的胶原蛋白会被人体的消化系统分解，不会直接以胶原蛋白的形态补充到皮肤中。

    B. 人们在日常生活中摄入的优质蛋白和水果、蔬菜中的营养物质，足以提供人体所需的胶原蛋白。

    C. 猪蹄中胶原蛋白的含量并不多，但胆固醇含量高、脂肪多，食用过多会引起肥胖，还会增加患高血压的风险。

    D. 猪蹄中的胶原蛋白经过人体消化后会被分解成氨基酸等物质，氨基酸参与人体生理活动，再合成人体必需的胶原蛋白等多种蛋白质。

    E. 胶原蛋白是人体皮肤、骨骼和肌腱中的主要结构蛋白，它填充在真皮之间，撑起皮肤组织，增加皮肤紧密度，使皮肤水润而富有弹性。

35. 某单位有甲、乙、丙、丁、戊、己、庚、辛、壬、癸 10 名新进员工，他们所学专业是哲学、数学、化学、金融和会计 5 个专业之一，每人只学其中一个专业。已知：

    （1）若甲、丙、壬、癸中至多有 3 人是数学专业，则丁、庚、辛 3 人都是化学专业；

    （2）若乙、戊、己中至多有 2 人是哲学专业，则甲、丙、庚、辛 4 人专业各不相同。

    根据上述信息，所学专业相同的员工是

    A. 乙、戊、己。   B. 甲、壬、癸。

    C. 丙、丁、癸。   D. 丙、戊、己。

    E. 丁、庚、辛。

36. H 市医保局发出如下公告：自即日起，本市将新增医保电子凭证就医结算，社保卡将不再作为就医结算的唯一凭证。本市所有定点医疗机构均已实现医保电子凭证的实时结算；本市参保人员可凭医保电子凭证就医结算，但只有将医保电子凭证激活后才能扫码使用。

    以下哪项最符合上述 H 市医保局的公告内容？

    A. H 市非定点医疗机构没有实现医保电子凭证的实时结算。

    B. 可使用医保电子凭证结算的医院不一定都是 H 市的定点医疗机构。

    C. 凡持有社保卡的外地参保人员，均可在 H 市定点医疗机构就医结算。

    D. 凡已激活医保电子凭证的外地参保人员，均可在 H 市定点医疗机构使用医保电子凭证扫码就医。

    E. 凡未激活医保电子凭证的本地参保人员，均不能在 H 市定点医疗机构使用医保电子凭证扫码结算。

37. 宋、李、王、吴 4 人均订阅了《人民日报》《光明日报》《参考消息》《文汇报》中的两种报纸，每种报纸均有两人订阅，且各人订阅的均不完全相同。另外，还知道：

（1）如果吴至少订阅了《光明日报》《参考消息》中的一种，则李订阅了《人民日报》而王未订阅《光明日报》；

（2）如果李、王两人中至多有一人订阅了《文汇报》，则宋、吴均订阅了《人民日报》。

如果李订阅了《人民日报》，则可以得出以下哪项？

A．宋订阅了《文汇报》。   B．宋订阅了《人民日报》。

C．王订阅了《参考消息》。   D．吴订阅了《参考消息》。

E．吴订阅了《人民日报》。

38. 在一项噪声污染与鱼类健康关系的实验中，研究人员将已感染寄生虫的孔雀鱼分成短期噪声组、长期噪声组和对照组。短期噪声组在噪声环境中连续暴露 24 小时，长期噪声组在同样的噪声环境中暴露 7 天，对照组则被置于一个安静环境中。在 17 天的监测期内，该研究人员发现，长期噪声组的鱼在第 12 天开始死亡。其他两组鱼则在第 14 天开始死亡。

以下哪项如果为真，最能解释上述实验结果？

A．噪声污染不仅危害鱼类，也危害两栖动物、鸟类和爬行动物等。

B．长期噪声污染会加速寄生虫对宿主鱼类的侵害，导致鱼类过早死亡。

C．相比于天然环境，在充斥各种噪声的养殖场中，鱼更容易感染寄生虫。

D．噪声污染使鱼类既要应对寄生虫的感染又要排除噪声干扰，增加鱼类健康风险。

E．短期噪声组所受的噪声污染可能引起了鱼类的紧张情绪，但不至于损害它们的免疫系统。

39. 节日将至，某单位拟为职工发放福利品，每人可在甲、乙、丙、丁、戊、己、庚 7 种商品中选择其中的 4 种进行组合，并且每种组合还要满足如下要求：

（1）若选择甲，则丁、戊、庚 3 种中至多选择其一；

（2）若丙、己 2 种中至少选择 1 种，则必须选择乙但不能选择戊。

以下哪项组合符合上述要求？

A．甲、丁、戊、己。   B．乙、丙、丁、戊。

C．甲、乙、戊、庚。   D．乙、丁、戊、庚。

E．甲、丙、丁、己。

40. 幸福是一种主观愉悦的心理体验，更是一种认知和创造美好生活的能力。在日常生活中，每个人如果既能发现当下的不足，也能确立前进的目标，并通过实际行动改进不足和实现目标，就能始终保持对生活的乐观精神。而有了对生活的乐观精神，就会拥有幸福感。生活中大多数人都拥有幸福感；遗憾的是，也有一些人能发现当下的不足，并通过实际行动去改进，但他们却没有幸福感。

根据以上陈述，可以得出以下哪项？

A．生活中大多数人都有对生活的乐观精神。

B．个体的心理体验也是个体的一种行为能力。

C．如果能发现当下的不足并努力改进，就能拥有幸福感。

D. 那些没有幸福感的人即使发现当下的不足，也不愿通过行动去改变。

E. 确立前进的目标并通过实际行动实现目标，生活中有些人没能做到这一点。

41~42 题基于以下题干：

本科生小刘拟在 4 个学年中选修甲、乙、丙、丁、戊、己、庚、辛 8 门课程，每个学年选修其中的 1~3 门课程。每门课程均在其中的 1 个学年修完。同时还满足：

（1）后 3 个学年选修的课程数量均不同；

（2）丙、己和辛课程安排在 1 个学年，丁课程安排在紧接其后的 1 个学年；

（3）若第 4 学年至少选修甲、丙、丁中的 1 门课程，则第 1 学年仅选修戊、辛 2 门课程。

41. 如果乙在丁之前的学年选修，则可以得出以下哪项？

A. 乙在第 1 学年选修。　　　　　　B. 乙在第 2 学年选修。

C. 丁在第 2 学年选修。　　　　　　D. 丁在第 4 学年选修。

E. 戊在第 1 学年选修。

42. 如果甲、庚均在乙之后的学年选修，则可以得出以下哪项？

A. 戊在第 1 学年选修。

B. 戊在第 2 学年选修。

C. 庚在甲之前的学年选修。

D. 甲在戊之前的学年选修。

E. 庚在戊之前的学年选修。

43. 习俗因传承而深入人心，文化因赓续而繁荣兴盛。传统节日带给人们的不只是欢乐和喜庆，还塑造着影响至深的文化自信。不忘历史才能开辟未来，善于继承才能善于创新。传统节日只有不断融入现代生活，其中的文化才能得以赓续而繁荣兴盛，才能为人们提供更多心灵滋养与精神力量。根据以上信息，可以得出以下哪项？

A. 只有为人们提供更多心灵滋养与精神力量，传统文化才能得以赓续而繁荣兴盛。

B. 若传统节日更好地融入现代生活，就能为人们提供更多心灵滋养与精神力量。

C. 有些带给人们欢乐和喜庆的节日塑造着人们的文化自信。

D. 带有厚重历史文化的传统将引领人们开辟未来。

E. 深入人心的习俗将在不断创新中被传承。

44. 当前，不少教育题材影视剧贴近社会现实，直击子女升学、出国留学、代际冲突等教育痛点，引发社会广泛关注。电视剧一阵风，剧外人急红眼。很多家长触"剧"生情，过度代入，焦虑情绪不断增加，引得家庭"鸡飞狗跳"，家庭与学校的关系不断紧张。有专家由此指出，这类教育影视剧只能贩卖焦虑，进一步激化社会冲突，对实现教育公平于事无补。

以下哪项如果为真，最能质疑上述专家的主张？

A. 当代社会教育资源客观上总是有限的且分配不平衡，教育竞争不可避免。

B. 父母过度焦虑轻则导致孩子间暗自攀比，重则影响亲子关系、家庭和睦。

C．教育影视剧一旦引发广泛关注，就会对国家教育政策走向产生重要影响。

D．教育影视剧提醒学校应明确职责，不能对义务教育实行"家长承包制"。

E．家长不应成为教育焦虑的"剧中人"，而应该用爱包容孩子的不完美。

45~46题基于以下题干：

某电影院制定未来一周的排片计划。他们决定，周二至周日(周一休息)每天放映动作片、悬疑片、科幻片、纪录片、战争片、历史片6种类型中的一种，各不重复。已知排片还有如下要求：

（1）如果周二或周五放映悬疑片，则周三放映科幻片；

（2）如果周四或周六放映悬疑片，则周五放映战争片；

（3）战争片必须在周三放映。

45．根据以上信息，可以得出以下哪项？

A．周六放映科幻片。　　　　　B．周日放映悬疑片。

C．周五放映动作片。　　　　　D．周二放映纪录片。

E．周四放映历史片。

46．如果历史片的放映日期既与纪录片相邻，又与科幻片相邻，则可以得出以下哪项？

A．周二放映纪录片。　　　　　B．周四放映纪录片。

C．周二放映动作片。　　　　　D．周四放映科幻片。

E．周五放映动作片。

47．有些科学家认为，基因调整技术能大幅延长人类寿命。他们在实验室中调整了一种小型土壤线虫的两组基因序列，成功将这种生物的寿命延长了5倍。他们据此声称，如果将延长线虫寿命的科学方法应用于人类，人活到500岁就会成为可能。

以下哪项如果为真，最能质疑上述科学家的观点？

A．基因调整技术可能会导致下一代中一定比例的个体失去繁殖能力。

B．即使将基因调整技术成功应用于人类，也只会有极少的人活到500岁。

C．将延长线虫寿命的科学方法应用于人类，还需要经历较长一段时间。

D．人类的生活方式复杂而多样，不良的生活习惯和心理压力会影响身心健康。

E．人类寿命的提高幅度不会像线虫那样简单倍增，200岁以后寿命再延长基本不可能。

48．贾某的邻居易某在自家阳台侧面安装了空调外机。空调一开，外机就向贾家卧室窗户方向吹热风，贾某对此叫苦不迭，于是找到易某协商此事。易某回答说："现在哪家没装空调？别人安装就行，偏偏我家就不行？"

对于易某的回答，以下哪项评价最为恰当？

A．易某的行为虽影响到了贾某的生活，但易某是正常行使自己的权利。

B．易某的行为已经构成对贾某权利的侵害，应该立即停止这种侵权行为。

C．易某在转移论题，问题不是能不能安装空调，而是安装空调该不该影响邻居。

D．易某没有将心比心，因为贾某也可以正对易家卧室窗户处安装空调外机。

E. 易某空调外机的安装不应正对贾家卧室的窗户，不能只顾自己享受而让贾家受罪。

49~50 题基于以下题干：

某校文学社王、李、周、丁 4 人每人只爱好诗歌、散文、戏剧、小说 4 种文学形式中的一种，且各不相同。他们每人只创作了上述 4 种中的一种作品，且形式各不相同；他们创作的作品形式与各自的文学爱好均不相同。已知：

（1）若王没有创作诗歌，则李爱好小说；

（2）若王没有创作诗歌，则李创作小说；

（3）若王创作诗歌，则李爱好小说且周爱好散文。

49. 根据以上信息，可以得出以下哪项？

    A. 王爱好散文。   B. 李爱好戏剧。

    C. 周爱好小说。   D. 丁爱好诗歌。

    E. 周爱好戏剧。

50. 如果丁创作散文，则可得出以下哪项？

    A. 周创作小说。   B. 李创作诗歌。

    C. 李创作小说。   D. 周创作戏剧。

    E. 王创作小说。

51. 有科学家进行了对比实验：在一些花坛中种植了金盏草，而在另外一些花坛中未种植金盏草。他们发现：种植了金盏草的花坛，玫瑰长得很繁茂；而那些未种金盏草的花坛，玫瑰却呈现病态，很快就枯萎了。

以下哪项如果为真，最能解释上述现象？

    A. 为了利于玫瑰生长，某园艺公司推荐种金盏草而不是直接喷洒农药。

    B. 金盏草的根系深度不同于玫瑰，不会与其争夺营养，却可保持土壤湿度。

    C. 金盏草的根部可分泌出一种杀死土壤中害虫的物质，使玫瑰免受其侵害。

    D. 玫瑰花坛中的金盏草常被认为是一种杂草，但它对玫瑰的生长具有奇特的作用。

    E. 花匠会对种有金盏草和玫瑰花的花坛施肥较多，而对仅种有玫瑰的花坛施肥偏少。

52. 李佳、贾元、夏辛、丁东、吴悠 5 位大学生暑期结伴去皖南旅游。对于 5 人将要游览的地点，他们却有不同想法：

李佳：若去龙川，则也去呈坎；

贾元：龙川和徽州古城两个地方至少去一个；

夏辛：若去呈坎，则也去新安江山水画廊；

丁东：若去徽州古城，则也去新安江山水画廊；

吴悠：若去新安江山水画廊，则也去江村。

事后得知，5 人的想法都得到了实现。

根据以上信息，上述 5 人游览的地点肯定有

A．龙川和呈坎。 B．江村和新安江山水画廊。

C．龙川和徽州古城。 D．呈坎和新安江山水画廊。

E．呈坎和徽州古城。

53. 胃底腺息肉是所有胃息肉中最为常见的一种良性病变。最常见的是散发型胃底腺息肉，它多发于 50 岁以上人群。研究人员在研究 10 万人的胃镜检查资料后发现，有胃底腺息肉的患者无人患胃癌，而没有胃底腺息肉的患者中有 178 人发现有胃癌。他们由此断定，胃底腺息肉与胃癌呈负相关。

以下哪项如果为真，最能支持上述研究人员的断定？

A．有胃底腺息肉的患者绝大多数没有家族癌症史。

B．在研究人员研究的 10 万人中，50 岁以下的占大多数。

C．在研究人员研究的 10 万人中，有胃底腺息肉的人仅占了 14%。

D．有胃底腺息肉的患者罹患萎缩性胃炎、胃溃疡的概率显著降低。

E．胃内一旦有胃底腺息肉，往往意味着没有感染致癌物"幽门螺杆菌"。

54~55 题基于以下题干：

某特色建筑项目评选活动设有纪念建筑、观演建筑、会堂建筑、商业建筑、工业建筑 5 个门类的奖项。甲、乙、丙、丁、戊、己 6 位建筑师均有 2 个项目入选上述不同门类的奖项，且每个门类均有上述 6 人的 2~3 个项目入选。已知：

（1）若甲或乙至少有一个项目入选观演建筑或工业建筑，则乙、丙入选的项目均是观演建筑和工业建筑；

（2）若乙或丁至少有一个项目入选观演建筑或会堂建筑，则乙、丁、戊入选的项目均是纪念建筑和工业建筑；

（3）若丁至少有一个项目入选纪念建筑或商业建筑，则甲、己入选的项目均在纪念建筑、观演建筑和商业建筑之中。

54. 根据上述信息，可以得出以下哪项？

A．甲有项目入选观演建筑。

B．丙有项目入选工业建筑。

C．丁有项目入选商业建筑。

D．戊有项目入选会堂建筑。

E．己有项目入选纪念建筑。

55. 若己有项目入选商业建筑，则可以得出以下哪项？

A．己有项目入选观演建筑。

B．戊有项目入选工业建筑。

C．丁有项目入选商业建筑。

D．丙有项目入选观演建筑。

E．乙有项目入选工业建筑。

四、写作：第56～57小题，共65分。其中论证有效性分析30分，论说文35分。

56. **论证有效性分析：** 分析下述论证中存在的缺陷和漏洞，选择若干要点，写一篇600字左右的文章，对该论证的有效性进行分析和评论。（论证有效性分析的一般要点是：概念特别是核心概念的界定和使用是否准确并前后一致，有无各种明显的逻辑错误，论证的论据是否成立并支持结论，结论成立的条件是否充分，等等。）

默默无闻、无私奉献虽然是人们尊崇的德行，但这种德行其实不可能成为社会的道德精神。

一种德行必须借助大众媒体的传播，让大家受其感染，并化为自觉意识，然后才能成为社会的道德精神。但是，默默无闻、无私奉献的精神所赖以存在的行为特点是不事张扬、不为人知。既然如此，它就得不到传播，也就不可能成为社会的道德精神。

退一步讲，默默无闻、无私奉献的善举经媒体大力宣传后为更多的人所了解，这就从根本上使这一善举失去了默默无闻的特性。既然如此，这一命题就无从谈起了。

再者，默默无闻的善举一旦被媒体大力宣传，当事人必然会受到社会的肯定与赞赏，而这就是社会对他的回报。既然他从社会得到了回报，怎么还可以说是无私奉献呢？

由此可见，默默无闻、无私奉献的德行注定不可能成为社会的道德精神。

57. **论说文：** 根据下述材料，写一篇700字左右的论说文，题目自拟。

鸟类会飞是因为它们在进化中不断优化了其身体结构。飞行是一项较特殊的运动，鸟类的躯干进化成了适合飞行的流线型；飞行也是一项需要付出高能量代价的运动，鸟类增强了翅膀、胸肌部位的功能，又进化了呼吸系统，以便给肌肉持续提供氧气。同时，鸟类在进化过程中舍弃了那些沉重的、效率低的身体部件。

答案速查

数学：

1—5：DCAEA   6—10：ABCBD   11—15：DCECE

16—20：BACBC   21—25：DBECA

逻辑：

26—30：CEADE   31—35：BBEDA   36—40：ECBDE

41—45：AACCB   46—50：CECDA   51—55：CBEDA

写作：

56—57：略

试卷解析

使用 MBA 大师 App 扫描下方二维码可查看试卷解析

扫码查看数学解析

扫码查看逻辑解析

扫码查看写作解析

绝密★启用前

2021 年全国硕士研究生招生考试

管理类专业学位联考综合能力试题

（科目代码：199）

考生注意事项

1. 答题前，考生须在试题册指定位置上填写考生姓名和考生编号；在答题卡指定位置上填写报考单位、考生姓名和考生编号，并涂写考生编号信息点。

2. 考生须把试题册上的"试卷条形码"取下，粘贴在答题卡的"试卷条形码粘贴位置"框中。不按规定粘贴条形码而影响评卷结果的，后果由考生自行负责。

3. 选择题的答案必须涂写在答题卡相应题号的选项上，非选择题的答案必须书写在答题纸指定位置的边框区域内。超出答题卡区域写的答案无效；在草稿纸、试题册上答题无效。

4. 填（书）写部分必须使用黑色字迹签字笔或者钢笔书写，字迹工整、笔迹清楚；涂写部分必须使用 2B 铅笔填涂。

5. 考试结束，将试题、答题卡一并装入试题袋中交回。

一、问题求解：第 1~15 小题，每小题 3 分，共 45 分。下列每题给出的五个选项中，只有一个选项是最符合题目要求的。

1. 某便利店第一天售出 50 种商品，第二天出售 45 种商品，第三天售出 60 种商品.前两天售出的商品有 25 种相同，后两天售出的商品有 30 种相同.这三天售出的商品至少有（　　）.
   A.70 种 　　　　 B.75 种 　　　　 C.80 种 　　　　 D.85 种 　　　　 E.100 种

2. 三位年轻人的年龄成等差数列，且最大与最小的两人年龄之差的 10 倍是另一人的年龄，则三人中年龄最大的是（　　）.
   A.19 岁 　　　　 B.20 岁 　　　　 C.21 岁 　　　　 D.22 岁 　　　　 E.23 岁

3. $\frac{1}{1+\sqrt{2}}+\frac{1}{\sqrt{2}+\sqrt{3}}+\cdots+\frac{1}{\sqrt{99}+\sqrt{100}}=$（　　）.
   A.9 　　　　 B.10 　　　　 C.11 　　　　 D.$3\sqrt{11}-1$ 　　　　 E.$3\sqrt{11}$

4. 设 p,q 是小于 10 的质数，则满足条件 $1<\frac{q}{p}<2$ 的 p,q 有（　　）.
   A.2 组 　　　　 B.3 组 　　　　 C.4 组 　　　　 D.5 组 　　　　 E.6 组

5. 设二次函数 $f(x)=ax^2+bx+c$，且 $f(2)=f(0)$，则 $\frac{f(3)-f(2)}{f(2)-f(1)}=$（　　）.
   A.2 　　　　 B.3 　　　　 C.4 　　　　 D.5 　　　　 E.6

6. 如图，由 P 到 Q 的电路中有三个元件，分别标为 T_1, T_2, T_3.电流能通过 T_1, T_2, T_3 概率分别为 0.9, 0.9, 0.99.假设电流能够通过的三个元件是相互独立的，则电流能在 P、Q 之间通过的概率是（　　）.

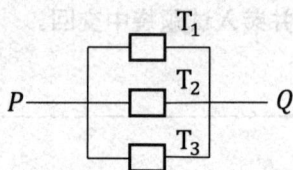

   A.0.8019 　　　　 B.0.9989 　　　　 C.0.999 　　　　 D.0.9999 　　　　 E.0.99999

7. 若球体的内接正方体的体积为 8 m³，则该球体的表面积为（　　）.
   A.4π m² 　　　　 B.6π m² 　　　　 C.8π m² 　　　　 D.12π m² 　　　　 E.24π m²

8. 甲、乙两组同学中，甲组有 3 名男同学、3 名女同学，乙组有 4 名男同学、2 名女同学.从甲、乙两组中各选出 2 名同学，这 4 人中恰有 1 名女同学的选法有（　　）.
   A.26 种 　　　　 B.54 种 　　　　 C.70 种 　　　　 D.78 种 　　　　 E.105 种

9. 如图，正六边形的边长为 1，分别以正六边形的顶点 O、P、Q 为圆心，以 1 为半径作圆弧，则阴影部分的面积为（　　）.

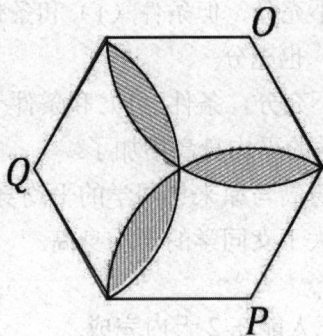

A. $\pi - \dfrac{3\sqrt{3}}{2}$　　　B. $\pi - \dfrac{3\sqrt{3}}{4}$　　　C. $\dfrac{\pi}{2} - \dfrac{3\sqrt{3}}{4}$　　　D. $\dfrac{\pi}{2} - \dfrac{3\sqrt{3}}{8}$　　　E. $2\pi - 3\sqrt{3}$

10. 已知$ABCD$是圆$x^2 + y^2 = 25$的内接四边形.若A，C是直线$x = 3$与圆$x^2 + y^2 = 25$的交点，则四边形$ABCD$面积的最大值为（　　）.

　　A.20　　　　　B.24　　　　　C.40　　　　　D.48　　　　　E.80

11. 某商场利用抽奖的方式促销，100个奖券中设有3个一等奖、7个二等奖，则一等奖先于二等奖抽完的概率为（　　）.

　　A.0.3　　　　B.0.5　　　　C.0.6　　　　D.0.7　　　　E.0.73

12. 现有甲、乙两种浓度的酒精.已知用10升甲酒精和12升乙酒精可以配成浓度为70%的酒精，用20升甲酒精和8升乙酒精可以配成浓度为80%的酒精，则甲酒精的浓度为（　　）.

　　A.72%　　　　B.80%　　　　C.84%　　　　D.88%　　　　E.91%

13. 函数$f(x) = x^2 - 4x - 2|x - 2|$的最小值为（　　）.

　　A.−4　　　　B.−5　　　　C.−6　　　　D.−7　　　　E.−8

14. 从装有1个红球、2个白球、3个黑球的袋中随机取出3个球，则这3个球的颜色至多有两种的概率（　　）.

　　A.0.3　　　　B.0.4　　　　C.0.5　　　　D.0.6　　　　E.0.7

15. 甲、乙两人相距330km，他们驾车同时出发，经过2h相遇，甲继续行驶2h 24 min后到达乙的出发地.则乙的车速为（　　）.

　　A.70km/h　　　B.75km/h　　　C.80km/h　　　D.90km/h　　　E.96km/h

二、条件充分性判断：第16~25小题，每小题3分，共30分。要求判断每题给出的条件（1）和条件（2）能否充分支持题干所陈述的结论。A、B、C、D、E五个选项为判断结果，请选择一项符合题目要求的判断。

　　A. 条件（1）充分，但条件（2）不充分.

　　B. 条件（2）充分，但条件（1）不充分.

C. 条件（1）和（2）单独都不充分，但条件（1）和条件（2）联合起来充分.

D. 条件（1）充分，条件（2）也充分.

E. 条件（1）和（2）单独都不充分，条件（1）和条件（2）联合起来也不充分.

16. 某班增加两名同学.则该班同学的平均身高增加了.

（1）增加的两名同学的平均身高与原来男同学的平均身高相同.

（2）原来男同学的平均身高大于女同学的平均身高.

17. 清理一块场地.则甲、乙、丙三人能在 2 天内完成.

（1）甲、乙两人需要 3 天完成.

（2）甲、丙两人需要 4 天完成.

18. 某单位进行投票表决.已知该单位的男、女员工人数之比为 3:2.则能确定至少有 50% 的女员工参加了投票.

（1）投赞成票的人数超过了总人数的 40%.

（2）参加投票的女员工比男员工多.

19. 设 a, b 为实数.则能确定 $|a| + |b|$ 的值.

（1）已知 $|a + b|$ 的值.

（2）已知 $|a - b|$ 的值.

20. 设 a 为实数，圆 C：$x^2 + y^2 = ax + ay$.则能确定圆 C 的方程.

（1）直线 $x + y = 1$ 与圆 C 相切.

（2）直线 $x - y = 1$ 与圆 C 相切.

21. 设 x, y 为实数.则能确定 $x \leqslant y$.

（1）$x^2 \leqslant y - 1$.

（2）$x^2 + (y - 2)^2 \leqslant 2$.

22. 某人购买了果汁、牛奶、咖啡三种物品.已知果汁每瓶 12 元、牛奶每瓶 15 元、咖啡每盒 35 元.则能确定所买各种物品的数量.

（1）总花费为 104 元.

（2）总花费为 215 元.

23. 某人开车去上班，有一段路因维修限速通行.则可以算出此人上班的距离.

（1）路上比平时多用了半小时.

（2）已知维修路段的通行速度.

24. 已知数列 $\{a_n\}$.则数列 $\{a_n\}$ 为等比数列.

（1）$a_n a_{n+1} > 0$.

（2）$a_{n+1}^2 - 2a_n^2 - a_n a_{n+1} = 0$.

25. 给定两个直角三角形.则这两个直角三角形相似.

（1）每个直角三角形的边长成等比数列.

（2）每个直角三角形的边长成等差数列.

三、逻辑推理：第26~55小题，每小题2分，共60分。下列每题给出的五个选项中，只有一项是最符合试题要求的。

26. 哲学是关于世界观、方法论的学问，哲学的基本问题是思维和存在的关系问题，它是在总结各门具体科学知识基础上形成的，并不是一门具体科学。因此，经验的个案不能反驳它。

以下哪项如果为真，最能支持以上论述？

A．哲学并不能推演出经验的个案。

B．任何科学都需要接受经验的检验。

C．具体科学不研究思维和存在的关系问题。

D．经验的个案只能反驳具体科学。

E．哲学可以对具体科学提供指导。

27. M大学社会学学院的老师都曾经对甲县某些乡镇进行家庭收支情况调研，N大学历史学院的老师都曾经到甲县的所有乡镇进行历史考察。赵若兮曾经对甲县所有乡镇家庭收支情况进行调研，但未曾到项郓镇进行历史考察；陈北鱼曾经到梅河乡进行历史考察，但从未对甲县家庭收支情况进行调研。

根据以上信息，可以得出以下哪项？

A．陈北鱼是M大学社会学学院的老师，且梅河乡是甲县的。

B．若赵若兮是N大学历史学院的老师，则项郓镇不是甲县的。

C．对甲县的家庭收支情况调研，也会涉及相关的历史考察。

D．陈北鱼是N大学的老师。

E．赵若兮是M大学的老师。

28. 研究人员招募了300名体重超标的男性，将其分成餐前锻炼组和餐后锻炼组，进行每周三次相同强度和相同时段的晨练。餐前锻炼组晨练前摄入零卡路里安慰剂饮料，晨练后摄入200卡路里的奶昔；餐后锻炼组晨练前摄入200卡路里的奶昔，晨练后摄入零卡路里安慰剂饮料。三周后发现，餐前锻炼组燃烧的脂肪比餐后锻炼组多。该研究人员由此推断，肥胖者若持续这样的餐前锻炼，就能在不增加运动强度或时间的情况下改善代谢能力，从而达到减肥效果。

以下哪项如果为真，最能支持该研究人员的上述推断？

A．餐前锻炼组额外的代谢与体内肌肉中的脂肪减少有关。

B．餐前锻炼组觉得自己在锻炼中消耗的脂肪比餐后锻炼组多。

C．餐前锻炼可以增强肌肉细胞对胰岛素的反应，促使它更有效地消耗体内的糖分和脂肪。

D. 肌肉参与运动所需要的营养，可能来自最近饮食中进入血液的葡萄糖和脂肪成分，也可能来自体内储存的糖和脂肪。

E. 有些餐前锻炼组的人知道他们摄入的是安慰剂，但这并不影响他们锻炼的积极性。

29. 某企业董事会就建立健全企业管理制度与提高企业经济效益进行研讨。在研讨中，与会者发言如下：

甲：要提高企业经济效益，就必须建立健全企业管理制度。

乙：既要建立健全企业管理制度，又要提高企业经济效益，二者缺一不可。

丙：经济效益是基础和保障，只有提高企业经济效益，才能建立健全企业管理制度。

丁：如果不建立健全企业管理制度，就不能提高企业经济效益。

戊：不提高企业经济效益，就不能建立健全企业管理制度。

根据上述讨论，董事会最终做出了合理的决定，以下哪项是可能的？

A. 甲、乙的意见符合决定，丙的意见不符合决定。

B. 上述 5 人中只有 1 人的意见符合决定。

C. 上述 5 人中只有 2 人的意见符合决定。

D. 上述 5 人中只有 3 人的意见符合决定。

E. 上述 5 人的意见均不符合决定。

30. 气象台的实测气温与人实际的冷暖感受常常存在一定的差异。在同样的低温条件下，如果是阴雨天，人会感到特别冷，即通常说的"阴冷"；如果同时赶上刮大风，人会感到寒风刺骨。

以下哪项如果为真，最能解释上述现象？

A. 人的体感温度除了受气温的影响外，还受风速与空气湿度的影响。

B. 低温情况下，如果风力不大、阳光充足，人不会感到特别寒冷。

C. 即使天气寒冷，若进行适当锻炼，人也不会感到太冷。

D. 即使室内外温度一致，但是走到有阳光的室外，人会感到温暖。

E. 炎热的夏日，电风扇转动时，尽管不改变环境温度，但人依然感到凉快。

31. 某俱乐部共有甲、乙、丙、丁、戊、己、庚、辛、壬、癸 10 名职业运动员，他们来自 5 个不同的国家（不存在双重国籍的情况）。已知：

（1）该俱乐部的外援刚好占一半，他们是乙、戊、丁、庚、辛；

（2）乙、丁、辛 3 人来自两个国家。

根据以上信息，可以得出以下哪项？

A. 甲、丙来自不同国家。　　　　　B. 乙、辛来自不同国家。

C. 乙、庚来自不同国家。　　　　　D. 丁、辛来自相同国家。

E. 戊、庚来自相同国家。

32. 某高校的李教授在网上撰文指责另一高校张教授早年发表的一篇论文存在抄袭现象，张教授知晓后，立即在同一网站对李教授的指责作出反驳。

以下哪项作为张教授的反驳最为有力？

A．自己投稿在先发表在后，所谓论文抄袭其实是他人抄袭自己。

B．李教授的指责纯属栽赃陷害，混淆视听，破坏了大学教授的整体形象。

C．李教授的指责是对自己不久前批评李教授的学术观点所作的打击报复。

D．李教授的指责可能背后有人指使，不排除受到两校不正当竞争的影响。

E．李教授早年的两篇论文其实也存在不同程度的抄袭现象。

33．某电影节设有"最佳故事片""最佳男主角""最佳女主角""最佳编剧""最佳导演"等多个奖项。颁奖前，有专业人士预测如下：

（1）若甲或乙获得"最佳导演"，则"最佳女主角"和"最佳编剧"将在丙和丁中产生；

（2）只有影片 P 或影片 Q 获得"最佳故事片"，其片中的主角才能获得"最佳男主角"或"最佳女主角"；

（3）"最佳导演"和"最佳故事片"不会来自同一部影片。

以下哪项颁奖结果与上述预测不一致？

A．乙没有获得"最佳导演"，"最佳男主角"来自影片 Q。

B．丙获得"最佳女主角"，"最佳编剧"来自影片 P。

C．丁获得"最佳编剧"，"最佳女主角"来自影片 P。

D．"最佳女主角""最佳导演"都来自影片 P。

E．甲获得"最佳导演"，"最佳编剧"来自影片 Q。

34．黄瑞爱好书画收藏，他收藏的书画作品只有"真品""精品""名品""稀品""特品""完品"，它们之间存在如下关系：

（1）若是"完品"或"真品"，则是"稀品"；

（2）若是"稀品"或"名品"，则是"特品"。

现知道黄瑞收藏的一幅画不是"特品"，则可以得出以下哪项？

A．该画是"稀品"。　　　　　　　　　B．该画是"精品"。

C．该画是"完品"。　　　　　　　　　D．该画是"名品"。

E．该画是"真品"。

35．王、陆、田 3 人拟到甲、乙、丙、丁、戊、己 6 个景点结伴游览。关于游览的顺序，3 人意见如下：

（1）王：1 甲、2 丁、3 己、4 乙、5 戊、6 丙；

（2）陆：1 丁、2 己、3 戊、4 甲、5 乙、6 丙；

（3）田：1 己、2 乙、3 丙、4 甲、5 戊、6 丁。

实际游览时，各人意见中都恰有一半的景点序号是正确的。

根据以上信息，他们实际游览的前 3 个景点分别是

A．己、丁、丙。　　　　　　　　　B．丁、乙、己。

C．甲、乙、己。　　　　　　　　　D．乙、己、丙。

E. 丙、丁、己。

36. "冈萨雷斯""埃尔南德斯""施米特""墨菲"这 4 个姓氏是且仅是卢森堡、阿根廷、墨西哥、爱尔兰四国中其中一国常见的姓氏。已知：

 （1）"施米特"是阿根廷或卢森堡常见姓氏；

 （2）若"施米特"是阿根廷常见姓氏，则"冈萨雷斯"是爱尔兰常见姓氏；

 （3）若"埃尔南德斯"或"墨菲"是卢森堡常见姓氏，则"冈萨雷斯"是墨西哥常见姓氏。

 根据以上信息，可以得出以下哪项？

 A．"施米特"是卢森堡常见姓氏。

 B．"埃尔南德斯"是卢森堡常见姓氏。

 C．"冈萨雷斯"是爱尔兰常见姓氏。

 D．"墨菲"是卢森堡常见姓氏。

 E．"墨菲"是阿根廷常见姓氏。

37. 甲、乙、丙、丁、戊 5 人是某校美学专业 2019 级研究生，第一学期结束后，他们在张、陆、陈 3 位教授中选择导师，每人只选择 1 人作为导师，每位导师都有 1 至 2 人选择，并且得知：

 （1）选择陆老师的研究生比选择张老师的多；

 （2）若丙、丁中至少有 1 人选择张老师，则乙选择陈老师；

 （3）若甲、丙、丁中至少有 1 人选择陆老师，则只有戊选择陈老师。

 根据以上信息，可以得出以下哪项？

 A．甲选择陆老师。　　　　　　　　B．乙选择张老师。

 C．丁、戊选择陆老师。　　　　　　D．乙、丙选择陈老师。

 E．丙、丁选择陈老师。

38. 艺术活动是人类标志性的创造性劳动。在艺术家的心灵世界里，审美需求和情感表达是创造性劳动不可或缺的重要引擎；而人工智能没有自我意识，人工智能艺术作品的本质是模仿。因此，人工智能永远不能取代艺术家的创造性劳动。

 以下哪项最可能是以上论述的假设？

 A．人工智能可以作为艺术创作的辅助工具。

 B．只有具备自我意识，才能具有审美需求和情感表达。

 C．大多数人工智能作品缺乏创造性。

 D．没有艺术家的创作，就不可能有人工智能艺术品。

 E．模仿的作品很少能表达情感。

39. 最近一项科学观测显示，太阳产生的带电粒子流即太阳风，含有数以千计的"滔天巨浪"，其时速会突然暴增，可能导致太阳磁场自行反转，甚至会对地球产生有害影响。但目前我们对太阳风的变化及其如何影响地球知之甚少。据此有专家指出，为了更好保护地球免受太阳风的影响，必须更新现有的研究模式，另辟蹊径研究太阳风。

以下哪项如果为真，最能支持上述专家的观点？

A. 最新观测结果不仅改变了天文学家对太阳风的看法，而且将改变其预测太空天气事件的能力。

B. 目前，根据标准太阳模型预测太阳风变化所获得的最新结果与实际观测相比，误差为10~20倍。

C. 对太阳风的深入研究，将有助于防止太阳风大爆发时对地球的卫星和通信系统乃至地面电网造成的影响。

D. 太阳风里有许多携带能量的粒子和磁场，而这些磁场会发生意想不到的变化。

E. "高速"太阳风源于太阳南北极的大型日冕洞，而"低速"太阳风则来自太阳赤道上的较小日冕洞。

40~41 题基于以下题干：

冬奥组委会官网开通全球招募系统，正式招募冬奥会志愿者。张明、刘伟、庄敏、孙兰、李梅 5 人在一起讨论报名事宜。他们商量的结果如下：

（1）如果张明报名，则刘伟也报名；

（2）如果庄敏报名，则孙兰也报名；

（3）只要刘伟和孙兰两人中至少有 1 人报名，则李梅也报名。

后来得知，他们 5 人中恰有 3 人报名了。

40. 根据以上信息，可以得出以下哪项？

    A. 张明报名了。   B. 刘伟报名了。

    C. 庄敏报名了。   D. 孙兰报名了。

    E. 李梅报名了。

41. 如果增加条件"若刘伟报名，则庄敏也报名"，那么可以得出以下哪项？

    A. 张明和刘伟都报名了。   B. 刘伟和庄敏都报名了。

    C. 庄敏和孙兰都报名了。   D. 张明和孙兰都报名了。

    E. 刘伟和李梅都报名了。

42. 酸奶作为一种健康食品，既营养丰富又美味可口，深受人们的喜爱。很多人饭后都不忘来杯酸奶。他们觉得，饭后喝杯酸奶能够解油腻、助消化。但近日有专家指出，饭后喝酸奶其实并不能帮助消化。

以下哪项如果为真，最能支持上述专家的观点？

A. 足量膳食纤维和维生素 B_1 被人体摄入后可有效促进肠胃蠕动，进而促进食物消化，但酸奶不含膳食纤维，维生素 B_1 的含量也不丰富。

B. 酸奶中的益生菌可以维持肠道消化系统的健康，但是这些菌群大多不耐酸，胃部的强酸环境会使其大部分失去活性。

C. 酸奶含有一定的糖分，吃饱了饭再喝酸奶会加重肠胃负担，同时也使身体增加额外的营养，容易导致肥胖。

D. 人体消化需消化酶和有规律的肠胃运动，酸奶中没有消化酶，饮用酸奶也不能纠正无规律的肠胃运动。

E. 酸奶可以促进胃酸分泌，抑制有害菌在肠道内繁殖，有助于维持消化系统健康，对于食物消化能起到间接帮助作用。

43. 为进一步弘扬传统文化，有专家提议将每年的 2 月 1 日、3 月 1 日、4 月 1 日、9 月 1 日、11 月 1 日、12 月 1 日 6 天中的 3 天确定为"传统文化宣传日"。根据实际需要，确定日期必须考虑以下条件：

（1）若选择 2 月 1 日，则选择 9 月 1 日但不选 12 月 1 日；

（2）若 3 月 1 日、4 月 1 日至少选择其一，则不选 11 月 1 日。

以下哪项选定的日期与上述条件一致？

A. 2 月 1 日、3 月 1 日、4 月 1 日。

B. 2 月 1 日、4 月 1 日、11 月 1 日。

C. 3 月 1 日、9 月 1 日、11 月 1 日。

D. 4 月 1 日、9 月 1 日、11 月 1 日。

E. 9 月 1 日、11 月 1 日、12 月 1 日。

44. 今天的教育质量将决定明天的经济实力。PISA 是经济合作与发展组织每隔三年对 15 岁学生的阅读、数学和科学能力进行的一项测试。根据 2019 年最新测试结果，中国学生的总体表现远超其他国家学生。有专家认为，该结果意味着中国有一支优秀的后备力量以保障未来经济的发展。

以下哪项如果为真，最能支持上述专家的论证？

A. 中国学生在 15 岁时各项能力尚处于上升期，他们未来会有更出色的表现。

B. 未来经济发展的核心驱动力是创新，中国教育非常重视学生创新能力的培养。

C. 在其他国际智力测试中，亚洲学生总体成绩最好，而中国学生又是亚洲最好的。

D. 这次 PISA 测试的评估重点是阅读能力，能很好地反映学生的受教育质量。

E. 中国学生在阅读、数学和科学三项排名中均位列第一。

45. 下面有一 5×5 的方阵，它所含的每个小方格中可填入一个词（已有部分词填入）。现要求该方阵中的每行、每列及每个粗线条围住的五个小方格组成的区域中均含有"道路""制度""理论""文化""自信"5 个词，不能重复也不能遗漏。

根据上述要求，以下哪项是方阵顶行①②③④空格中从左至右依次应填入的词？

A. 道路、理论、制度、文化。

B. 道路、文化、制度、理论。

C. 文化、理论、制度、自信。

D. 理论、自信、文化、道路。

E. 制度、理论、道路、文化。

①	②	③	④
	自信	道路	制度
理论			道路
制度	自信		
			文化

46. 水产品的脂肪含量相对较低，而且含有较多不饱和脂肪酸，对预防血脂异常和心血管疾病有一定作用；禽肉的脂肪含量也比较低，脂肪酸组成优于畜肉；畜肉中的瘦肉脂肪含量低于肥肉，瘦肉优于肥肉。因此，在肉类选择上，应该优先选择水产品，其次是禽肉，这样对身体更健康。

以下哪项如果为真，最能支持以上论述？

A. 所有人都有罹患心血管疾病的风险。

B. 肉类脂肪含量越低对人体越健康。

C. 人们认为根据自己的喜好选择肉类更有益于健康。

D. 人必须摄入适量的动物脂肪才能满足身体的需要。

E. 脂肪含量越低，不饱和脂肪酸含量越高。

47~48 题基于以下题干：

某剧团拟将历史故事"鸿门宴"搬上舞台。该剧有项王、沛公、项伯、张良、项庄、樊哙、范增 7 个主要角色，甲、乙、丙、丁、戊、己、庚 7 名演员每人只能扮演其中一个，且每个角色只能由其中一人扮演。根据各演员的特点，角色安排如下：

（1）如果甲不扮演沛公，则乙扮演项王。

（2）如果丙或己扮演张良，则丁扮演范增。

（3）如果乙不扮演项王，则丙扮演张良。

（4）如果丁不扮演樊哙，则庚或戊扮演沛公。

47. 根据上述信息，可以得出以下哪项？

A. 甲扮演沛公。　　　　　　　B. 乙扮演项王。

C. 丙扮演张良。　　　　　　　D. 丁扮演范增。

E. 戊扮演樊哙。

48. 若甲扮演沛公而庚扮演项庄，则可以得出以下哪项？

A. 丙扮演项伯。　　　　　　　B. 丙扮演范增。

C. 丁扮演项伯。　　　　　　　D. 戊扮演张良。

E. 戊扮演樊哙。

49. 某医学专家提出一种简单的手指自我检测法：将双手放在眼前，把两个食指的指甲那一面贴在一起，正常情况下，应该看到两个指甲床之间有一个菱形的空间；如果看不到这个空间，则说明手指出现了杵状改变，这是患有某种心脏或肺部疾病的迹象。该专家认为，人们通过手指自我检测能快速判断自己是否患有心脏或肺部疾病。

以下哪项如果为真，最能质疑上述专家的论断？

A. 杵状改变可能由多种肺部疾病引起，如肺纤维化、支气管扩张等，而且这种病变需要经历较长的一段过程。

B. 杵状改变不是癌症的明确标志，仅有不足 40% 的肺癌患者有杵状改变。

C. 杵状改变检测只能作为一种参考，不能用来替代医生的专业判断。

D. 杵状改变有两个发展阶段，第一个阶段的畸变不是很明显，不足以判断人体是否有病变。

E. 杵状改变是手指末端软组织积液造成，而积液是由于过量血液注入该区域导致，其内在机理仍然不明。

50. 曾几何时，快速阅读进入了我们的培训课堂。培训者告诉学员，要按"之"字形浏览文章。只要精简我们看的地方，就能整体把握文本要义，从而提高阅读速度；真正的快速阅读能将阅读速度提高至少两倍，并不影响理解。但近来有科学家指出，快速阅读实际上是不可能的。

以下哪项如果为真，最能支持上述科学家的观点？

A. 阅读是一项复杂的任务，首先需要看到一个词，然后要检索其涵义、引申义，再将其与上下文相联系。

B. 科学界始终对快速阅读持怀疑态度，那些声称能帮助人们实现快速阅读的人通常是为了谋生或赚钱。

C. 人的视力只能集中于相对较小的区域，不可能同时充分感知和阅读大范围文本，识别单词的能力限制了我们的阅读理解。

D. 个体阅读速度差异很大，那些阅读速度较快的人可能拥有较强的短时记忆或信息处理能力。

E. 大多声称能快速阅读的人实际上是在浏览，他们可能相当快地捕捉到文本的主要内容，但也会错过众多细枝末节。

51. 每篇优秀的论文都必须逻辑清晰且论据翔实，每篇经典的论文都必须主题鲜明且语言准确。实际上，如果论文论据翔实但主题不鲜明，或论文语言准确而逻辑不清晰，则它们都不是优秀的论文。

根据以上信息，可以得出哪项？

A. 语言准确的经典论文逻辑清晰。

B. 论据不翔实的论文主题不鲜明。

C. 主题不鲜明的论文不是优秀的论文。

D. 逻辑不清晰的论文不是经典的论文。

E. 语言准确的优秀论文是经典的论文。

52. 除冰剂是冬季北方用于去除道路冰雪的常见产品。下表显示了五种除冰剂的各项特征：

除冰剂类型	融冰速度	破坏道路设施的可能风险	污染土壤的可能风险	污染水体的可能风险
I	快	高	高	高
II	中等	中	低	中
III	较慢	低	低	中
IV	快	中	中	低
V	较慢	低	低	低

以下哪项对上述五种除冰剂的特征概括最为准确?

A. 融冰速度较慢的除冰剂在污染土壤和污染水体方面的风险都低。

B. 没有一种融冰速度快的除冰剂三个方面的风险都高。

C. 若某种除冰剂至少在两个方面风险低,则其融冰速度一定较慢。

D. 若某种除冰剂三方面风险都不高,则其融冰速度一定也不快。

E. 若某种除冰剂在破坏道路设施和污染土壤方面的风险都不高,则其融冰速度一定较慢。

53. 孩子在很小的时候,对接触到的东西都要摸一摸,尝一尝,甚至还会吞下去。孩子天生就对这个世界抱有强烈的好奇心,但随着孩子慢慢长大,特别是进入学校之后,他们的好奇心越来越少。对此有教育专家认为,这是由于孩子受到外在的不当激励所造成的。

以下哪项如果为真,最能支持上述专家观点?

A. 现在许多孩子迷恋电脑、手机,对书本知识感到索然无味。

B. 野外郊游可以激发孩子的好奇心,长时间宅在家里就会产生思维惰性。

C. 老师、家长只看考试成绩,导致孩子只知道死记硬背书本知识。

D. 现在孩子所做的很多事情大多迫于老师、家长等的外部压力。

E. 孩子助人为乐能获得褒奖,损人利己往往受到批评。

54~55 题基于以下题干:

某高铁线路设有"东沟""西山""南镇""北阳""中丘"5 座高铁站。该线路有甲、乙、丙、丁、戊 5 趟车运行。这 5 座高铁站中,每站恰好有 3 趟车停靠,且甲车和乙车停靠的站均不相同。已知:

(1)若乙车或丙车至少有一车在"北阳"停靠,则它们均在"东沟"停靠;

(2)若丁车在"北阳"停靠,则丙、丁和戊车均在"中丘"停靠;

(3)若甲、乙和丙车中至少有 2 趟车在"东沟"停靠,则这 3 趟车均在"西山"停靠。

54. 根据上述信息,可以得出以下哪项?

A. 甲车不在"中丘"停靠。　　　　B. 乙车不在"西山"停靠。

C. 丙车不在"东沟"停靠。　　　　D. 丁车不在"北阳"停靠。

E. 戊车不在"南镇"停靠。

55. 若没有车在每站都停靠，则可以得出以下哪项？

A. 甲车在"南镇"停靠。

B. 乙车在"东沟"停靠。

C. 丙车在"西山"停靠。

D. 丁车在"南镇"停靠。

E. 戊车在"西山"停靠。

四、写作：第56～57小题，共65分。其中论证有效性分析30分，论说文35分。

56. 论证有效性分析： 分析下述论证中存在的缺陷和漏洞，选择若干要点，写一篇600字左右的文章，对该论证的有效性进行分析和评论。（论证有效性分析的一般要点是：概念特别是核心概念的界定和使用是否准确并前后一致，有无各种明显的逻辑错误，论证的论据是否成立并支持结论，结论成立的条件是否充分，等等。）

常言道："耳听为虚，眼见为实。"其实，"眼所见者未必为实"。

从哲学意义上来说，事物的表象不等于事物的真相。我们亲眼看到的，显然只是事物的表象而不是真相。只有将看到的表象加以分析，透过现象看本质，才能看到真相。换言之，我们亲眼看到的未必是真实的东西，即"眼所见者未必实"。

举例来说，人们都看到旭日东升，夕阳西下，也就是说，太阳环绕地球转。但是，这只是人们站在地球上看到的表象而已，其实这是地球自转造成的。由此可见，眼所见者未必实。

我国古代哲学家老子早就看到了这一点。他说过，人们只看到房子的"有"(有形的结构)，但人们没看到"无"(房子中无形的空间)才有实际效用。这也说明眼所见者未必实，未见者为实。

老子还说，讲究表面的礼节是"忠信之薄"的表现。韩非解释时举例说，父母和子女因为感情深厚而不讲究礼节，可见讲究礼节是感情不深的表现。现在人们把那种客气的行为称作"见外"，也是这个道理。这其实也是一种"眼所见者未必实"的现象。因此，如果你看到有人对你很客气，就认为他对你好，那就错了。

57. 论说文： 根据下述材料，写一篇700字左右的论说文，题目自拟。

我国著名实业家穆藕初在《实业与教育之关系》中指出，教育最重要之点在道德教育(如责任心和公共心之养成，机械心之拔除)和科学教育(如观察力、推论力、判断力之养成)。完全受此两种教育，实业界中坚人物遂由此产生。

答案速查

数学：

1—5：BCABB   6—10：DDDAC   11—15：DEBED

16—20：CECCA   21—25：DAECD

逻辑：

26—30：DBCCA   31—35：CADBB   36—40：AEBBE

41—45：CDEDA   46—50：BBDEC   51—55：CCCAC

写作：

56—57：略

试卷解析

使用 MBA 大师 App 扫描下方二维码可查看试卷解析

扫码查看数学解析

扫码查看逻辑解析

扫码查看写作解析

绝密★启用前

2020 年全国硕士研究生招生考试

管理类专业学位联考综合能力试题

（科目代码：199）

考生注意事项

1. 答题前，考生须在试题册指定位置上填写考生姓名和考生编号；在答题卡指定位置上填写报考单位、考生姓名和考生编号，并涂写考生编号信息点。

2. 考生须把试题册上的"试卷条形码"取下，粘贴在答题卡的"试卷条形码粘贴位置"框中。不按规定粘贴条形码而影响评卷结果的，后果由考生自行负责。

3. 选择题的答案必须涂写在答题卡相应题号的选项上，非选择题的答案必须书写在答题纸指定位置的边框区域内。超出答题卡区域写的答案无效；在草稿纸、试题册上答题无效。

4. 填（书）写部分必须使用黑色字迹签字笔或者钢笔书写，字迹工整、笔迹清楚；涂写部分必须使用 2B 铅笔填涂。

5. 考试结束，将试题、答题卡一并装入试题袋中交回。

（以下信息考生必须认真填写）

考生编号																
考生姓名																

一、问题求解：第 1~15 小题，每小题 3 分，共 45 分。下列每题给出的 A、B、C、D、E 五个选项中，只有一个选项是最符合题目要求的。

1. 某产品去年涨价10%，今年涨价20%，则该产品这两年涨价（   ）.
   A.15%   B.16%   C.30%   D.32%   E.33%

2. 设集合 $A = \{x \mid |x-a| < 1, x \in \mathbb{R}\}$，$B = \{x \mid |x-b| < 2, x \in \mathbb{R}\}$，则 $A \subset B$ 的充分必要条件是（   ）.
   A.$|a-b| \leqslant 1$ B.$|a-b| \geqslant 1$ C.$|a-b| < 1$ D.$|a-b| > 1$ E.$|a-b| = 1$

3. 一项考试的总成绩由甲、乙、丙三部分组成：总成绩=甲成绩×30% + 乙成绩×20% + 丙成绩×50%.考试通过的标准是：每部分成绩≥50分，且总成绩≥60分.已知某人甲成绩70分，乙成绩75分，且通过了这项考试，则此人丙成绩的分数至少是（   ）.
   A.48   B.50   C.55   D.60   E.62

4. 从1至10这10个整数中任取3个数，恰有1个质数的概率是（   ）.
   A.$\frac{2}{3}$ B.$\frac{1}{2}$ C.$\frac{5}{12}$ D.$\frac{2}{5}$ E.$\frac{1}{120}$

5. 若等差数列 $\{a_n\}$ 满足 $a_1 = 8$，且 $a_2 + a_4 = a_1$，则 $\{a_n\}$ 前 n 项和的最大值为（   ）.
   A.16   B.17   C.18   D.19   E.20

6. 已知实数 x 满足 $x^2 + \frac{1}{x^2} - 3x - \frac{3}{x} + 2 = 0$，则 $x^3 + \frac{1}{x^3} = $（   ）.
   A.12   B.15   C.18   D.24   E.27

7. 设实数 x，y 满足 $|x-2| + |y-2| \leqslant 2$，则 $x^2 + y^2$ 取值范围是（   ）.
   A.[2,18]   B.[2,20]   C.[2,36]   D.[4,18]   E.[4,20]

8. 某网站对单价为55元、75元、80元的三种商品进行促销，促销策略是每单满200元减 m 元.如果每单减 m 元后实际售价均不低于原价的8折，那么 m 的最大值为（   ）.
   A.40   B.41   C.43   D.44   E.48

9. 某人在同一观众群体中调查了对五部电影的看法，得到了如下数据：

电影	第一部	第二部	第三部	第四部	第五部
好评率	0.25	0.5	0.3	0.8	0.4
差评率	0.75	0.5	0.7	0.2	0.6

   据此数据，观众意见分歧最大的前两部电影依次是（   ）.
   A.第一部，第三部   B.第二部，第三部   C.第二部，第五部
   D.第四部，第一部   E.第四部，第二部

10. 如图，在△ABC中，∠ABC = 30°.将线段AB绕点B旋转至DB，使∠DBC = 60°，则△DBC与△ABC的面积之比为（ ）.

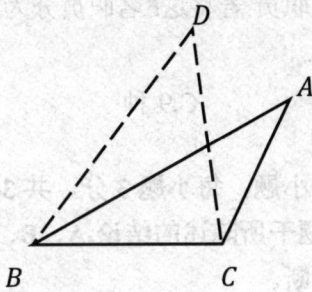

A.1　　　　　B.$\sqrt{2}$　　　　　C.2　　　　　D.$\dfrac{\sqrt{3}}{2}$　　　　　E.$\sqrt{3}$

11. 已知数列{a_n}满足$a_1 = 1$，$a_2 = 2$，且$a_{n+2} = a_{n+1} - a_n(n = 1,2,3,\cdots)$，则$a_{100} =$（ ）.
A.1　　　　　B.−1　　　　　C.2　　　　　D.−2　　　　　E.0

12. 如图，圆O的内接△ABC是等腰三角形，底边BC = 6，顶角为$\dfrac{\pi}{4}$，则圆O的面积为（ ）.

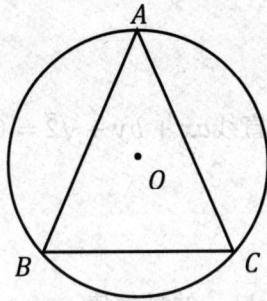

A.12π　　　　　B.16π　　　　　C.18π　　　　　D.32π　　　　　E.36π

13. 甲、乙两人从一条长为1800m道路的两端同时出发，往返行走.已知甲每分钟行走100m，乙每分钟行走80m，则两人第三次相遇时，甲距其出发点（ ）.
A.600m　　　　　B.900m　　　　　C.1000m　　　　　D.1400m　　　　　E.1600m

14. 如图，节点A，B，C，D两两相连.从一个节点沿线段到另一个节点当作1步.若机器人从节点A出发，随机走了3步，则机器人未到达过节点C的概率为（ ）.

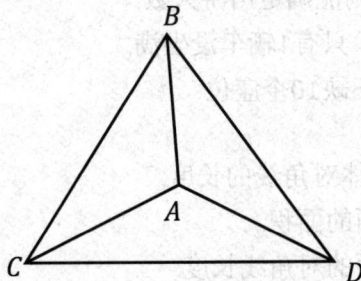

A. $\frac{4}{9}$ B. $\frac{11}{27}$ C. $\frac{10}{27}$ D. $\frac{19}{27}$ E. $\frac{8}{27}$

15. 某科室有4名男职员、2名女职员. 若将这6名职员分为3组，每组2人，且女职员不同组，则不同的分组方式有（   ）.

    A. 4 种   B. 6 种   C. 9 种   D. 12 种   E. 15 种

二、条件充分性判断：第16~25小题，每小题3分，共30分。要求判断每题给出的条件（1）和条件（2）能否充分支持题干所陈述的结论. A、B、C、D、E 五个选项为判断结果，请选择一项符合题目要求的判断。

    A. 条件（1）充分，但条件（2）不充分.
    B. 条件（2）充分，但条件（1）不充分.
    C. 条件（1）和（2）单独都不充分，但条件（1）和条件（2）联合起来充分.
    D. 条件（1）充分，条件（2）也充分.
    E. 条件（1）和（2）单独都不充分，条件（1）和条件（2）联合起来也不充分.

16. 在 $\triangle ABC$ 中，$\angle B = 60°$. 则 $\frac{c}{a} > 2$.

    （1）$\angle C < 90°$.
    （2）$\angle C > 90°$.

17. 圆 $x^2 + y^2 = 2x + 2y$ 上的点到直线 $ax + by + \sqrt{2} = 0$ 距离的最小值大于1.

    （1）$a^2 + b^2 = 1$.
    （2）$a > 0, b > 0$.

18. 设 a, b, c 为实数. 则能确定 a, b, c 的最大值.

    （1）已知 a, b, c 的平均值.
    （2）已知 a, b, c 的最小值.

19. 甲、乙两种品牌的手机共20部，任取2部，恰有1部甲品牌的概率为 p. 则 $p > \frac{1}{2}$.

    （1）甲品牌手机不少于8部.
    （2）乙品牌的手机多于7部.

20. 某单位计划租 n 辆车出游. 则能确定出游人数.

    （1）若租用20座的车辆，只有1辆车没坐满.
    （2）若租用12座的车，还缺10个座位.

21. 在长方体中，能确定长方体对角线的长度.

    （1）已知共顶点的三个面的面积.
    （2）已知共顶点的三个面的对角线长度.

22. 已知甲、乙、丙三人共捐款3500元.则能确定每人的捐款金额.

（1）三人的捐款金额各不相同.

（2）三人的捐款金额都是500的倍数.

23. 设函数 $f(x) = (ax - 1)(x - 4)$.则在 $x = 4$ 左侧附近有 $f(x) < 0$.

（1）$a > \dfrac{1}{4}$.

（2）$a < 4$.

24. 设 a，b 为正实数.则 $\dfrac{1}{a} + \dfrac{1}{b}$ 存在最小值.

（1）已知 ab 的值.

（2）已知 a，b 是方程 $x^2 - (a + b)x + 2 = 0$ 的不同实根.

25. 设 a，b，c，d 是正实数，则 $\sqrt{a} + \sqrt{d} \leqslant \sqrt{2(b + c)}$.

（1）$a + d = b + c$.

（2）$ad = bc$.

三、逻辑推理：第 26~55 小题，每小题 2 分，共 60 分。下列每题给出的 A、B、C、D、E 五个选项中，只有一项是最符合试题要求的。

26. 领导对于各种批评意见应采取有则改之、无则加勉的态度，营造言者无罪、闻者足戒的氛围。只有这样，人们才能知无不言、言无不尽。领导干部只有从谏如流并为说真话者撑腰，才能做到"兼听则明"或作出科学决策；只有乐于和善于听取各种不同意见，才能营造风清气正的政治生态。

根据以上信息，可以得出以下哪项？

A. 领导干部必须善待批评、从谏如流，为说真话者撑腰。

B. 大多数领导干部对于批评意见能够采取有则改之、无则加勉的态度。

C. 领导干部如果不能从谏如流，就不能做出科学决策。

D. 只有营造言者无罪、闻者足戒的氛围，才能形成风清气正的政治生态。

E. 领导干部只有乐于和善听取各种不同意见，人们才能知无不言、言无不尽。

27. 某教授组织了 120 名年轻的参试者，先让他们熟悉电脑上的一个虚拟城市，然后让他们以最快速度寻找由指定地点到达关键地标的最短路线，最后再让他们识别茴香、花椒等 40 种芳香植物的气味。结果发现，寻路任务中得分较高者其嗅觉也比较灵敏。该教授由此推测，一个人空间记忆力好、方向感强，就会使其嗅觉更为灵敏。

以下哪项如果为真，最能质疑教授的上述推测？

A. 大多数动物主要靠嗅觉寻找食物、躲避天敌，其嗅觉进化有助于"导航"。

B. 有些参试者是美食家，经常被邀请到城市各处的特色餐馆品尝美食。

C. 部分参试者是马拉松运动员，他们经常参加一些城市举办的马拉松比赛。

D. 在同样的测试中，该教授本人在嗅觉灵敏度和空间方向感方面都不如年轻人。

E. 有的年轻人喜欢方向感要求较高的电脑游戏，因过分投入而食不知味。

28. 有学校提出，将效仿免费师范生制度，提供减免学费等优惠条件以吸引成绩优秀的调剂生，提高医学人才培养质量。有专家对此提出反对意见：医生是既崇高又辛苦的职业，要有足够的爱心和兴趣才能做好，因此，宁可招不满，也不要招收调剂生。

以下哪项最可能是上述专家论断的假设？

A. 没有奉献精神，就无法学好医学。

B. 如果缺乏爱心，就不能从事医生这一崇高的职业。

C. 调剂生往往对医学缺乏兴趣。

D. 因优惠条件而报考医学的学生往往缺乏奉献精神。

E. 有爱心并对医学有兴趣的学生不会在意是否收费。

29. 某公司为员工免费提供有菊花、绿茶、红茶、咖啡和大麦茶 5 种饮品。现有甲、乙、丙、丁、戊 5 位员工，他们每人都只喜欢其中的 2 种饮品，且每种饮品都只有 2 人喜欢。已知：

(1)甲和乙喜欢菊花，且分别喜欢绿茶和红茶中的一种；

(2)丙和戊分别喜欢咖啡和大麦茶的一种。

根据上述信息，可以得出以下哪项？

A. 甲喜欢菊花和绿茶。　　　　　　　　B. 乙喜欢菊花和红茶。

C. 丙喜欢红茶和咖啡。　　　　　　　　D. 丁喜欢咖啡和大麦茶。

E. 戊喜欢绿茶和大麦茶。

30. 考生若考试通过并且体检合格，则将被录取。因此。如果李铭考试通过，但未被录取，那么他一定体检不合格。

以下哪项与以上论证方式最为相似？

A. 若明天是节假日并且天气晴朗，则小吴将去爬山，因此，如果小吴未去爬山，那么第二天一定不是节假日或者天气不好。

B. 一个数能被 3 整除且能被 5 整除，则这个数能被 15 整除。因此，一个数若能被 3 整除但不能被 5 整除，则这个数一定不能被 15 整除。

C. 甲单位员工若去广州出差并且是单人前往，则均乘坐高铁。因此，甲单位小吴如果去广州出差，但未乘坐高铁，那么他一定不是单人前往。

D. 若现在是春天并且雨水充沛，则这里野草丰美。因此，如果这里野草丰美，但雨水不充沛，那么现在一定不是春天。

E. 一壶茶若水质良好且温度适中，那么一定茶香四溢。因此，如果这壶茶水良好且茶香四溢，那么一定温度适中。

31~32 题基于以下题干：

"立春""春分""立夏""夏至""立秋""秋分""立冬""冬至"是我国二十四节气中的八个节气，"凉风""广莫风""明庶风""条风""清明风""景风""闻阖风""不周风"是八种节风，上述八个节气与八种节风之间一一对应，已知：

（1）"立秋"对应"凉风"；

（2）"冬至"对应"不周风""广莫风"之一；

（3）若"立夏"对应"清明风"，则"夏至"对应"条风"或者"立冬"对应"不周风"；

（4）若"立夏"不对应"清明风"或者"立春"不对应"条风"，则"冬至"对应"明庶风"。

31. 根据上述信息，可以得出以下哪项？

    A. "秋分"不对应"明庶风"。   B. "立冬"不对应"广莫风"。

    C. "夏至"不对应"景风"。   D. "立夏"不对应"清明风"。

    E. "春分"不对应"闻阖风"。

32. 若"春分"和"秋分"两节气对应的节风在"明庶风"和"闻阖风"之中，则可以得出以下哪项？

    A. "春分"对应"闻阖风"。   B. "秋分"对应"明庶风"。

    C. "立春"对应"清明风"。   D. "冬至"对应"不周风"。

    E. "夏至"对应"景风"。

33. 小王：在这次年终考评中，女员工的绩效都比男员工高。

    小李：这么说，新入职员工中绩效最好的还不如绩效最差的女员工。

    以下哪项如果为真，最能支持小李的上述论断？

    A. 男员工都是新入职的。

    B. 新入职的员工有些是女性。

    C. 新入职的员工都是男性。

    D. 部分新入职的女员工没有参与绩效考评。

    E. 女员工更乐意加班，而加班绩效翻倍计算。

34. 某市 2018 年的人口发展报告显示，该市常住人口 1170 万，其中常住外来人口 440 万，户籍人口 730 万。从区级人口分布情况来看，该市 G 区常住人口 240 万，居各区之首；H 区常住人口 200 万，位居第二；同时，这两个区也是吸纳外来人口较多的区域，两个区常住外来人口 200 万，占全市常住外来人口的 45% 以上。

    根据以上陈述，可以得出以下哪项？

    A. 该市 G 区的户籍人口比 H 区的常住外来人口多。

    B. 该市 H 区的户籍人口比 G 区的常住外来人口多。

    C. 该市 H 区的户籍人口比 H 区的常住外来人口多。

    D. 该市 G 区的户籍人口比 G 区的常住外来人口多。

    E. 该市其他各区的常住外来人口都没有 G 区或 H 区的多。

35. 移动支付如今正在北京、上海等大中城市迅速普及。但是，并非所有中国人都熟悉这种新的支付方式，很多老年人仍然习惯传统的现金交易。有专家因此断言，移动支付的迅速普及会将老年人阻挡在消费经济之外，从而影响他们晚年的生活质量。

以下哪项如果为真，最能质疑上述专家的论断？

A. 到 2030 年，中国 60 岁以上人口将增至 3.2 亿，老年人的生活质量将进一步引起社会关注。

B. 有许多老年人因年事已高，基本不直接进行购物消费，所需物品一般由儿女或社会提供，他们的晚年生活很幸福。

C. 国家有关部门近年来出台多项政策指出，消费者在使用现金支付被拒时可以投诉，但仍有不少商家我行我素。

D. 许多老年人已在家中或社区活动中心学会移动支付的方法以及防范网络诈骗的技巧。

E. 有些老年人视力不好，看不清手机屏幕；有些老年人记忆力不好，记不住手机支付密码。

36. 下表显示了某城市过去一周的天气情况：

星期一	星期二	星期三	星期四	星期五	星期六	星期日
东南风 1~2 级 小雨	南风 4~5 级 晴	无风 小雪	北风 1~2 级 阵雨	无风 晴	西风 3~4 级 阴	东风 2~3 级 中雨

以下哪项对该城市这一周天气情况的概括最为准确？

A. 每日或者刮风，或者下雨。

B. 每日或者刮风，或者晴天。

C. 每日或者无风，或者无雨。

D. 若有风且风力超过 3 级，则该日是晴天。

E. 若有风且风力不超过 3 级，则该日不是晴天。

37~38 题基于以下题干：

放假 3 天，小李夫妇除安排一天休息之外，其他两天准备做 6 件事：①购物(这件事编号为①，其他依次类推)；②看望双方父母；③郊游；④带孩子去游乐场；⑤去市内公园；⑥去影院看电影。他们商定：

（1）每件事均做一次，且在 1 天内做完，每天至少做两件事；

（2）④和⑤安排在同一天完成；

（3）②在③之前 1 天完成。

37. 如果③和④安排在假期的第 2 天，则以下哪项是可能的？

A. ①安排在第 2 天。　　　　　　　　　B. ②安排在第 2 天。

C. 休息安排在第 1 天。　　　　　　　　D. ⑥安排在最后 1 天。

E. ⑤安排在第 1 天。

38. 如果假期第 2 天只做⑥等 3 件事，则可以得出以下哪项？

A. ②安排在①的前 1 天。　　　　　　　B. ①安排在休息一天之后。

C. ①和⑥安排在同一天。　　　　D. ②和④安排在同一天。

E. ③和④安排在同一天。

39. 因业务需要，某公司欲将甲、乙、丙、丁、戊、己、庚 7 个部门合并到丑、寅、卯 3 个子公司，已知：

（1）一个部门只能合并到一个子公司；

（2）若丁和丙中至少有一个未合并到丑公司，则戊和甲均合并到丑公司；

（3）若甲、己、庚中至少有一个未合并到卯公司，则戊合并到寅公司且丙合并到卯公司。

根据上述信息，可以得出以下哪项？

A. 甲、丁均合并到丑公司。　　　　B. 乙、戊均合并到寅公司。

C. 乙、丙均合并到寅公司。　　　　D. 丁、丙均合并到丑公司。

E. 庚、戊均合并到卯公司。

40. 王研究员：吃早餐对身体有害。因为吃早餐会导致皮质醇峰值更高，进而导致体内胰岛素异常，这可能引发 2 型糖尿病。

李教授：事实并非如此。因为上午皮质醇水平高只是人体生理节律的表现，而不吃早餐不仅会增加患 2 型糖尿病的风险，还会增加患其他疾病的风险。

以下哪项如果为真，最能支持李教授的观点？

A. 一日之计在于晨，吃早餐可以补充人体消耗，同时为一天工作准备能量。

B. 糖尿病患者若在 9 点至 15 点之间摄入一天所需的卡路里，血糖水平就能保持基本稳定。

C. 经常不吃早餐，上午工作处于饥饿状态，不利于血糖调节，容易患上胃溃疡、胆结石等疾病。

D. 如今，人们工作繁忙，晚睡晚起现象非常普遍，很难按时吃早餐，身体常常处于亚健康状态。

E. 不吃早餐的人通常缺乏营养和健康方面的知识，容易形成不良生活习惯。

41. 某语言学爱好者欲基于无涵义语词、有涵义语词构造合法的语句，已知：

（1）无涵义语词有 a、b、c、d、e、f，有涵义语词有 W、Z、X；

（2）如果两个无涵义语词通过一个有涵义语词连接，则它们构成一个有涵义语词；

（3）如果两个有涵义语词直接连接，则它们构成一个有涵义语词；

（4）如果两个有涵义语词通过一个无涵义语词连接，则它们构成一个合法的语句。

根据上述信息，以下哪项是合法的语句？

A. aWbcdXeZ　　　　　　　　　B. aWbcdaZe

C. fXaZbZWb　　　　　　　　　D. aZdacdfX

E. XWbaZdWc

42. 某单位拟在椿树、枣树、楝树、雪松、银杏、桃树中选择 4 种栽种在庭院中。已知：

(1)椿树、枣树至少种植一种；

(2)如果种植椿树，则种植楝树但不种植雪松；

(3)如果种植枣树，则种植雪松但不种植银杏。

如果庭院中种植银杏，则以下哪项是不可能的？

A. 种植椿树。   B. 种植楝树。

C. 不种植枣树。   D. 不种植雪松。

E. 不种植桃树。

43. 披毛犀化石多分布在欧亚大陆北部，我国东北平原、华北平原、西藏等地也偶有发现。披毛犀有一个独特的构造——鼻中隔，简单地说就是鼻子中间的骨头。研究发现，西藏披毛犀化石的鼻中隔只是一块不完全的硬骨，早先在亚洲北部、西伯利亚等地发现的披毛犀化石的鼻中隔要比西藏披毛犀的"完全"，这说明西藏披毛犀具有更原始的形态。

以下哪项如果为真，最能支持以上论述？

A. 一个物种不可能有两个起源地。

B. 西藏披毛犀化石是目前已知最早的披毛犀化石。

C. 为了在冰雪环境中生存，披毛犀的鼻中隔经历了由软到硬的进化过程，并最终形成一块完整的骨头。

D. 冬季的青藏高原犹如冰期动物的"训练基地"，披毛犀在这里受到耐寒训练。

E. 随着冰期的到来，有了适应寒冷能力的西藏披毛犀走出西藏，往北迁徙。

44. 黄土高原以前植被丰富，长满大树，而现在千沟万壑，不见树木，这是植被遭破坏后水流冲刷大地造成的惨痛结果。有专家进一步分析认为，现在黄土高原不长植物，是因为这里的黄土其实都是生土。

以下哪项最可能是上述专家推断的假设？

A. 生土不长庄稼，只有通过土壤改造等手段才适宜种植粮食作物。

B. 因缺少应有的投入，生土无人愿意耕种，无人耕种的土地贫瘠。

C. 生土是水土流失造成的恶果，缺乏植物生长所需要的营养成分。

D. 东北的黑土地中含有较厚的腐殖层，这种腐殖层适合植物的生长。

E. 植物的生长依赖熟土，而熟土的存续依赖人类对植被的保护。

45. 日前，科学家发明了一项技术，可以把二氧化碳等物质"电成"有营养价值的蛋白粉，这项技术不像种庄稼那样需要具备合适的气温、湿度和土壤等条件。他们由此认为，这项技术开辟了未来新型食物生产的新路，有助于解决全球饥饿问题。

以下各项如果为真，则除了哪项均能支持上述科学家的观点？

A. 让二氧化碳、水和微生物一起接受电流电击，可以产生出有营养价值的食物。

B. 粮食问题是全球性重大难题，联合国估计到 2050 年将有 20 亿人缺乏基本营养。

C. 把二氧化碳等物质"电成"蛋白粉的技术将彻底改变农业，还能避免对环境造成不利影响。

D. 由二氧化碳等物质"电成"的蛋白粉，约含 50% 的蛋白质、25% 的碳水化合物、核酸及脂肪。

E. 未来这项技术将被引入沙漠或其他面临饥荒的地区，为解决那里的饥饿问题提供重要帮助。

46~47题基于以下题干:

某公司甲、乙、丙、丁、戊 5 人爱好出国旅游。去年,在日本、韩国、英国和法国 4 国中,他们每人都去了其中的两个国家旅游,且每个国家总有他们中的 2~3 人去旅游。已知:

(1)如果甲去韩国,则丁不去英国;

(2)丙与戊去年总是结伴出国旅游;

(3)丁和乙只去欧洲国家旅游。

46. 根据以上信息。可以得出以下哪项?

    A. 甲去了韩国和日本。   B. 乙去了英国和日本。

    C. 丙去了韩国和英国。   D. 丁去了日本和法国。

    E. 戊去了韩国和日本。

47. 如果 5 人去欧洲国家旅游的总人次与去亚洲国家的一样多,则可以得出以下哪项?

    A. 甲去了日本。   B. 甲去了英国。

    C. 甲去了法国。   D. 戊去了英国。

    E. 戊去了法国。

48. 1818 年前纽约市规定,所有买卖的鱼油都需要经过检查同时维持每桶 25 美元的检查费,一天,鱼油商人买了三桶鲸鱼油,打算把鲸鱼油溶制成蜡烛出售,鱼油检查员发现这些鲸鱼油根本没经过检查,根据鱼油法案,该商需要接受检查并缴费,但该商人声称鲸鱼不是鱼,拒绝缴费,遂被告上法庭,陪审员最后支持了原告,判决该商人支付 75 美元检查费。

以下哪项为真,最能支持陪审员所做的判决?

    A. 纽约市相关法律已经明确规定,"鱼油"包括鲸鱼油和其他鱼类油。

    B. "鲸鱼不是鱼"是和中国古代公孙龙的"白马非马"类似,两者都是违反常识的诡辩。

    C. 19 世纪的美国虽有许多人认为鲸鱼是鱼,但是也有许多人认为鲸鱼不是鱼。

    D. 当时多数从事科学研究的人都肯定鲸鱼不是鱼,而律师和政客持反对意见。

    E. 古希腊有先哲早就把鲸鱼归类到胎生四足动物和卵生四足动物之下,比鱼类更高一级。

49. 尽管近年来我国引进不少人才,但真正顶尖的领军人才还是凤毛麟角。就全球而言,人才特别是高层次人才紧缺已是常态化、长期化趋势。某专家由此认为,未来 10 年,美国、加拿大、德国等国对高层次人才的争夺将进一步加剧,而发展中国家的高层次人才紧缺状况更甚于发达国家。因此,我国高层次人才引进工作急需进一步加强。

以下哪项如果为真,最能加强上述专家论证?

    A. 我国理工科高层次人才紧缺程度更甚于文科。

    B. 发展中国家的一般性人才不比发达国家少。

    C. 我国仍然是发展中国家。

    D. 人才是衡量一个国家综合国力的重要指标。

    E. 我国近年来引进的领军人才数量不及美国等发达国家。

50. 移动互联网时代，人们随时都可进行数字阅读。浏览网页、读电子书是数字阅读，刷微博、朋友圈也是数字阅读，长期以来。一直有人担忧数字阅读的碎片化、表面化。但近来有专家表示，数字阅读具有重要价值，是阅读的未来发展趋势。

以下哪项如果为真最能支持上述专家的观点？

A. 长有长的用处，短有短的好处，不求甚解的数字阅读也未尝不可，说不定在未来某一时刻，当初阅读的信息就会浮现出来，对自己的生活产生影响。

B. 当前人们越来越多地通过数字阅读了解热点信息，通过网络进行相互交流，但网络交流者常常伪装或者匿名，可能会提供虚假信息。

C. 有些网络读书平台能够提供精致的读书服务，它们不仅帮你选书，而且帮你读书，你只需"听"即可，但用"听"的方式去读书，效率较低。

D. 数字阅读容易挤占纸质阅读的时间，毕竟纸质阅读具有系统、全面、健康、不依赖电子设备等优点，仍将是阅读的主要方式。

E. 数字阅读便于信息筛选，阅读者能在短时间内对相关信息进行初步了解，也可以此为基础作深入了解，相关网络阅读服务平台近几年已越来越多。

51. 某街道的综合部、建设部、平安部和民生部 4 个部门，需要负责街道的秩序、安全、环境、协调等四项工作。每个部门只负责其中的一项工作，且各部门负责的工作各不相同。已知：

(1)如果建设部负责环境或秩序，则综合部负责协调或秩序；

(2)如果平安部负责环境或协调，则民生部负责协调或秩序。

根据以上信息，以下哪项工作安排是可能的？

A. 建设负责环境，平安负责协调。

B. 建设负责秩序，民生负责协调。

C. 综合负责安全，民生负责协调。

D. 民生负责安全，综合负责秩序。

E. 平安负责安全，建设负责秩序。

52. 人非生而知之者，孰能无惑？惑而不从师，其为惑也，终不解矣。生乎吾前，其闻道也固先乎吾，吾从而师之;生乎吾后，其闻道也亦先乎吾，吾从而师之。吾师道也，夫庸知其年之先后生于吾乎？是故无贵无贱，无长无少，道之所存，师之所存也。

根据以上信息，可以得出以下哪项？

A. 与吾生乎同时，其闻道也必先乎吾。

B. 师之所存，道之所存也。

C. 无贵无贱，无长无少，皆为吾师。

D. 与吾生乎同时，其闻道不必先乎吾。

E. 若解惑，必从师。

53. 学问的本来意义与人的生命、生活有关。但是，如果学问成为口号或者教条，就会失去其本来的意义。因此，任何学问都不应该成为口号或教条。

以下哪项与上述论证方式最为相似？

A. 椎间盘是没有血液循环的组织。但是，如果要确保其功能正常运转，就需依靠其周围流过的血液提供养分。因此，培养功能正常运转的人工椎间盘应该很困难。

B. 大脑会改编现实经历。但是，如果大脑只是储存现实经历的"文件柜"，就不会对其进行改编。因此，大脑不应该只是储存现实的经历的"文件柜"。

C. 人工智能应该可以判断黑猫和白猫都是猫。但是，如果人工智能不预先"消化"大量照片，就无从判断黑猫和白猫都是猫。因此，人工智能必须预先"消化"大量照片。

D. 机器人没有人类的弱点和偏见。但是，只有数据得到正确采集和分析，机器人才不会"主观臆断"。因此，机器人应该也有类似的弱点和偏见。

E. 历史包含必然性。但是，如果坚信历史只包含必然性，就会阻止我们用不断积累的历史数据去证实或证伪它。因此，历史不应该只包含必然性。

54~55 题基于以下题干：

某测试题共有 4 道题，每道题给出 A、B、C、D 四个选项，其中只有一项是正确答案。现有张、王、赵、李 4 人参加了测试，他们的答案情况和测试结果如下：

答题者	第一题	第二题	第三题	第四题	测试结果
张	A	B	A	B	均不正确
王	B	D	B	C	只答对1题
赵	D	A	A	B	均不正确
李	C	C	B	D	只答对1题

54. 根据以上信息，可以得出以下哪项？

A. 第二题的正确答案是 C。

B. 第二题的正确答案是 D。

C. 第三题的正确答案是 D。

D. 第四题的正确答案是 A。

E. 第四题的正确答案是 D。

55. 如果每道题的正确答案各不相同，则可以得出以下哪项？

A. 第一题的正确答案是 B。

B. 第一题的正确答案是 C。

C. 第二题的正确答案是 D。

D. 第二题的正确答案是 A。

E. 第三题的正确答案是 C。

四、写作：第 56～57 小题，共 65 分。其中论证有效性分析 30 分，论说文 35 分。

56. 论证有效性分析： 分析下述论证中存在的缺陷和漏洞，选择若干要点，写一篇 600 字左右的文章，对该论证的有效性进行分析和评论。（论证有效性分析的一般要点是：概念特别是核心概念的界定和使用是否准确并前后一致，有无各种明显的逻辑错误，论证的论据是否成立并支持结论，结论成立的条件是否充分，等等。）

北京将联手张家口共同举办 2022 年冬季奥运会。中国南方的一家公司决定在本地投资设立一家商业性的冰雪运动中心。这家公司认为，该中心一旦投入运营，将获得可观的经济效益。这是因为：

北京与张家口共同举办冬奥会，必然会在中国掀起一股冰雪运动热潮。中国南方许多人从未有过冰雪运动的经历，会出于好奇心而投身于冰雪运动。这正是一个千载难逢的绝好商机，不能轻易错过。

而且，冰雪运动与广场舞、跑步等不一样，需要一定的运动用品，例如冰鞋、滑雪板与运动服装等等。这些运动用品价格不菲而且具有较高的商业利润。如果在开展商业性冰雪运动的同时也经营冬季运动用品，则公司可以获得更多的利润。

另外，目前中国网络购物已经成为人们的生活习惯，但相对于网络商业，人们更青睐直接体验式的商业模态，而商业性冰雪运动正是直接体验式的商业模态，无疑具有光明的前景。

57. 论说文： 根据下述材料，写一篇 700 字左右的论说文，题目自拟。

据报道，美国航天飞机"挑战者号"采用了斯沃克公司的零配件。该公司的密封圈技术专家博易斯乔利多次向公司高层提醒：低温会导致橡皮密封圈脆裂而引发重大事故。但是，这一意见一直没有受到重视。1986 年 1 月 27 日，佛罗里达州卡纳维拉尔角发射场的气温降到零度以下，美国宇航局再次打电话给斯沃克公司，询问其对航天飞机的发射还有没有疑虑之处。为此，斯沃克公司召开会议，博易斯乔利坚持认为不能发射，但公司高层认为他所持理由还不够充分，于是同意宇航局发射。1 月 28 日上午,航天飞机离开发射平台,仅过了 73 秒,悲剧就发生了。

答案速查

数学：

1—5：DABBE   6—10：CBBCE   11—15：BCDED

16—20：BCECE   21—25：DEAAA

逻辑：

26—30：CACDC   31—35：BECAB   36—40：EACDC

41—45：AECCB   46—50：EAACE   51—55：EEBDA

写作：

56—57：略

试卷解析

使用 MBA 大师 App 扫描下方二维码可查看试卷解析

扫码查看数学解析

扫码查看逻辑解析

扫码查看写作解析

2019 年全国硕士研究生招生考试

管理类专业学位联考综合能力试题

（科目代码：199）

考生注意事项

1. 答题前，考生须在试题册指定位置上填写考生姓名和考生编号；在答题卡指定位置上填写报考单位、考生姓名和考生编号，并涂写考生编号信息点。

2. 考生须把试题册上的"试卷条形码"取下，粘贴在答题卡的"试卷条形码粘贴位置"框中。不按规定粘贴条形码而影响评卷结果的，后果由考生自行负责。

3. 选择题的答案必须涂写在答题卡相应题号的选项上，非选择题的答案必须书写在答题纸指定位置的边框区域内。超出答题卡区域写的答案无效；在草稿纸、试题册上答题无效。

4. 填（书）写部分必须使用黑色字迹签字笔或者钢笔书写，字迹工整、笔迹清楚；涂写部分必须使用 2B 铅笔填涂。

5. 考试结束，将试题、答题卡一并装入试题袋中交回。

（以下信息考生必须认真填写）

考生编号														
考生姓名														

一、问题求解：第 1~15 小题，每小题 3 分，共 45 分。下列每题给出的五个选项中，只有一个选项是最符合题目要求的。

1. 某车间计划 10 天完成一项任务，工作 3 天后因故停工 2 天.若仍要按原计划完成任务，则工作效率需要提高（　　）.

   A.20%　　　　　　B.30%　　　　　　C.40%　　　　　　D.50%　　　　　　E.60%

2. 设函数 $f(x) = 2x + \dfrac{a}{x^2}(a > 0)$ 在 $(0, +\infty)$ 内的最小值为 $f(x_0) = 12$，则 $x_0 = $（　　）.

   A.5　　　　　　B.4　　　　　　C.3　　　　　　D.2　　　　　　E.1

3. 某影城统计了一季度的观众人数，如图.则一季度的男、女观众人数之比为（　　）.

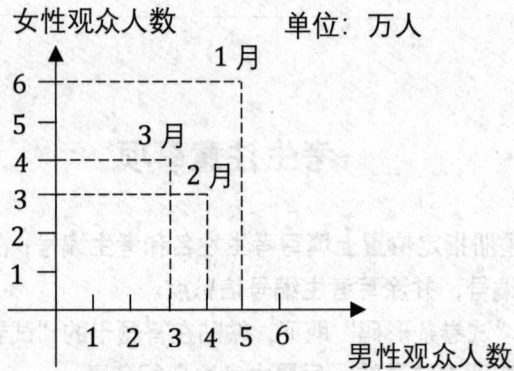

女性观众人数　　　单位：万人

   A.3：4　　　　　B.5：6　　　　　C.12：13　　　　　D.13：12　　　　　E.4：3

4. 设圆 C 与圆 $(x-5)^2 + y^2 = 2$ 关于直线 $y = 2x$ 对称，则圆 C 的方程为（　　）.

   A.$(x-3)^2 + (y-4)^2 = 2$　　　　　　　　B.$(x+4)^2 + (y-3)^2 = 2$

   C.$(x-3)^2 + (y+4)^2 = 2$　　　　　　　　D.$(x+3)^2 + (y+4)^2 = 2$

   E.$(x+3)^2 + (y-4)^2 = 2$

5. 设实数 a，b 满足 $ab = 6$，$|a+b| + |a-b| = 6$，则 $a^2 + b^2 = $（　　）.

   A.10　　　　　　B.11　　　　　　C.12　　　　　　D.13　　　　　　E.14

6. 在分别标记了数字 1，2，3，4，5，6 的 6 张卡片中，甲随机抽取 1 张后，乙从余下的卡片中再随机抽取 2 张，乙的卡片数字之和大于甲的卡片数字的概率为（　　）.

   A.$\dfrac{11}{60}$　　　　B.$\dfrac{13}{60}$　　　　C.$\dfrac{43}{60}$　　　　D.$\dfrac{47}{60}$　　　　E.$\dfrac{49}{60}$

7. 将一批树苗种在一个正方形花园的边上，四角都种.如果每隔 3 米种一棵，那么剩余 10 棵树苗；如果每隔 2 米种一棵，那么恰好种满正方形的 3 条边，则这批树苗有（　　）.

   A.54 棵　　　　　B.60 棵　　　　　C.70 棵　　　　　D.82 棵　　　　　E.94 棵

8. 10 名同学的语文和数学成绩如表：

语文成绩	90	92	94	88	86	95	87	89	91	93
数学成绩	94	88	96	93	90	85	84	80	82	98

语文和数学成绩的均值分别记为 E_1 和 E_2，标准差分别记为 σ_1 和 σ_2，则（ ）．

A.$E_1 > E_2$，$\sigma_1 > \sigma_2$　　　　B.$E_1 > E_2$，$\sigma_1 < \sigma_2$　　　　C.$E_1 > E_2$，$\sigma_1 = \sigma_2$

D.$E_1 < E_2$，$\sigma_1 > \sigma_2$　　　　E.$E_1 < E_2$，$\sigma_1 < \sigma_2$

9. 如图，正方体位于半径为 3 的球内，且其一面位于球的大圆上，则正方体表面积最大为（ ）．

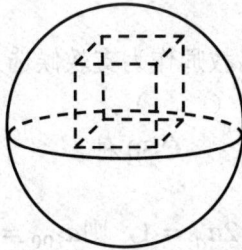

A.12　　　　　　B.18　　　　　　C.24　　　　　　D.30　　　　　　E.36

10. 某单位要铺设草坪.若甲、乙两公司合作需 6 天完成，工时费共计 2.4 万元；若甲公司单独做 4 天后由乙公司接着做 9 天完成，工时费共计 2.35 万元. 若由甲公司单独完成该项目，则工时费共计（ ）．

A.2.25 万元　　　B.2.35 万元　　　C.2.4 万元　　　D.2.45 万元　　　E.2.5 万元

11. 在三角形 ABC 中，$AB = 4$，$AC = 6$，$BC = 8$，D 为 BC 的中点，则 $AD = $（ ）．

A.$\sqrt{11}$　　　B.$\sqrt{10}$　　　C.3　　　　D.$2\sqrt{2}$　　　E.$\sqrt{7}$

12. 如图，六边形 $ABCDEF$ 是平面与棱长为 2 的正方体所截得到的.若 A，B，D，E 分别是相应棱的中点，则六边形 $ABCDEF$ 的面积为（ ）．

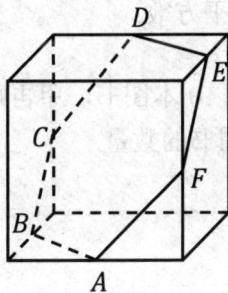

A.$\frac{\sqrt{3}}{2}$　　　　B.$\sqrt{3}$　　　　C.$2\sqrt{3}$　　　　D.$3\sqrt{3}$　　　　E.$4\sqrt{3}$

13. 货车行驶 72 千米用时 1 小时，其速度 v 与行驶时间 t 的关系如图所示.则 $v_0 = $（ ）．

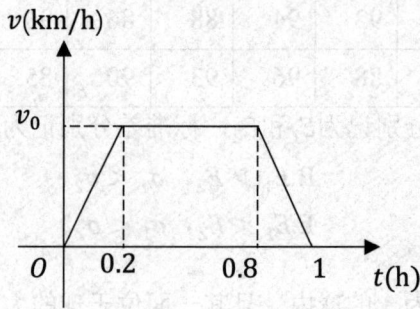

    A.72   B.80   C.90   D.95   E.100

14. 某中学的 5 个学科各推荐了 2 名教师作为支教候选人.若从中选派来自不同学科的 2 人参加支教工作，则不同的选派方式有（　　　）.

    A.20 种   B.24 种   C.30 种   D.40 种   E.45 种

15. 设数列 $\{a_n\}$ 满足 $a_1 = 0$，$a_{n+1} - 2a_n = 1$，则 $a_{100} = $（　　　）.

    A.$2^{99} - 1$ B.2^{99} C.$2^{99} + 1$ D.$2^{100} - 1$ E.$2^{100} + 1$

二、条件充分性判断：第 16~25 小题，每小题 3 分，共 30 分。要求判断每题给出的条件（1）和条件（2）能否充分支持题干所陈述的结论。A、B、C、D、E 五个选项为判断结果，请选择一项符合题目要求的判断。

    A. 条件（1）充分，但条件（2）不充分.

    B. 条件（2）充分，但条件（1）不充分.

    C. 条件（1）和（2）单独都不充分，但条件（1）和条件（2）联合起来充分.

    D. 条件（1）充分，条件（2）也充分.

    E. 条件（1）和（2）单独都不充分，条件（1）和条件（2）联合起来也不充分.

16. 能确定小明的年龄.

    （1）小明的年龄是完全平方数.

    （2）20 年后小明的年龄是完全平方数.

17. 甲、乙、丙三人各自拥有不超过 10 本图书，甲再购入 2 本图书后，他们拥有图书的数量能构成等比数列.则能确定甲拥有图书的数量.

    （1）已知乙拥有图书的数量.

    （2）已知丙拥有图书的数量.

18. 有甲、乙两袋奖券，获奖率分别为 p 和 q.某人从两袋中各随机抽取 1 张奖券.则此人获奖的概率不小于 $\frac{3}{4}$.

    （1）已知 $p + q = 1$.

    （2）已知 $pq = \frac{1}{4}$.

19. 直线 $y = kx$ 与圆 $x^2 + y^2 - 4x + 3 = 0$ 有两个交点.

    （1）$-\frac{\sqrt{3}}{3} < k < 0$.

    （2）$0 < k < \frac{\sqrt{2}}{2}$.

20. 设 n 为正整数.则能确定 n 除以 5 的余数.

    （1）已知 n 除以 2 的余数.

    （2）已知 n 除以 3 的余数.

21. 如图，已知正方形 $ABCD$ 的面积，O 为 BC 上一点，P 为 AO 的中点，Q 为 DO 上一点.则能确定三角形 PQD 的面积.

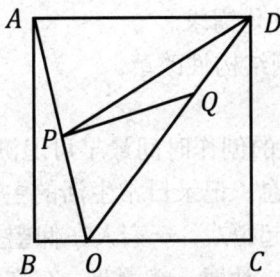

    （1）O 为 BC 的三等分点.

    （2）Q 为 DO 的三等分点.

22. 关于 x 的方程 $x^2 + ax + b - 1 = 0$ 有实根.

    （1）$a + b = 0$.

    （2）$a - b = 0$.

23. 某校理学院五个系每年的录取人数如下表：

系别	数学系	物理系	化学系	生物系	地理系
录取人数	60	120	90	60	30

    今年与去年相比，物理系的录取平均分没变.则理学院的录取平均分升高了.

    （1）数学系的录取平均分升高了 3 分，生物系的录取平均分降低了 2 分.

    （2）化学系的录取平均分升高了 1 分，地理系的录取平均分降低了 4 分.

24. 设三角区域 D 由直线 $x + 8y - 56 = 0$，$x - 6y + 42 = 0$ 与 $kx - y + 8 - 6k = 0 (k < 0)$ 围成.则对任意的 $(x, y) \in D$，$\lg(x^2 + y^2) \leqslant 2$.

    （1）$k \in (-\infty, -1]$.

    （2）$k \in \left[-1, -\frac{1}{8}\right)$.

25. 设数列 $\{a_n\}$ 的前 n 项和为 S_n.则数列 $\{a_n\}$ 是等差数列.

    （1）$S_n = n^2 + 2n$，$n = 1$，2，3，…．

（2）$S_n = n^2 + 2n + 1$，$n = 1$，2，3，$\cdots$

三、逻辑推理：第 26~55 小题，每小题 2 分，共 60 分。下列每题给出的五个选项中，只有一项是最符合题目要求的。

26. 新常态下，消费需求发生深刻变化，消费拉开档次，个性化、多样化消费渐成主流。在相当一部分消费者那里，对产品质量的追求压倒了对价格的考虑。供给侧结构性改革，说到底是满足需求。低质量的产能必然会过剩，而顺应市场需求不断更新换代的产能不会过剩。
根据以上陈述，可以得出以下哪项？
A. 顺应市场需求不断更新换代的产能不是低质量的产能。
B. 只有质优价高的产品才能满足需求。
C. 只有不断更新换代的产品才能满足个性化、多样化消费的需求。
D. 低质量的产能不能满足个性化需求。
E. 新常态下，必须进行供给侧结构性改革。

27. 据碳-14 检测，卡皮瓦拉山岩画的创作时间最早可追溯到 3 万年前。在文字尚未出现的时代，岩面是人类沟通交流、传递信息、记录日常生活的主要方式。于是今天的我们可以在这些岩画中看到：一位母亲将孩子举起嬉戏，一家人在仰望并试图碰触头上的星空……动物是岩画的另一个主角，比如巨型犰狳、马鹿、螃蟹等。在许多画面中，人们手持长矛，追逐着前方的猎物。由此可以推断，此时的人类已经居于食物链的顶端。
以下哪项如果为真，最能支持上述推断？
A. 对星空的敬畏是人类脱离动物、产生宗教的动因之一。
B. 有了岩画，人类可以将生活经验保留下来供后代学习，这极大地提高了人类的生存能力。
C. 3 万年前，人类需要避免自己被虎豹等大型食肉动物猎杀。
D. 能够使用工具使得人类可以猎杀其他动物，而不是相反。
E. 岩面中出现的动物一般是当时人类捕猎的对象。

28. 李诗、王悦、杜舒、刘默是唐诗宋词的爱好者，在唐朝诗人李白、杜甫、王维、刘禹锡中 4 人各喜爱其中一位，且每人喜爱的唐诗作者不与自己同姓。关于他们 4 人，已知：
（1）如果爱好王维的诗，那么也爱好辛弃疾的词；
（2）如果爱好刘禹锡的诗，那么也爱好岳飞的词；
（3）如果爱好杜甫的诗，那么也爱好苏轼的词。
如果李诗不爱好苏轼和辛弃疾的词，则可以得出以下哪项？
A. 杜舒爱好辛弃疾的词。
B. 王悦爱好苏轼的词。
C. 刘默爱好苏轼的词。
D. 杜舒爱好岳飞的词。
E. 李诗爱好岳飞的词。

29. 人们一直在争论猫与狗谁更聪明。最近，有些科学家不仅研究了动物脑容量的大小，还研究其大脑皮层神经细胞的数量，发现猫平常似乎总摆出一副智力占优的神态，但猫的大脑皮层神经细胞的数量只有普通金毛犬的一半。由此，他们得出结论：狗比猫更聪明。

以下哪项最可能是上述科学家得出结论的假设？

A. 猫的脑神经细胞数量比狗少，是因为猫不像狗那样"爱交际"。

B. 狗可能继承了狼结群捕猎的特点，为了互相配合，它们需要做出一些复杂行为。

C. 动物大脑皮层神经细胞的数量与动物的聪明程度呈正相关。

D. 狗善于与人类合作，可以充当导盲犬、陪护犬、搜救犬、警犬等，就对人类的贡献而言，狗能做的似乎比猫多。

E. 棕熊的脑容量是金毛犬的 3 倍，但其脑神经细胞的数量却少于金毛犬，与猫很接近，而棕熊的脑容量却是猫的 10 倍。

30~31 题基于以下题干：

某单位拟派遣 3 名德才兼备的干部到西部山区进行精准扶贫。报名者踊跃，经过考察，最终确定了陈甲、傅乙、赵丙、邓丁、刘戊、张己 6 名候选人。根据工作需要，派遣还需满足以下条件：

（1）若派遣陈甲，则派遣邓丁但不派遣张己；

（2）若傅乙、赵丙至少派遣 1 人，则不派遣刘戊。

30. 以下哪项的派遣人选和上述条件不矛盾？

A. 赵丙、邓丁、刘戊。

B. 陈甲、傅乙、赵丙。

C. 傅乙、邓丁、刘戊。

D. 邓丁、刘戊、张己。

E. 陈甲、赵丙、刘戊。

31. 如果陈甲、刘戊至少派遣 1 人，则可以得出以下哪项？

A. 派遣刘戊。　　B. 派遣邓丁。　　C. 派遣赵丙。　　D. 派遣傅乙。　　E. 派遣陈甲。

32. 近年来，手机、电脑的使用导致工作与生活界限日益模糊，人们的平均睡眠时间一直在减少，熬夜已成为现代人生活的常态。科学研究表明，熬夜有损身体健康，睡眠不足不仅仅是多打几个哈欠那么简单。有科学家据此建议，人们应该遵守作息规律。

以下哪项如果为真，最能支持上述科学家所作的建议？

A. 缺乏睡眠会降低体内脂肪调节瘦素激素的水平，同时增加饥饿激素，容易导致暴饮暴食、体重增加。

B. 熬夜会让人的反应变慢、认知退步、思维能力下降，还会引发情绪失控，影响与他人的交流。

C. 所有的生命形式都需要休息与睡眠。在人类进化过程中，睡眠这个让人短暂失去自我意识、变得极其脆弱的过程并未被大自然淘汰。

D. 睡眠是身体的自然美容师，与那些睡眠充足的人相比，睡眠不足的人看上去面容憔悴，

E. 长期睡眠不足会导致高血压、糖尿病、肥胖症、抑郁症等多种疾病，严重时还会造成意外伤害或死亡。

33. 有一论证（相关语句用序号表示）如下：
① 今天，我们仍然要提倡勤俭节约；
② 节约可以增加社会保障资源；
③ 我国尚有不少地区的人民生活贫困，急需更多社会保障资源，但也有一些人浪费严重；
④ 节约可以减少资源消耗；
⑤ 因为被浪费的任何粮食或者物品都是消耗一定的资源得来的。
如果用"甲→乙"表示甲支持（或证明）乙，则以下哪项对上述论证基本结构的表示最为准确？

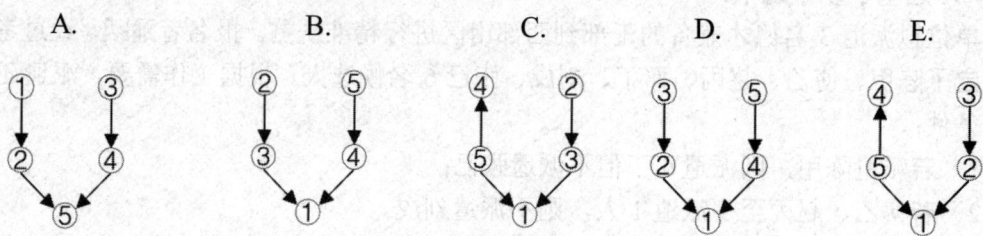

A.　　　　　B.　　　　　C.　　　　　D.　　　　　E.

34. 研究人员使用脑电图技术研究了母亲给婴儿唱童谣时两人的大脑活动，发现当母亲与婴儿对视时，双方的脑电波趋于同步，此时婴儿也会发出更多的声音尝试与母亲沟通。他们据此认为，母亲与婴儿对视有助于婴儿的学习与交流。
以下哪项如果为真，最能支持上述研究人员的观点？
A. 当母亲和婴儿对视时，他们都在发出信号，表明自己可以且愿意与对方交流。
B. 脑电波趋于同步可优化双方对话状态，使交流更加默契，增进彼此了解。
C. 当父母与孩子互动时，双方的情绪与心率可能也会同步。
D. 在两个成年人交流时，如果他们的脑电波同步，交流就会更顺畅。
E. 当部分学生对某学科感兴趣时，他们的脑电波会渐趋同步，学习效果也随之提升。

35. 本保险柜所有密码都是 4 个阿拉伯数字和 4 个英文字母的组合。已知：
（1）若 4 个英文字母不连续排列，则密码组合中的数字之和大于 15；
（2）若 4 个英文字母连续排列，则密码组合中的数字之和等于 15；
（3）密码组合中的数字之和或者等于 18，或者小于 15。
根据上述信息，以下哪项是可能的密码组合？
A. 37ab26dc。　　B. 2acgf716。　　C. 1adbe356。　　D. 58bcde32。　　E. 18ac42de。

36. 有一 6×6 的方阵，它所含的每个小方格中可填入一个汉字，已有部分汉字填入。现要求该方阵中的每行每列均含有礼、乐、射、御、书、数 6 个汉字，不能重复也不能遗漏。
根据上述要求，以下哪项是方阵底行 5 个空格中从左至右依次应填入的汉字？

	乐		御	书		
		乐				
射	御	书		礼		
	射			数	礼	
御		数			射	
				书		

A. 数、礼、乐、射、御。　　B. 乐、数、御、射、礼。　　C. 数、礼、乐、御、射。

D. 乐、礼、射、数、御。　　E. 数、御、乐、射、礼。

37. 某市音乐节设立了流行、民谣、摇滚、民族、电音、说唱、爵士这 7 大类的奖项评选。在入围提名中，已知：

（1）至少有 6 类入围；

（2）流行、民谣、摇滚中至多有 2 类入围；

（3）如果摇滚和民族类都入围，则电音和说唱中至少有一类没有入围。

根据上述信息，可以得出以下哪项？

A. 流行类没有入围。　　　　　　B. 民谣类没有入围。

C. 摇滚类没有入围。　　　　　　D. 爵士类没有入围。

E. 电音类没有入围。

38. 某大学有位女教师默默资助一偏远山区的贫困家庭长达 15 年。记者多方打听，发现做好事者是该大学传媒学院甲、乙、丙、丁、戊 5 位教师中的一位。在接受采访时，5 位老师都很谦虚，他们是这么对记者说的：

甲：这件事是乙做的。

乙：我没有做，是丙做了这件事。

丙：我并没有做这件事。

丁：我也没有做这件事，是甲做的。

戊：如果甲没有做，则丁也不会做。

记者后来得知，上述 5 位老师中只有一人说的话符合真实情况

根据以上信息，可以得出做这件好事的人是

　A. 甲。　　　　B. 乙。　　　　C. 丙。　　　　D. 丁。　　　　E. 戊。

39. 作为一名环保爱好者，赵博士提倡低碳生活，积极宣传节能减排。但我不赞同他的做法，因为作为一名大学老师，他这样做，占用了大量的科研时间，到现在连副教授都没评上，他的观点怎么能令人信服呢？

以下哪项论证中的错误和上述最为相似？

A. 最近听说你对单位的管理制度提了不少意见，这真令人难以置信！单位领导对你差吗？

你这样做，分明是和单位领导过不去。

B. 单位任命李某任信息科科长，听说你对此有意见。大家都没有提意见，只有你一个人有意见，看来你的意见是有问题的。

C. 公司的绩效奖励制度是为了充分调动广大的员工积极性，它对所有员工都是公平的。如果有人对此有不同意见，则说明他反对公平。

D. 张某提出要同工同酬，主张在质量相同的情况下，不分年龄、级别一律按件计酬。她这样说不就是因为她年轻、级别低吗？其实她是在为自己谋利益。

E. 有一种观点认为，只有直接看到的事物才能确信其存在。但是没有人可以看到质子、电子，而这些都被科学证明是客观存在的。所以，该观点是错误的。

40. 下面 6 张卡片，一面印的是汉字（动物或者花卉），一面印的是数字（奇数或者偶数）。

| 虎 | 6 | 菊 | 7 | 鹰 | 8 |

对于上述 6 张卡片，如果要验证"每张至少有一面印的是偶数或者花卉"，至少需要翻看几张卡片？

    A. 2。   B. 3。   C. 4。   D. 5。   E. 6。

41. 某地人才市场招聘保洁、物业、网管、销售 4 种岗位的从业者，有甲、乙、丙、丁 4 位年轻人前来应聘。事后得知，每人只选择一种岗位应聘，且每种岗位都有其中一人应聘。另外，还知道：

（1）如果丁应聘网管，那么甲应聘物业；

（2）如果乙不应聘保洁，那么甲应聘保洁且丙应聘销售；

（3）如果乙应聘保洁，那么丙应聘销售，丁也应聘保洁。

根据以上陈述，可以得出以下哪项？

A. 丁应聘销售岗位。   B. 甲应聘物业岗位。

C. 乙应聘网管岗位。   D. 甲应聘网管岗位。

E. 丙应聘保洁岗位。

42. 旅游是一种独特的文化体验。游客可以跟团游，也可以自由行。自由行游客虽避免了跟团游的集体束缚，但也放弃了人工导游的全程讲解，而近年来他们了解旅游景点的文化需求却有增无减。为适应这一市场需求，基于手机平台的多款智能导游 App 被开发出来。它们可定位用户位置，自动提供景点讲解、游览问答等功能。有专家就此指出，未来智能导游必然会取代人工导游，传统的导游职业行将消亡。

以下哪项如果为真，最能质疑上述专家的论断？

A. 旅行中才会使用的智能导游 App，如何保持用户黏性、未来又如何取得商业价值等都是待解问题。

B. 国内景区配备的人工导游需要收费，大部分导游讲解的内容都是事先背好的标准化内容。

但是，即便人工导游没有特色，其退出市场也需要一定的时间。

C. 目前发展较好的智能导游 App 用户量在百万级左右，这与当前中国旅游人数总量相比还只是一个很小的比例，市场还没有培养出用户的普遍消费习惯。

D. 好的人工导游可以根据游客需求进行不同类型的讲解，不仅关注景点，还可表达观点，个性化很强，这是智能导游 App 难以企及的。

E. 至少有 95%的国外景点所配备的导游讲解器没有中文语音，中国出境游客因为语言和文化上的差异，对智能导游 App 的需求比较强烈。

43. 甲：上周去医院，给我看病的医生竟然还在抽烟。
   乙：所有抽烟的医生都不关心自己的健康，而不关心自己健康的人也不会关心他人的健康。
   甲：是的，不关心他人健康的医生没有医德。我今后再也不会让没有医德的医生给我看病了。
   根据上述信息，以下除了哪项，其余各项均可得出？
   A. 甲认为他不会再找抽烟的医生看病。
   B. 乙认为上周给甲看病的医生没有医德。
   C. 乙认为上周给甲看病的医生不会关心乙的健康。
   D. 甲认为上周给他看病的医生不关心医生自己的健康。
   E. 甲认为上周给他看病的医生不会关心甲的健康。

44. 得道者多助，失道者寡助。寡助之至，亲戚畔之；多助之至，天下顺之。以天下之所顺，攻亲戚之所畔，故君子有不战，战必胜矣。
   以下哪项是上述论证所隐含的前提？
   A. 君子是得道者。　　　　　　B. 得道者多，则天下太平。
   C. 得道者必胜失道者。　　　　D. 失道者亲戚畔之。
   E. 失道者必定得不到帮助。

45. 如今，孩子写作业不仅仅是他们自己的事，大多数中小学生的家长都要面临陪孩子写作业的任务，包括给孩子听写、检查作业、签字等。据一项针对 3000 余名家长进行的调查显示，84%的家长每天都会陪孩子写作业，而 67%的受访家长会因陪孩子写作业而烦恼。有专家对此指出，家长陪孩子写作业，相当于充当学校老师的助理，让家庭成为课堂的延伸，会对孩子的成长产生不利影响。
   以下哪项如果为真，最能支持上述专家的论断？
   A. 家长辅导孩子，不应围绕老师布置的作业，而应着重激发孩子的学习兴趣，培养孩子良好学习习惯，让孩子在成长中感到新奇、快乐。
   B. 家长通常有自己的本职工作，有的晚上要加班，有的即使晚上回家也需要研究工作、操持家务，一般难有精力认真完成学校老师布置的"家长作业"。
   C. 家长是最好的老师，家长辅导孩子获得各种知识本来就是家庭教育的应有之义，对于中低年级的孩子，学习过程中的父母陪伴尤为重要。
   D. 大多数家长在孩子教育上并不是行家，他们或者早已遗忘了自己曾经学过的知识，或者根本不知道如何将自己拥有的知识传授给孩子。

E. 家长陪孩子写作业，会使得孩子在学习中缺乏独立性和主动性，整天处于老师和家长的双重压力下，既难生发学习兴趣，更难养成独立人格。

46. 我国天山是垂直地带性的典范。已知天山的植被形态分布具有如下特点：
    （1）从低到高有荒漠、森林带、冰雪带等；
    （2）只有经过山地草原，荒漠才能演变成森林带；
    （3）如果不经过森林带，山地草原就不会过渡到山地草甸；
    （4）山地草甸的海拔不比山地草甸草原的低，也不比高寒草甸高。
    根据以上信息，关于天山植被形态，按照由低到高排列，以下哪项是不可能的？
    A. 荒漠、山地草原、山地草甸草原、森林带、山地草甸、高寒草甸、冰雪带。
    B. 荒漠、山地草原、山地草甸草原、高寒草甸、森林带、山地草甸、冰雪带。
    C. 荒漠、山地草甸草原、山地草原、森林带、山地草甸、高寒草甸、冰雪带。
    D. 荒漠、山地草原、山地草甸草原、森林带、山地草甸、冰雪带、高寒草甸。
    E. 荒漠、山地草原、森林带、山地草甸草原、山地草甸、高寒草甸、冰雪带。

47. 某大学读书会开展"一月一书"活动。读书会成员甲、乙、丙、丁、戊 5 人在《论语》《史记》《唐诗三百首》《奥德赛》《资本论》中各选一种阅读，互不重复。已知：
    （1）甲爱读历史，会在《史记》和《奥德赛》中挑一本；
    （2）乙和丁只爱读中国古代经典，但现在都没有读诗的心情；
    （3）如果乙选《论语》，则戊选《史记》。
    事实上，各人都选了自己喜爱的书目。
    根据上述信息，可以得出以下哪项？
    A. 甲选《史记》。
    B. 乙选《奥德赛》。
    C. 丙选《唐诗三百首》。
    D. 丁选《论语》。
    E. 戊选《资本论》。

48. 如果一个人只为自己劳动，他也许能成为著名学者、大哲人、卓越诗人，然而他永远不能成为完美无瑕的伟大人物。如果我们选择了最能为人类福利而劳动的职业，那么，重担就不能把我们压倒，因为这是为大家而献身；那时我们所感到的就不是可怜的、有限的、自私的乐趣，我们的幸福将属于千百万人，我们的事业将默默地、但是永恒发挥作用地存在下去，而面对我们的骨灰，高尚的人们将洒下热泪。
    根据以上陈述，可以得出以下哪项？
    A. 如果一个人只为自己劳动，不是为大家而献身，那么重担就能将他压倒。
    B. 如果我们为大家而献身，我们的幸福将属于千百万人，面对我们的骨灰，高尚的人们将洒下热泪。
    C. 如果我们没有选择最能为人类福利而劳动的职业，我们所感到的就是可怜的、有限的、自私的乐趣。
    D. 如果选择了最能为人类福利而劳动的职业，我们就不但能够成为著名学者、大哲人、卓越诗人，而且还能够成为完美无瑕的伟大人物。

E. 如果我们只为自己劳动，我们的事业就不会默默地、但是永恒发挥作用地存在下去。

49~50 题基于以下题干：

某食堂采购 4 类（各种蔬菜名称的后一个字相同，即为一类）共 12 种蔬菜：芹菜、菠菜、韭菜、青椒、红椒、黄椒、黄瓜、冬瓜、丝瓜、扁豆、毛豆、豇豆，并根据若干条件将其分成 3 组，准备在早、中、晚三餐中分别使用。已知条件如下：

（1）同一类别的蔬菜不在一组；
（2）芹菜不能在黄椒那一组，冬瓜不能在扁豆那一组；
（3）毛豆必须与红椒或韭菜同一组；
（4）黄椒必须与豇豆同一组。

49. 根据以上信息，可以得出以下哪项？
    A. 芹菜与豇豆不在同一组。
    B. 芹菜与毛豆不在同一组。
    C. 菠菜与扁豆不在同一组。
    D. 冬瓜与青椒不在同一组。
    E. 丝瓜与韭菜不在同一组。

50. 如果韭菜、青椒与黄瓜在同一组，则可以得出以下哪项？
    A. 芹菜、红椒与扁豆在同一组。
    B. 菠菜、黄椒与豇豆在同一组。
    C. 韭菜、黄瓜与毛豆在同一组。
    D. 菠菜、冬瓜与豇豆在同一组。
    E. 芹菜、红椒与丝瓜在同一组。

51. 《淮南子·齐俗训》中有曰："今屠牛而烹其肉，或以为酸，或以为甘，煎熬燔炙，齐味万方，其本一牛之体。"其中的"熬"便是熬牛肉制汤的意思。这是考证牛肉汤做法的最早文献资料，某民俗专家由此推测，牛肉汤的起源不会晚于春秋战国时期。
    以下哪项如果为真，最能支持上述推测？
    A.《淮南子·齐俗训》完成于西汉时期。
    B. 早在春秋战国时期，我国已经开始使用耕牛。
    C.《淮南子》的作者中有来自齐国故地的人。
    D. 春秋战国时期我国已经有熬汤的鼎器。
    E.《淮南子·齐俗训》记述的是春秋战国时期齐国的风俗习惯。

52. 某研究机构以约 2 万名 65 岁以上的老人为对象，调查了笑的频率与健康状态的关系。结果显示，在不苟言笑的老人中，认为自身现在的健康状态"不怎么好"和"不好"的比例分别是几乎每天都笑的老人的 1.5 倍和 1.8 倍。爱笑的老人对自我健康状态的评价往往较高。他们由此认为，爱笑的老人更健康。
    以下哪项如果为真，最能质疑上述调查者的观点？

A. 乐观的老年人比悲观的老年人更长寿。

B. 病痛的折磨使得部分老人对自我健康状态的评价不高。

C. 身体健康的老年人中，女性爱笑的比例比男性高 10 个百分点。

D. 良好的家庭氛围使得老年人生活更乐观，身体更健康。

E. 老年人的自我健康评价往往和他们实际的健康状况之间存在一定的差距。

53. 阔叶树的降尘优势明显，吸附 PM2.5 的效果最好，一棵阔叶树一年的平均滞尘量达 3.16 公斤。针叶树叶面积小，吸附 PM2.5 的功效较弱。全年平均下来，阔叶林的吸尘效果要比针叶林强不少。阔叶树也比灌木和草的吸尘效果好得多。以北京常见的阔叶树国槐为例，成片的国槐林吸尘效果比同等面积的普通草地约高 30%。有些人据此认为，为了降尘北京应大力推广阔叶树，并尽量减少针叶林面积。

以下哪项如果为真，最能削弱上述有关人员的观点？

A. 阔叶树与针叶树比例失调，不仅极易暴发病虫害、火灾等，还会影响林木的生长和健康。

B. 针叶树冬天虽然不落叶，但基本处于"休眠"状态，生物活性差。

C. 植树造林既要治理 PM2.5，也要治理其他污染物，需要合理布局。

D. 阔叶树冬天落叶，在寒冷的冬季，其养护成本远高于针叶树。

E. 建造通风走廊，能把城市和郊区的森林连接起来，让清新的空气吹入，降低城区的 PM2.5。

54~55 题基于以下题干：

某园艺公司打算在如下形状的花圃中栽种玫瑰、兰花和菊花三个品种的花卉。该花圃的形状如下所示：

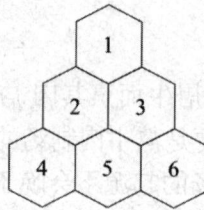

拟栽种的玫瑰有紫、红、白 3 种颜色，兰花有红、白、黄 3 种颜色，菊花有白、黄、蓝 3 种颜色。栽种须满足如下要求：

（1）每个六边形格子中仅栽种一个品种、一种颜色的花；

（2）每个品种只栽种两种颜色的花；

（3）相邻格子中的花，其品种与颜色均不相同。

54. 若格子 5 中是红色的花，则以下哪项是不可能的？

A. 格子 1 中是白色的兰花。

B. 格子 4 中是白色的兰花。

C. 格子 6 中是蓝色的菊花。

D. 格子 2 中是紫色的玫瑰。

E. 格子 1 中是白色的菊花。

55. 若格子 5 中是红色的玫瑰，且格子 3 中是黄色的花，则可以得出以下哪项？

　　A. 格子 4 中是白色的菊花。

　　B. 格子 2 中是白色的菊花。

　　C. 格子 6 中是蓝色的菊花。

　　D. 格子 4 中是白色的兰花。

　　E. 格子 1 中是紫色的玫瑰。

四、写作：第 56～57 小题，共 65 分。其中论证有效性分析 30 分，论说文 35 分。

56. **论证有效性分析：分析下述论证中存在的缺陷和漏洞，选择若干要点，写一篇 600 字左右的文章，对该论证的有效性进行分析和评论。（论证有效性分析的一般要点是：概念特别是核心概念的界定和使用是否准确并前后一致，有无各种明显的逻辑错误，论证的论据是否成立并支持结论，结论成立的条件是否充分，等等。）**

　　有人认为选择越多越快乐。其理由是：人的选择越多就越自由，其自主性就越高，就越感到幸福和满足，所以就越快乐。其实，选择越多可能会越痛苦。

　　常言道："知足常乐。"一个人知足了才会感到快乐。世界上的事物是无穷的，所以选择也是无穷的。所谓"选择越多越快乐"，意味着只有无穷的选择才能使人感到最快乐。而追求无穷的选择就是不知足，不知足者就不会感到快乐，那就只会感到痛苦。

　　再说，在作出每一选择时，首先需要我们对各个选项进行考察分析，然后再进行判断决策。选择越多，我们在考察分析选项时势必付出更多的精力，也就势必带来更多的烦恼和痛苦。事实也正是如此。我们在做考卷中的选择题时，选项越多选择起来就越麻烦，也就越感到痛苦。

　　还有，选择越多，选择时产生失误的概率就越高，由于选择失误而产生的后悔就越多，因而产生的痛苦也就越多。有人因为飞机晚点而后悔没选坐高铁，就是因为可选交通工具多样而造成的。如果没有高铁可选，就不会有这种后悔和痛苦。

　　退一步说，即使其选择没有绝对的对错之分，也肯定有优劣之分。人们作出某一选择后，可能会觉得自己的选择并非最优而产生懊悔。从这种意义上说，选择越多，懊悔的概率就越大，也就越痛苦。很多股民懊悔自己没有选好股票而未赚到更多的钱，从而痛苦不已，无疑是因为可选购的股票太多造成的。

57. **论说文：根据下述材料，写一篇 700 字左右的论说文，题目自拟。**

　　知识的真理性只有经过检验才能得到证明。论辩是纠正错误的重要途径之一，不同观点的冲突会暴露错误而发现真理。

答案速查

数学：

1—5：CBCED   6—10：DDBEE   11—15：BDCDA

16—20：CCDAE   21—25：BDCAA

逻辑：

26—30：ADECD   31—35：BEDBA   36—40：ACDDB

41—45：CDBAE   46—50：BDBAB   51—55：EEAED

写作：

56—57：略

试卷解析

使用 MBA 大师 App 扫描下方二维码可查看试卷解析

扫码查看数学解析   扫码查看逻辑解析   扫码查看写作解析

2018 年全国硕士研究生招生考试

管理类专业学位联考综合能力试题

（科目代码：199）

考生注意事项

1. 答题前，考生须在试题册指定位置上填写考生姓名和考生编号；在答题卡指定位置上填写报考单位、考生姓名和考生编号，并涂写考生编号信息点。

2. 考生须把试题册上的"试卷条形码"取下，粘贴在答题卡的"试卷条形码粘贴位置"框中。不按规定粘贴条形码而影响评卷结果的，后果由考生自行负责。

3. 选择题的答案必须涂写在答题卡相应题号的选项上，非选择题的答案必须书写在答题纸指定位置的边框区域内。超出答题卡区域写的答案无效；在草稿纸、试题册上答题无效。

4. 填（书）写部分必须使用黑色字迹签字笔或者钢笔书写，字迹工整、笔迹清楚；涂写部分必须使用 2B 铅笔填涂。

5. 考试结束，将试题、答题卡一并装入试题袋中交回。

（以下信息考生必须认真填写）

考生编号															
考生姓名															

一、**问题求解**：第 **1~15** 小题，每小题 **3** 分，共 **45** 分。下列每题给出的 **A**、**B**、**C**、**D**、**E** 五个选项中，只有一个选项是最符合题目要求的。

1. 学校竞赛设一等奖、二等奖和三等奖，比例为 $1:3:8$，获奖率为 30%，已知 10 人获得一等奖，则参加竞赛的人数为（   ）.

    A.300   B.400   C.500   D.550   E.600

2. 为了解某公司员工的年龄结构，按男、女人数的比例进行了随机抽样，结果如下：

男员工年龄（岁）	23	26	28	30	32	34	36	38	41
女员工年龄（岁）	23	25	27	27	29	31			

    根据表中数据估计，该公司男员工的平均年龄与全体员工的平均年龄分别是（单位：岁）
    （   ）.

    A.32，30   B.32，29.5   C.32，27   D.30，27   E.29.5，27

3. 某单位采取分段收费的方式收取网络流量（单位：GB）费用：每月流量 20（含）以内免费，流量 20 到 30（含）的每 GB 收费 1 元，流量 30 到 40（含）的每 GB 收费 3 元，流量 40 以上的每 GB 收费 5 元，小王这个月用了 45GB 的流量，则他应该交费（   ）.

    A.45 元   B.65 元   C.75 元   D.85 元   E.135 元

4. 如图，圆 O 是三角形 ABC 的内切圆，若三角形 ABC 的面积与周长的大小之比为 $1:2$，则圆 O 的面积为（   ）.

    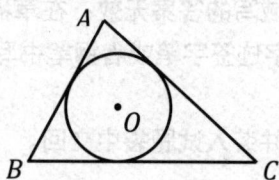

    A.π B.2π C.3π D.4π E.5π

5. 设实数 a，b 满足 $|a-b|=2$，$|a^3-b^3|=26$，则 $a^2+b^2=$（   ）.

    A.30   B.22   C.15   D.13   E.10

6. 有 96 位顾客至少购买了甲、乙、丙三种商品中的一种，经调查：同时购买了甲、乙两种商品的有 8 位，同时购买了甲、丙两种商品的有 12 位，同时购买了乙、丙两种商品的有 6 位，同时购买了三种商品的有 2 位，则仅购买一种商品的顾客有（   ）.

    A.70 位   B.72 位   C.74 位   D.76 位   E.82 位

7. 如图，四边形 $A_1B_1C_1D_1$ 是平行四边形，A_2，B_2，C_2，D_2 分别是 $A_1B_1C_1D_1$ 四边的中点，A_3，B_3，C_3，D_3 分别是四边形 $A_2B_2C_2D_2$ 四边的中点，依次下去，得到四边形序列 $A_nB_nC_nD_n(n=1,2,3,\cdots)$. 设 $A_nB_nC_nD_n$ 的面积为 S_n，且 $S_1=12$，则 $S_1+S_2+S_3+\cdots=$（   ）.

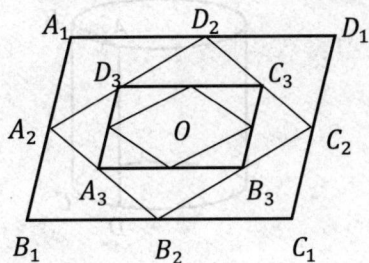

A.16   B.20   C.24   D.28   E.30

8. 将 6 张不同的卡片 2 张一组分别装入甲、乙、丙 3 个袋中，若指定的两张卡片要在同一组，则不同的装法有（　　）.

A.12 种   B.18 种   C.24 种   D.30 种   E.36 种

9. 甲、乙两人进行围棋比赛，约定先胜两盘者赢得比赛，已知每盘棋甲获胜的概率是 0.6，乙获胜的概率是 0.4，若乙在第一盘获胜，则甲赢得比赛的概率为（　　）.

A.0.144   B.0.288   C.0.36   D.0.4   E.0.6

10. 已知圆 $C:x^2+(y-a)^2=b$.若圆 C 在点 $(1,2)$ 处的切线与 y 轴的交点为 $(0,3)$，则 $ab=$（　　）.

A.−2   B.−1   C.0   D.1   E.2

11. 羽毛球队有 4 名男运动员和 3 名女运动员，从中选出两组参加混双比赛，则不同的选派方式有（　　）.

A.9 种   B.18 种   C.24 种   D.36 种   E.72 种

12. 从标号为 1 到 10 的 10 张卡片中随机抽取 2 张，它们的标号之和能被 5 整除的概率为（　　）.

A.$\frac{1}{5}$ B.$\frac{1}{9}$ C.$\frac{2}{9}$ D.$\frac{2}{15}$ E.$\frac{7}{45}$

13. 某单位为检查 3 个部门的工作，由这 3 个部门的主任和外聘的 3 名人员组成检查组，分 2 人一组检查工作，每组有 1 名外聘成员，规定本部门主任不能检查本部门，则不同的安排方式有（　　）.

A.6 种   B.8 种   C.12 种   D.18 种   E.36 种

14. 如图，圆柱体的底面半径为2，高为3，垂直于底面的平面截圆柱体所得截面为矩形 $ABCD$.若弦 AB 所对的圆心角是 $\frac{\pi}{3}$，则截掉部分（较小部分）的体积为（　　）.

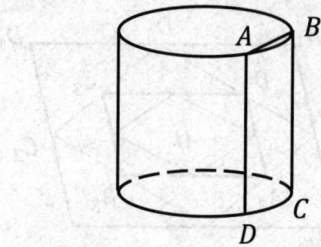

A.$\pi - 3$ B.$2\pi - 6$ C.$\pi - \dfrac{3\sqrt{3}}{2}$ D.$2\pi - 3\sqrt{3}$ E.$\pi - \sqrt{3}$

15. 函数 $f(x) = \max\{x^2, \; -x^2 + 8\}$ 的最小值为（   ）.

     A.8   B.7   C.6   D.5   E.4

二、**条件充分性判断：第 16~25 小题，每小题 3 分，共 30 分。要求判断每题给出的条件（1）和条件（2）能否充分支持题干所陈述的结论。A、B、C、D、E 五个选项为判断结果，请选择一项符合题目要求的判断。**

     A：条件（1）充分，但条件（2）不充分.

     B：条件（2）充分，但条件（1）不充分.

     C：条件（1）和（2）单独都不充分，但条件（1）和条件（2）联合起来充分.

     D：条件（1）充分，条件（2）也充分.

     E：条件（1）和（2）单独都不充分，条件（1）和条件（2）联合起来也不充分.

16. 设 x，y 为实数.则 $|x + y| \leqslant 2$.

     （1）$x^2 + y^2 \leqslant 2$.

     （2）$xy \leqslant 1$.

17. 设 $\{a_n\}$ 为等差数列.则能确定 $a_1 + a_2 + \cdots + a_9$ 的值.

     （1）已知 a_1 的值.

     （2）已知 a_5 的值.

18. 设 m，n 是正整数. 则能确定 $m + n$ 的值.

     （1）$\dfrac{1}{m} + \dfrac{3}{n} = 1$.

     （2）$\dfrac{1}{m} + \dfrac{2}{n} = 1$.

19. 甲、乙、丙三人的年收入成等比数列.则能确定乙的年收入的最大值.

     （1）已知甲、丙两人的年收入之和.

     （2）已知甲、丙两人的年收入之积.

20. 如图，在矩形 $ABCD$ 中，$AE = FC$.则三角形 AED 与四边形 $BCFE$ 能拼接成一个直角三角形.

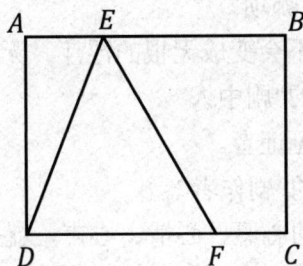

（1）$EB = 2FC$.

（2）$ED = EF$.

21. 甲购买了若干件 A 玩具，乙购买了若干件 B 玩具送给幼儿园，甲比乙少花了 100 元. 则能确定甲购买的玩具件数.

（1）甲与乙共购买了 50 件玩具.

（2）A 玩具的价格是 B 玩具的 2 倍.

22. 已知点 $P(m,0)$，$A(1,3)$，$B(2,1)$，点 (x,y) 在三角形 PAB 上. 则 $x-y$ 的最小值与最大值分别为 -2 和 1.

（1）$m \leqslant 1$.

（2）$m \geqslant -2$.

23. 如果甲公司的年终奖总额增加25%，乙公司的年终奖总额减少10%，两者相等. 则能确定两公司的员工人数之比.

（1）甲公司的人均年终奖与乙公司的相同.

（2）两公司的员工人数之比与两公司的年终奖总额之比相等.

24. 设 a，b 为实数. 则圆 $x^2 + y^2 = 2y$ 与直线 $x + ay = b$ 不相交.

（1）$|a-b| > \sqrt{1+a^2}$.

（2）$|a+b| > \sqrt{1+a^2}$.

25. 设函数 $f(x) = x^2 + ax$. 则 $f(x)$ 的最小值与 $f(f(x))$ 的最小值相等.

（1）$a \geqslant 2$.

（2）$a \leqslant 0$.

三、逻辑推理：第 26~55 小题，每小题 2 分，共 60 分。下列每题给出的五个选项中，只有一个选项是最符合题目要求的。

26. 人民既是历史的创造者，也是历史的见证者；既是历史的"剧中人"，又是历史的"剧作者"。离开人民，文艺就会变成无根的浮萍、无病的呻吟、无魂的躯壳。观照人民的生活、命运、情感，表达人民的心愿、心情、心声，我们的作品才会在人民中传之久远。

根据以上陈述,可以得出以下哪项?

A. 只有不离开人民,文艺才不会变成无根的浮萍、无病的呻吟、无魂的躯壳。

B. 历史的创造者都不是历史的"剧中人"。

C. 历史的创造者都是历史的见证者。

D. 历史的"剧中人"都是历史的"剧作者"。

E. 我们的作品只要表达人民的心愿、心情、心声,就会在人民中传之久远。

27. 盛夏时节的某一天,某市早报刊载了由该市专业气象台提供的全国部分城市当天的天气预报,择其内容列表如下:

天津	阴	上海	雷阵雨	昆明	小雨
呼和浩特	阵雨	哈尔滨	少云	乌鲁木齐	晴
西安	中雨	南昌	大雨	香港	多云
南京	雷阵雨	拉萨	阵雨	福州	阴

根据上述信息,以下哪项作出的论断最为准确?

A. 由于所列城市盛夏天气变化频繁,所以上面所列的9类天气一定就是所有的天气类型。

B. 由于所列城市并非我国的所有城市,所以上面所列的9类天气一定不是所有的天气类型。

C. 由于所列城市在同一天不一定展示所有的天气类型,所以上面所列的9类天气可能不是所有的天气类型。

D. 由于所列城市在同一天可能展示所有的天气类型,所以上面所列的9类天气一定是所有的天气类型。

E. 由于所列城市分处我国的东南西北中,所以上面所列9类大气一定就是所有的天气类型。

28. 现在许多人很少在深夜11点以前安然入睡,他们未必都在熬夜用功,大多是在玩手机或看电视,其结果就是晚睡,第二天就会头晕脑涨、哈欠连天。不少人常常对此感到后悔,但一到晚上他们多半还会这么做。有专家就此指出,人们似乎从晚睡中得到了快乐,但这种快乐其实隐藏着某种烦恼。

以下哪项如果为真,最能支持上述专家的结论?

A. 晨昏交替,生活周而复始,安然入睡是对当天生活的满足和对明天生活的期待,而晚睡者只想活在当下,活出精彩。

B. 晚睡者具有积极的人生态度。他们认为,当天的事须当天完成,哪怕晚睡也在所不惜。

C. 大多数习惯晚睡的人白天无精打采,但一到深夜就感觉自己精力充沛。不做点有意义的事情就觉得十分可惜。

D. 晚睡其实是一种表面难以察觉的、对"正常生活"的抵抗,它提醒人们现在的"正常生活"存在着某种令人不满的问题。

E. 晚睡者内心并不愿意睡得晚,也不觉得手机或电视有趣.甚至都不记得玩过或看过什么,但他们总是要在睡觉前花较长时间磨蹭。

29. 分心驾驶是指驾驶人为满足自己的身体舒适、心情愉悦等需求而没有将注意力全都集中于驾驶过程的驾驶行为，常见的分心行为有抽烟、饮水、进食、聊天、刮胡子、使用手机、照顾小孩等。专家指出，分心驾驶已成为我国道路交通事故的罪魁祸首。
以下哪项如果为真，最能支持上专家的观点？
A. 一项统计研究表明，相对于酒驾、药驾、超驾驶、疲劳驾驶等情形，我国由分心驾驶导致的交通事故占比最高。
B. 驾驶人正常驾驶时反应时间为 0.3~1.0 秒，使用手机时反应时间则延迟 3 倍左右。
C. 开车使用手机会导致驾驶人注意力下降 20%；如果驾驶人边开车边发短信则发生车祸的概率是其正常驾驶时的 23 倍。
D. 近来使用手机已成为我国驾驶人分心驾驶的主要表现形式，59%的人开车过程中看微信，31%的人玩自拍，36%的人刷微博、微信朋友圈。
E. 一项研究显示，在美国超过 1/4 的车祸是由驾驶人使用手机引起的。

30~31 题基于以下题干：
某工厂有一员工宿舍住了甲、乙、丙、丁、戊、己、庚 7 人，每人每周需轮流值日一天，且每天仅安排一人值日。他们值日的安排还需满足以下条件：
（1）乙周二或周六值日；
（2）如果甲周一值日，那么丙周三值日且戊周五值日；
（3）如果甲周一不值日．那么己周四值日且庚周五值日；
（4）如果乙周二值日，那么己周六值日。

30. 根据以上条件，如果丙周日值班，则可以得出以下哪项？
    A. 甲周一值日。   B. 乙周六值日。   C. 丁周二值日。
    D. 戊周二值日。   E. 己周五值日。

31. 如果庚周四值日，那么以下哪项一定为假？
    A. 甲周一值日。   B. 乙周六值日。   C. 丙周三值日。
    D. 戊周日值日。   E. 己周二值日。

32. 唐代韩愈在《师说》中指出："孔子曰：三人行，则必有我师。是故弟子不必不如师，师不必贤于弟子，闻道有先后，术业有专攻，如是而已。"
根据上述韩愈的观点，可以得出以下哪项？
    A. 有的弟子必然不如师。   B. 有的弟子可能不如师。
    C. 有的师不可能贤于弟子。   D. 有的弟子可能不贤于师。
    E. 有的师可能不贤于弟子。

33. "二十四节气"是我国在农耕社会生产生活的时间活动指南，反映了从春到冬一年四季的气温、降水、物候的周期性变化规律。已知各节气的名称具有如下特点：

（1）凡含"春""夏""秋""冬"字的节气各属春、夏、秋、冬季；

（2）凡含"雨""露""雪"字的节气各属春、秋、冬季；

（3）如果"清明"不在春季，则"霜降"不在秋季；

（4）如果"雨水"在春季，则"霜降"在秋季。

根据以上信息，如果从春至冬每季仅列两个节气，则以下哪项是不可能的？

A. 雨水、惊蛰、夏至、小暑、白露、霜降、大雪、冬至。

B. 惊蛰、春分、立夏、小满、白露、寒露、立冬、小雪。

C. 清明、谷雨、芒种、夏至、秋分、寒露、小雪、大寒。

D. 立春、清明、立夏、夏至、立秋、寒露、小雪、大寒。

E. 立春、谷雨、清明、夏至、处暑、白露、立冬、小雪。

34. 刀不磨要生锈，人不学要落后。所以，如果不想落后，就应该多磨刀。

以下哪项与上述论证方式最为相似？

A. 妆未梳成不见客，不到火候不揭锅。所以，如果揭了锅，就应该是到了火候。

B. 兵在精而不在多，将在谋而不在勇。所以，如果想获胜，就应该兵精将勇。

C. 马无夜草不肥，人无横财不富。所以，如果你想富，就应该让马多吃夜草。

D. 金无足赤，人无完人。所以，如果你想做完人，就应该有真金。

E. 有志不在年高，无志空活百岁。所以，如果你不想空活百步，就应该立志。

35. 某市已开通运营一、二、三、四号地铁线路，各条地铁线每一站运行加停靠所需时间均彼此相同。小张、小王、小李三人是同一单位的职工，单位附近有北口地铁站。某天早晨，3 人同时都在常青站乘一号线上班，但 3 人关于乘车路线的想法不尽相同。已知：

（1）如果一号线拥挤，小张就坐 2 站后转三号线，再坐 3 站到北口站；如果一号线不拥挤，小张就坐 3 站后转二号线，再坐 4 站到北口站。

（2）只有一号线拥挤，小王才坐 2 站后转三号线，再坐 3 站到北口站。

（3）如果一号线不拥挤，小李就坐 4 站后转四号线，坐 3 站之后再转三号线，坐 1 站到达北口站。

（4）该天早晨地铁一号线不拥挤。

假定三人换乘及步行总时间相同，则以下哪项最可能与上述信息不一致？

A. 小王和小李同时到达单位。

B. 小张和小王同时到达单位。

C. 小王比小李先到达单位。

D. 小李比小张先到达单位。

E. 小张比小王先到达单位。

36. 最近一项研究发现，某国 30 岁至 45 岁人群中，去医院治疗冠心病、骨质疏松等病症的人越来越多，而原来患有这些病症的大多是老年人。调研者由此认为，该国年轻人中"老年病"发病率有不断增加的趋势。

以下哪项如果为真，最能质疑上述调研结论？

A. 由于国家医疗保障水平的提高，相比以往，该国民众更有条件关注自己的身体健康。

B. "老年人"的最低年龄比以前提高了，"老年病"的患者范围也有所变化。

C. 近年来，由于大量移民涌入，该国 45 岁以下年轻人的数量急剧增加。

D. 尽管冠心病、骨质疏松等病症是常见的"老年病"，老年人患的病未必都是"老年病"。

E. 近几十年来，该国人口老龄化严重，但健康老龄人口的比重在不断增大。

37. 张教授：利益并非只是物质利益，应该把信用、声誉、情感甚至某种喜好等都归入利益的范畴。根据这种对"利益"的广义理解，如果每一个体在不损害他人利益的前提下，尽可能满足其自身的利益需求，那么由这些个体组成的社会就是一个良善的社会。

根据张教授的观点，可以得出以下哪项？

A. 如果一个社会不是良善的，那么其中肯定存在个体损害他人利益或自身利益需求没有尽可能得到满足的情况。

B. 尽可能满足每一个体的利益需求，就会损害社会的整体利益。

C. 只有尽可能满足每一个体的利益需求，社会才可能是良善的。

D. 如果有些个体通过损害他人利益来满足自身的利益需求，那么社会就不是良善的。

E. 如果某些个体的利益需求没有尽可能得到满足，那么社会就不是良善的。

38. 某学期学校新开设 4 门课程："《诗经》鉴赏""老子研究""唐诗鉴赏""宋词选读"。李晓明、陈文静、赵珊珊和庄志达 4 人各选修了其中一门课程。已知：

（1）他们 4 人选修的课程各不相同；

（2）喜爱诗词的赵珊珊选修的是诗词类课程；

（3）李晓明选修的不是"《诗经》鉴赏"就是"唐诗鉴赏"。

以下哪项如果为真，就能确定赵珊珊选修的是"宋词选读"？

A. 庄志达选修的不是"宋词选读"。

B. 庄志达选修的是"老子研究"。

C. 庄志达选修的不是"老子研究"。

D. 庄志达选修的是"《诗经》鉴赏"。

E. 庄志达选修的不是"《诗经》鉴赏"。

39. 我国中原地区如果降水量比往年偏低，该地区的河流水位会下降，流速会减缓。这有利于河流中的水草生长，河流中的水草总量通常也会随之而增加。不过，去年该地区在经历了一次极端干旱之后，尽管该地区某河流的流速十分缓慢，但其中的水草总量并未随之而增加。只是处于一个很低的水平。

以下哪项如果为真，最能解释上述看似矛盾的现象？

A. 经过极端干旱之后，该河流中以水草为食物的水生动物数量大量减少。

B. 河水流速越慢，其水温变化越小，这有利于水草的生长和繁殖。

C. 如果河中水草数量达到一定的程度，就会对周边其他物种的生存产生危害。

D. 该河流在经历了去年极端干旱之后干涸了一段时间，导致大量水生物死亡。

E. 我国中原地区多平原，海拔差异小，其地表河水流速比较缓慢。

40~41 题基于以下题干：

某海军部队有甲、乙、丙、丁、戊、己、庚 7 艘舰艇，拟组成两个编队出航，第一编队编列 3 艘舰艇，第二编队编列 4 艘舰艇，编列需满足以下条件：

（1）航母己必须编列在第二编队；

（2）戊和丙至多有一艘编列在第一编队；

（3）甲和丙不在同一编队；

（4）如果乙编列在第一编队，则丁也必须编列在第一编队。

40. 如果甲在第二编队，则下列哪项中的舰艇一定也在第二编队？

  A. 乙。   B. 丙。   C. 丁。   D. 戊。   E. 庚。

41. 如果丁和庚在同一编队，则可以得出以下哪项？

  A. 甲在第一编队。 B. 乙在第一编队。 C. 丙在第一编队。

  D. 戊在第二编队。 E. 庚在第二编队。

42. 甲：读书最重要的目的是增长知识，开拓视野。

  乙：你只见其一，不见其二，读书最重要的是陶冶性情、提升境界。没有陶冶性情、提升境界，就不能达到读书的真正目的。

  以下哪项与上述反驳方式最为相似？

  A. 甲：文学创作最重要的是阅读优秀文学作品。乙：你只见现象，不见本质，文学创作要的是观察生活、体验生活。任何优秀的文学作品都来源于火热的社会生活。

  B. 甲：做人最重要的是要讲信用。乙：你说的不全面，做人最重要的是要遵纪守法。如果不遵纪守法，就没法讲信用。

  C. 甲：作为一部优秀的电视剧，最重要是能得到广大观众喜爱。乙：你只见其表，不见其里。作为一部优秀的电视剧最重要的是具有深刻寓意与艺术魅力，没有深刻寓意与艺术魅力，就不能成为优秀的电视剧。

  D. 甲：科学研究最重要是研究内容的创新。乙：你只见内容，不见方法，科学研究最重要的是研究方法的创新，只有实现研究方法的创新，才能真正实现研究内容的创新。

  E. 甲：一年中最重要的季节是收获的秋天。乙：你只看结果，不问原因。一年中最重要的季节是播种的春天，没有春天的播种，哪来秋天的收获？

43. 若要人不知，除非己莫为；若要人不闻，除非己莫言。为之而欲人不知，言之而欲人不闻，此犹捕雀而掩目，盗钟而掩耳者。

  根据以上论述可得出以下哪项？

  A. 若己不为，则人不知。

B. 若己不言，则人不闻。

C. 若己为，则人会知，若己言，则人会闻。

D. 若能做到捕雀而掩目，则可为之而人不知。

E. 若能做到盗钟而掩耳，则可言之而人不闻。

44. 中国是全球最大的卷烟生产国和消费国，但近年来政府通过出台禁烟令，提高卷烟消费税等一系列公共政策努力改变这一形象。一项权威调查数据显示，在 2014 年同比上升 2.4% 之后，中国卷烟消费是在 2015 年同比下降了 2.4%，这是 1995 年来首次下降。尽管如此，2015 年中国卷烟消费量仍占全球的 45%，但这一下降对全球卷烟总消费量产生巨大影响，使其同比下降了 2.1%。

根据以上信息，可得出以下哪项？

A. 2015 年中国卷烟消费量恰好等于 2013 年。

B. 2015 年中国卷烟消费量大于 2013 年。

C. 2015 年世界其他国家卷烟消费量同比下降比率高于中国。

D. 2015 年世界其他国家卷烟消费量同比下降比率低于中国。

E. 2015 年发达国家卷烟消费量同比下降比率高于发展中国家。

45. 某校图书馆新购一批文科图书，为方便读者查阅，管理人员对这批图书在文科新书阅览室中的摆放位置作出如下提示：

（1）前 3 排书橱均放有哲学类新书；

（2）法学类新书都放在第 5 排书橱，这排书橱的左侧也放有经济类新书；

（3）管理类新书放在最后一排书橱。

事实上，所有的图书都按照上述提示放置。根据提示，徐莉顺利找到了她想查阅的新书。

根据上述信息，以下哪项是不可能的？

A. 徐莉在第 2 排书橱中找到了哲学类新书。

B. 徐莉在第 3 排书橱中找到了经济类新书。

C. 徐莉在第 4 排书橱中找到了哲学类新书。

D. 徐莉在第 6 排书橱中找到了法学类新书。

E. 徐莉在第 7 排书橱中找到了管理类新书。

46. 某次学术会议的主办方发出会议通知：只有论文通过审核才能收到会议主办方发出的邀请函，本次会议只欢迎持有主办方邀请函的科研院所的学者参加。

根据以上通知，可以得出以下哪项？

A. 本次学术会议不欢迎论文没有通过审核的学者参加。

B. 论文通过审核的学者都可以参加本次学术会议。

C. 论文通过审核并持有主办方邀请函的学者，本次学术会议都欢迎其参加。

D. 有些论文通过审核但未持有主办方邀请函的学者，本次学术会议欢迎其参加。

E. 论文通过审核的学者有些不能参加本次学术会议。

47~48 题基于以下题干：

一江南园林拟建松、竹、梅、兰、菊 5 个园子。该园林拟设东、南、北 3 个门，分别位于其中的 3 个园子。这 5 个园子的布局满足如下条件：

（1）如果东门位于松园或菊园，那么南门不位于竹园；

（2）如果南门不位于竹园，那么北门不位于兰园；

（3）如果菊园在园林的中心，那么它与兰园不相邻；

（4）兰园与菊园相邻，中间连着一座美丽的廊桥。

47. 根据以上信息，可以得出以下哪项？

    A. 兰园不在园林的中心。

    B. 菊园不在园林的中心。

    C. 兰园在园林的中心。

    D. 菊园在园林的中心。

    E. 梅园不在园林的中心。

48. 如果北门位于兰园，则可以得出以下哪项？

    A. 南门位于菊园。

    B. 东门位于竹园。

    C. 东门位于梅园。

    D. 东门位于松园。

    E. 南门位于梅园。

49. 有研究发现，冬季在公路上撒盐除冰，会让本来要成为雌性的青蛙变成雄性，这是因为这些路盐中的钠元素会影响青蛙受体细胞并改变原可能成为雌性青蛙的性别。有专家据此认为，这会导致相关区域青蛙数量的下降。

    以下哪项如果为真，最能支持上述专家的观点？

    A. 大量的路盐流入池塘可能会给其他水生物造成危害，破坏青蛙的食物链。

    B. 如果一个物种以雌性为主，该物种的个体数量就可能受到影响。

    C. 在多个盐含量不同的水池中饲养青蛙，随着水池中盐含量的增加，雌性青蛙的数量不断减少。

    D. 如果每年冬季在公路上撒很多盐，盐水流入池塘，就会影响青蛙的生长发育过程。

    E. 雌雄比例会影响一个动物种群的规模，雌性数量的充足对物种的繁衍生息至关重要。

50. 最终审定的项目或者意义重大或者关注度高，凡意义重大的项目均涉及民生问题。但是有些最终审定的项目并不涉及民生问题。

    根据以上陈述，可以得出以下哪项？

    A. 意义重大的项目比较容易引起关注。

    B. 有些项目意义重大但是关注度不高。

C. 涉及民生问题的项目有些没有引起关注。

D. 有些项目尽管关注度高但并非意义重大。

E. 有些不涉及民生问题的项目意义也非常重大。

51. 甲：知难行易，知然后行。

乙：不对，知易行难，行然后知。

以下哪项与上述对话方式最为相似？

A. 甲：知人者智，自知者明。

乙：不对，知人者易，知己者难。

B. 甲：不破不立，先破后立。

乙：不对，不立不破，先立后破。

C. 甲：想想容易做起来难，做比想要更重要。

乙：不对，想到就能做到，想比做更重要。

D. 甲：批评他人易，批评自己难，先批评他人后批评自己。

乙：不对，批评自己易，批评他人难，先批评自己后批评他人。

E. 甲：做人难做事易，先做人再做事。

乙：不对，做人易做事难，先做事再做人。

52. 所有值得拥有专利的产品或设计方案都是创新，但并不是每一项创新都值得拥有专利；所有的模仿都不是创新，但并非每一个模仿者都应该受到惩罚。

根据上述陈述，以下哪项是不可能的？

A. 有些值得拥有专利的创新产品并没有申请专利。

B. 有些创新者可能受到惩罚。

C. 有些值得拥有专利的产品是模仿。

D. 没有模仿值得拥有专利。

E. 所有的模仿者都受到了惩罚。

53. 某国拟在甲、乙、丙、丁、戊、己6种农作物中进口几种，用于该国庞大的动物饲料产业，考虑到一些农作物可能会有违禁成分，以及它们之间存在的互补或可替代因素，该国对进口这些农作物有如下要求：

（1）它们当中不含违禁的都进口；

（2）如果甲或乙有违禁成分，就进口戊和己；

（3）如果丙含有违禁成分，那么丁就不进口了；

（4）如果进口戊，就进口乙和丁；

（5）如果不进口丁，就进口丙；如果进口丙，就不进口丁。

根据上述要求，以下哪项所列的农作物是该国可以进口的？

A. 甲、乙、丙。

B. 乙、丙、丁。

C. 甲、戊、己。

D. 甲、丁、己。

E. 丙、戊、己。

54~55 题基于以下题干:

某校四位女生施琳、张芳、王玉、杨虹与四位男生范勇、吕伟、赵虎、李龙进行中国象棋比赛。他们被安排在四张桌上，每桌一男一女对弈，四张桌从左到右分别记为 1、2、3、4 号，每对选手需要进行四局比赛，比赛规定：选手每胜一局得 2 分，和一局得 1 分，负一局得 0 分。前三局结束时，按分差大小排列，四对选手的总积分分别是 6：0、5：1、4：2、3：3。已知：

（1）张芳跟吕伟对弈，杨虹在 4 号桌比赛，王玉的比赛桌在李龙比赛桌的右边；

（2）1 号桌的比赛至少有一局是和局，4 号桌双方的总积分不是 4：2；

（3）赵虎前三局总积分并不领先他的对手，他们也没有下成过和局；

（4）李龙已连输三局，范勇在前三局总积分上领先他的对手。

54. 根据上述信息，前三局比赛结束时谁的总积分最高？

    A. 杨虹。   B. 施琳。   C. 范勇。   D. 王玉。   E. 张芳。

55. 如果下列有位选手前三局均与对手下成和局。那么他（她）是谁？

    A. 施琳。   B. 杨虹。   C. 张芳。   D. 范勇。   E. 王玉。

四、写作：第 56～57 小题，共 65 分。其中论证有效性分析 30 分，论说文 35 分。

56. **论证有效性分析**：分析下述论证中存在的缺陷和漏洞，选择若干要点，写一篇 600 字左右的文章，对该论证的有效性进行分析和评论。（论证有效性分析的一般要点是：概念特别是核心概念的界定和使用是否准确并前后一致，有无各种明显的逻辑错误，论证的论据是否成立并支持结论，结论成立的条件是否充分，等等。）

　　哈佛大学教授本杰明·史华慈（Benjamin I. Schwartz）在 20 世纪末指出，开始席卷一切的物质主义潮流将极大地冲击人类社会固有的价值观念，造成人类精神世界的空虚。这一论点值得商榷。

　　首先，按照唯物主义物质决定精神的基本原理，精神是物质在人类头脑中的反映。因此，物质丰富只会充实精神世界，物质主义潮流不可能造成人类精神世界的空虚。

　　其次，后物质主义理论认为：个人基本的物质生活条件一旦得到满足，就会把注意点转移到非物质方面。物质生活丰裕的人，往往会更注重精神生活，追求社会公平、个人尊严等。

　　还有，最近一项对某高校大学生的抽样调查表明，有 69% 的人认为物质生活丰富可以丰富人的精神生活，有 22% 的人认为物质生活和精神生活没有什么关系，只有 9% 的人认为物质生活丰富反而会降低人的精神追求。

　　总之，物质决定精神，社会物质生活水平的提高会促进人类精神世界的发展。担心物质生活的丰富会冲击人类的精神世界，只是杞人忧天罢了。

57. 论说文：根据下述材料，写一篇 *700* 字左右的论说文，题目自拟。

　　有人说，机器人的使命，应该是帮助人类做那些人类做不了的事，而不是代替人类。技术变革会夺取一些低端繁琐的工作岗位，最终也会创造更高端更人性化的就业机会。例如，历史上铁路的出现抢去了很多挑夫的工作，但又增加了千百万的铁路工人。人工智能是一种技术变革，人工智能也将促进未来人类社会的发展。有人则不以为然。

答案速查

数学：

1—5：BABAE   6—10：CCBCE   11—15：DACDE

16—20：ABDDD   21—25：ECDAD

逻辑：

26—30：ACDAB   31—35：DEECD   36—40：CADDD

41—45：DCCDD   46—50：ABCED   51—55：ECABC

写作：

56—57：略

试卷解析

使用 MBA 大师 App 扫描下方二维码可查看试卷解析

扫码查看数学解析

扫码查看逻辑解析

扫码查看写作解析

绝密★启用前

2017 年全国硕士研究生招生考试
管理类专业学位联考综合能力试题
（科目代码：199）

考生注意事项

1. 答题前，考生须在试题册指定位置上填写考生姓名和考生编号；在答题卡指定位置上填写报考单位、考生姓名和考生编号，并涂写考生编号信息点。

2. 考生须把试题册上的"试卷条形码"取下，粘贴在答题卡的"试卷条形码粘贴位置"框中。不按规定粘贴条形码而影响评卷结果的，后果由考生自行负责。

3. 选择题的答案必须涂写在答题卡相应题号的选项上，非选择题的答案必须书写在答题纸指定位置的边框区域内。超出答题卡区域写的答案无效；在草稿纸、试题册上答题无效。

4. 填（书）写部分必须使用黑色字迹签字笔或者钢笔书写，字迹工整、笔迹清楚；涂写部分必须使用 2B 铅笔填涂。

5. 考试结束，将试题、答题卡一并装入试题袋中交回。

（以下信息考生必须认真填写）

考生编号														
考生姓名														

一、问题求解：第 1~15 小题，每小题 3 分，共 45 分.下列每题给出的 A、B、C、D、E 五个选项中，只有一个选项符合试题要求.

1. 某品牌的电冰箱连续两次降价 10% 后的售价是降价前的（ ）.
   A.80%　　　　B.81%　　　　C.82%　　　　D.83%　　　　E.85%

2. 张老师到一所中学进行招生咨询，上午接到了 45 名同学的咨询，其中的 9 位同学下午又咨询了张老师，占张老师下午咨询学生的 10%.一天中向张老师咨询的学生人数为（ ）.
   A.81　　　　B.90　　　　C.115　　　　D.126　　　　E.135

3. 甲、乙、丙三种货车的载重量成等差数列.2 辆甲种车和 1 辆乙种车载重量为 95 吨，1 辆甲种车和 3 辆丙种车载重量为 150 吨.则用甲、乙、丙各 1 辆车一次最多运送货物（ ）.
   A.125 吨　　　B.120 吨　　　C.115 吨　　　D.110 吨　　　E.105 吨

4. 不等式 $|x-1|+x\leqslant 2$ 的解集为（ ）.
   A.$(-\infty,\ 1]$　　B.$(-\infty,\ \frac{3}{2}]$　　C.$[1,\ \frac{3}{2}]$　　D.$[1,\ +\infty)$　　E.$[\frac{3}{2},\ +\infty)$

5. 某种机器人可搜索到的区域是半径为 1 米的圆.若该机器人沿直线行走 10 米，则其搜索过的区域的面积（单位：平方米）为（ ）.
   A.10　　　B.$10+\pi$　　　C.$20+\frac{\pi}{2}$　　　D.$20+\pi$　　　E.10π

6. 老师问班上 50 名同学周末复习情况，结果有 20 人复习过数学、30 人复习过语文、6 人复习过英语，且同时复习了数学和语文的有 10 人、语文和英语的有 2 人、英语和数学的有 3 人.若同时复习过这三门课的人为 0，则没有复习过这三门课程的学生人数为（ ）.
   A.7　　　B.8　　　C.9　　　D.10　　　E.11

7. 在 1 到 100 之间，能被 9 整除的整数的平均值是（ ）.
   A.27　　　B.36　　　C.45　　　D.54　　　E.63

8. 某试卷由 15 道选择题组成，每道题有 4 个选项，只有一项是符合试题要求的.甲有 6 道题能确定正确选项，有 5 道能排除 2 个错误选项，有 4 道能排除 1 个错误选项.若从每题排除后剩余的选项中选一个作为答案，则甲得满分的概率为（ ）.
   A.$\frac{1}{2^4}\cdot\frac{1}{3^5}$　　B.$\frac{1}{2^5}\cdot\frac{1}{3^4}$　　C.$\frac{1}{2^5}+\frac{1}{3^4}$　　D.$\frac{1}{2^4}\cdot(\frac{3}{4})^5$　　E.$\frac{1}{2^4}+(\frac{3}{4})^5$

9. 如图，在扇形 AOB 中，$\angle AOB=\frac{\pi}{4}$，$OA=1$，$AC\perp OB$，则阴影部分的面积为（ ）.

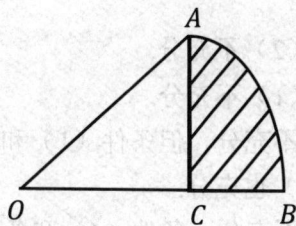

A. $\dfrac{\pi}{8}-\dfrac{1}{4}$　　　B. $\dfrac{\pi}{8}-\dfrac{1}{8}$　　　C. $\dfrac{\pi}{4}-\dfrac{1}{2}$　　　D. $\dfrac{\pi}{4}-\dfrac{1}{4}$　　　E. $\dfrac{\pi}{4}-\dfrac{1}{8}$

10. 某公司用 1 万元购买了价格分别为 1750 元和 950 元的甲、乙两种办公设备，则购买的甲、乙办公设备的件数分别为（　　）.

　　A.3，5　　　　B.5，3　　　　C.4，4　　　　D.2，6　　　　E.6，2

11. 已知 $\triangle ABC$ 和 $\triangle A'B'C'$ 满足 $AB:A'B'=AC:A'C'=2:3$，$\angle A+\angle A'=\pi$，则 $\triangle ABC$ 和 $\triangle A'B'C'$ 的面积之比为（　　）.

　　A.$\sqrt{2}:\sqrt{3}$　　　B.$\sqrt{3}:\sqrt{5}$　　　C.2：3　　　D.2：5　　　E.4：9

12. 甲从 1、2、3 中抽取一个数，记为 a；乙从 1、2、3、4 中抽取一数，记为 b.规定当 $a>b$ 或者 $a+1<b$ 时甲获胜，则甲获胜的概率为（　　）.

　　A.$\dfrac{1}{6}$　　　B.$\dfrac{1}{4}$　　　C.$\dfrac{1}{3}$　　　D.$\dfrac{5}{12}$　　　E.$\dfrac{1}{2}$

13. 将长、宽、高分别为 12，9 和 6 的长方体切割成正方体，且切割后无剩余.则能切割成相同正方体的最少个数为（　　）.

　　A.3　　　　B.6　　　　C.24　　　　D.96　　　　E.648

14. 甲、乙、丙三人每轮各投篮 10 次，投了三轮.投中数如下表：

	第一轮	第二轮	第三轮
甲	2	5	8
乙	5	2	5
丙	8	4	9

记 $\sigma_1,\sigma_2,\sigma_3$ 分别为甲、乙、丙投中数的方差，则（　　）.

　　A.$\sigma_1>\sigma_2>\sigma_3$　　　　B.$\sigma_1>\sigma_3>\sigma_2$　　　　C.$\sigma_2>\sigma_1>\sigma_3$

　　D.$\sigma_2>\sigma_3>\sigma_1$　　　　E.$\sigma_3>\sigma_2>\sigma_1$

15. 将 6 人分成 3 组，每组 2 人，则不同的分组方式共有（　　）.

　　A.12 种　　　　B.15 种　　　　C.30 种　　　　D.45 种　　　　E.90 种

二、条件充分性判断：第 16~25 小题，每小题 3 分，共 30 分.要求判断每题给出的条件（1）和条件（2）能否充分支持题干所陈述的结论.A、B、C、D、E 五个选项为判断结果，请选择

    A：条件（1）充分，但条件（2）不充分.

    B：条件（2）充分，但条件（1）不充分.

    C：条件（1）和（2）单独都不充分，但条件（1）和条件（2）联合起来充分.

    D：条件（1）充分，条件（2）也充分.

    E：条件（1）和（2）单独都不充分，条件（1）和条件（2）联合起来也不充分.

16. 某人需要处理若干份文件，第一小时处理了全部文件的 $\frac{1}{5}$，第二小时处理了剩余文件的 $\frac{1}{4}$. 则此人需要处理的文件数为 25 份.

    （1）前两小时处理了 10 份文件.

    （2）第二小时处理了 5 份文件.

17. 圆 $x^2 + y^2 - ax - by + c = 0$ 与 x 轴相切. 则能确定 c 的值.

    （1）已知 a 的值.

    （2）已知 b 的值.

18. 某人从 A 地出发，先乘时速为 220 千米的动车，后转乘时速为 100 千米的汽车到达 B 地. 则 A，B 两地的距离为 960 千米.

    （1）乘动车的时间与乘汽车的时间相等.

    （2）乘动车的时间与乘汽车的时间之和为 6 小时.

19. 直线 $y = ax + b$ 与抛物线 $y = x^2$ 有两个交点.

    （1）$a^2 > 4b$.

    （2）$b > 0$.

20. 能确定某企业产值的月平均增长率.

    （1）已知一月份的产值.

    （2）已知全年的总产值.

21. 如图，一个铁球沉入水池中. 则能确定铁球的体积.

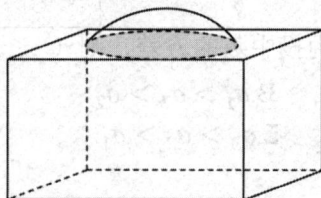

    （1）已知铁球露出水面的高度.

    （2）已知水深及铁球与水面交线的周长.

22. 设 a，b 是两个不相等的实数. 则函数 $f(x) = x^2 + 2ax + b$ 的最小值小于零.

（1）1，a，b 成等差数列.

（2）1，a，b 成等比数列.

23. 某人参加资格考试，有 A 类和 B 类可选择，A 类的合格标准是抽 3 道题至少会做 2 道，B 类的合格标准是抽 2 道题需都会做.则此人参加 A 类合格的机会大.

（1）此人 A 类题中有 60% 会做.

（2）此人 B 类题中有 80% 会做.

24. 某机构向 12 位教师征题，共征集到 5 种题型的试题 52 道.则能确定供题教师的人数.

（1）每位供题教师提供试题数目相同.

（2）每位供题教师提供的题型不超过 2 种.

25. 已知 a,b,c 为三个实数.则 $\min\{|a-b|,|b-c|,|a-c|\} \leqslant 5$.

（1）$|a| \leqslant 5$，$|b| \leqslant 5$，$|c| \leqslant 5$.

（2）$a+b+c=15$.

三、逻辑推理：第 26~55 小题，每小题 2 分，共 60 分。下列每题给出的 A、B、C、D、E 五个选项中，只有一项是符合试题要求的。

26. 倪教授认为，我国工程技术领域可以考虑与国外先进技术合作，但任何涉及核心技术的项目就不能受制于人；我国许多网络安全建设项目涉及信息核心技术，如果全盘引进国外先进技术而不努力自主创新，我国的网络安全将会受到严重威胁。

根据倪教授的描述，可以得出以下哪项？

A. 我国有些网络安全建设项目不能受制于人。

B. 我国工程技术领域的所有项目都不能受制于人。

C. 如果能做到自主创新，我国的网络安全就不会受到严重威胁。

D. 我国许多网络安全建设项目不能与国外先进技术合作。

E. 只要不是全盘引进国外先进技术，我国的网络安全就不会受到严重威胁。

27. 任何结果都不可能凭空出现，它们的背后都是有原因的；任何背后有原因的事物可以被人认识，而可以被人认识的事物都必然不是毫无规律的。

根据以上陈述，以下哪项一定为假？

A. 任何结果都可以被人认识。

B. 任何结果出现的背后都是有原因的。

C. 有些结果的出现可能毫无规律。

D. 那些可以被人认识的事物必然有规律。

E. 人有可能认识所有事物。

28. 近年来，我国海外代购业务量快速增长。代购者们通常从海外购买产品，通过各种渠道避开关税，再卖给国内顾客从中牟利，却让政府损失了税收收入。某专家由此指出，政府应该严厉打击海外代购行为。

以下哪项如果为真，最能支持上述专家的观点？

A. 近期，有位前空乘服务员因在网上开设海外代购店而被我国地方法院判定犯有走私罪。

B. 国内一些企业生产的同类产品与海外代购产品相比，无论质量还是价格都缺乏竞争优势。

C. 海外代购提升了人民的生活水准，满足了国内部分民众对于高品质生活的向往。

D. 去年，我国奢侈品海外代购规模几乎是全球奢侈品国内门店销售额的一半，这些交易大多避开了关税。

E. 国内民众的消费需求提升是伴随着我国经济发展而产生的正常现象，应以此为契机促进国内同类消费品产业的升级。

29. 某剧组招募群众演员。为了配合剧情，需要招 4 类角色：外国游客 1 到 2 名，购物者 2 到 3 名，商贩 2 名，路人若干。仅有甲、乙、丙、丁、戊、己 6 人可供选择，且每个人在同一场景中只能出演一个角色。已知：

（1）只有甲、乙才能出演外国游客；

（2）上述 4 类角色在每个场景中至少有 3 类同时出现；

（3）每一场景中，若乙或丁出演商贩，则甲和丙出演购物者；

（4）购物者和路人的数量之和在每个场景中不超过 2。

根据上述信息，可以得出以下哪项？

A. 在同一场景中，若戊和己出演路人，则甲只可能出演外国游客。

B. 在同一场景中，若乙出演外国游客，则甲只可能出演商贩。

C. 至少有 2 人需要在不同的场景中出演不同的角色。

D. 甲、乙、丙、丁不会在同一场景中同时出现。

E. 在同一场景中，若丁和戊出演购物者，则乙只可能出演外国游客。

30. 离家 300 米的学校不能上，却被安排到 2 公里以外的学校就读，某市一位适龄儿童在小学时就遭遇到了所在区教育局这样的安排，而这一安排是区教育局根据儿童户籍所在施教区做出的。根据该市教育局规定的"就近入学"原则，儿童家长将区教育局告上法院，要求撤销原来安排，让其孩子就近入学。法院对此做出一审判决，驳回原告请求。

下列哪项最可能是法院判决的合理依据？

A. "就近入学"不是"最近入学"，不能将入学儿童户籍地和学校的直线距离作为划分施教区的唯一根据。

B. 按照特定的地理要素划分，施教区中的每所小学不一定就处于该施教区的中心位置。

C. 儿童入学究竟应上哪一所学校，不是让适龄儿童或其家长自主选择，而是要听从政府主管部门的行政安排。

D. "就近入学"仅仅是一个需要遵循的总体原则，儿童具体入学安排还要根据特定的情况加以变通。

E. 该区教育局划分施教区的行政行为符合法律规定，而原告孩子按户籍所在施教区的确需要去离家 2 公里外的学校就读。

31. 张立是一位单身白领，工作 5 年积累了一笔存款。由于该笔存款金额尚不足以购房，他考虑将其暂时分散投资到股票、黄金、基金、国债和外汇等 5 个方面。该笔存款的投资需要满足如下条件：

（1）如果黄金投资比例高于 1/2，则剩余部分投入国债和股票；

（2）如果股票投资比例低于 1/3，则剩余部分不能投入外汇或国债；

（3）如果外汇投资比例低于 1/4，则剩余部分投入基金或黄金；

（4）国债投资比例不能低于 1/6。

根据上述信息，可以得出以下哪项？

A. 国债投资比例高于 1/2。

B. 外汇投资比例不低于 1/3。

C. 股票投资比例不低于 1/4。

D. 黄金投资比例不低于 1/5。

E. 基金投资比例低于 1/6。

32. 通识教育重在帮助学生掌握尽可能全面的基础知识，即帮助学生了解各个学科领域的基本常识；而人文教育则重在培育学生了解生活世界的意义，并对自己及他人行为的价值和意义做出合理的判断，形成"智识"。因此有专家指出，相比较而言，人文教育对个人未来生活的影响会更大一些。

以下哪项如果为真，最能支持上述专家的断言？

A. 当今我国有些大学开设的通识教育课程要远远多于人文教育课程。

B. "知识"是事实判断，"智识"是价值判断，两者不能相互替代。

C. 没有知识就会失去应对未来生活挑战的勇气，而错误的价值可能会误导人的生活。

D. 关于价值和意义的判断事关个人的幸福和尊严，值得探究和思考。

E. 没有知识，人依然可以活下去；但如果没有价值和意义的追求，人只能成为没有灵魂的躯壳。

33~34 基于以下题干：

丰收公司邢经理需要在下个月赴湖北、湖南、安徽、江西、江苏、浙江、福建 7 省进行市场需求调研，各省均调研一次，他的行程需满足如下条件：

（1）第一个或最后一个调研江西省；

（2）调研安徽省的时间早于浙江省，在这两省的调研之间调研除了福建省的另外两省；

（3）调研福建省的时间安排在调研浙江省之前或刚好调研完浙江省之后；

（4）第三个调研江苏省。

33. 如果邢经理首先赴安徽省调研，则关于他的行程，可以确定以下哪项？

A. 第二个调研湖北省。

B. 第二个调研湖南省。

C. 第五个调研福建省。

D. 第五个调研湖北省。

E. 第五个调研浙江省。

34. 如果安徽省是邢经理第二个调研的省份，则关于他的行程，可以确定以下哪项？

A. 第一个调研江西省。

B. 第四个调研湖北省。

C. 第五个调研浙江省。

D. 第五个调研湖南省。

E. 第六个调研福建省。

35. 王研究员：我国政府提出的"大众创业、万众创新"激励着每一个创业者。对于创业者来说，最重要的是需要一种坚持精神。不管在创业中遇到什么困难，都要坚持下去。

李教授：对于创业者来说，最重要的是要敢于尝试新技术。因为有些新技术一些大公司不敢轻易尝试，这就为创业者带来了成功的契机。

根据以上信息，以下哪项最准确地指出了王研究员与李教授的分歧所在？

A. 最重要的是敢于迎接各种创业难题的挑战，还是敢于尝试那些大公司不敢轻易尝试的新技术。

B. 最重要的是坚持创业，有毅力有恒心把事业一直做下去，还是坚持创新，做出更多的科学发现和技术发明。

C. 最重要的是坚持把创业这件事做好，成为创业大众的一员，还是努力发明新技术，成为创新万众的一员。

D. 最重要的是需要一种坚持精神，不畏艰难，还是要敢于尝试新技术，把握事业成功的契机。

E. 最重要的是坚持创业，敢于成立小公司，还是尝试新技术，敢于挑战大公司。

36. 进入冬季以来，内含大量有毒颗粒物的雾霾频繁袭击我国部分地区。有关调查显示，持续接触高浓度污染物会直接导致 10%~15% 的人患有眼睛慢性炎症或干眼症。有专家由此认为，如果不采取紧急措施改善高空气质量，这些疾病的发病率和相关的并发症将会增加。

以下哪项如果为真，最能支持上述专家的观点？

A. 有毒颗粒物会刺激并损害人的眼睛，长期接触会影响泪腺细胞。

B. 空气质量的改善不是短时间内能做到的，许多人不得不在污染环境中工作。

C. 眼睛慢性炎症或眼干症等病例通常集中出现于花粉季。

D. 上述被调查的眼疾患者中有 65% 是年龄在 20~40 的男性。

E. 在重污染环境中采取戴护目镜、定期洗眼等措施有助于防御干眼症等眼疾。

37. 很多成年人对于儿时熟悉的《唐诗三百首》中的许多名诗，常常仅记得几句名句，而不知诗作者或诗名。甲校中文系硕士生只有三个年级，每个年级人数相等。统计发现，一年级学生都能把该书中的名句与诗名及其作者对应起来；二年级2/3的学生能把该书中的名句与作者对应起来；三年级1/3的学生不能把该书中的名句与诗名对应起来。

根据上述信息，关于该校中文系硕士生，可以得出以下哪项？

A. 1/3以上的一、二年级学生不能把该书中的名句与作者对应起来。

B. 1/3以上的硕士生不能将该书中的名句与诗名或作者对应起来。

C. 大部分硕士生能将该书中的名句与诗名及其作者对应起来。

D. 2/3以上的一、三年级学生能把该书中的名句与诗名对应起来。

E. 2/3以上的一、二年级学生不能把该书中的名句与诗名对应起来。

38. 婴儿通过触碰物体、四处玩耍和观察成人的行为等方式来学习，但机器人通常只能按照编定的程序进行学习。于是，有些科学家试图研制学习方式更接近于婴儿的机器人。他们认为，既然婴儿是地球上最有效率的学习者，为什么不设计出能像婴儿那样不费力气就能学习的机器人呢？

以下哪项最可能是上述科学家观点的假设？

A. 婴儿的学习能力是天生的，他们的大脑与其他动物幼崽不同。

B. 通过碰触、玩耍和观察等方式来学习是地球上最有效率的学习方式。

C. 即使是最好的机器人，它们的学习能力也无法超过最差的婴儿学习者。

D. 如果机器人能像婴儿那样学习，它们的智能就有可能超过人类。

E. 成年人和现有的机器人都不能像婴儿那样毫不费力地学习。

39. 针对癌症患者，医生常采用化疗手段将药物直接注入人体杀伤癌细胞，但这也可能将正常细胞和免疫细胞一同杀灭，产生较强的副作用。近来，有科学家发现，黄金纳米粒子很容易被人体癌细胞吸收，如果将其包上一层化疗药物，就可作为"运输工具"，将化疗药物准确地投放到癌细胞中。他们由此断言，微小的黄金纳米粒子能提升癌症化疗的效果，并降低化疗的副作用。

以下哪项如果为真，最能支持上述科学家所作出的论断？

A. 黄金纳米粒子用于癌症化疗的疗效有待大量临床检验。

B. 在体外用红外线加热已进入癌细胞的黄金纳米粒子，可从内部杀灭癌细胞。

C. 因为黄金所具有的特殊化学物质，黄金纳米粒子不会与人体细胞发生反应。

D. 现代医学手段已经能实现黄金纳米粒子的精准投送，让其所携带的化疗药物只作用于癌细胞，并不伤及其他细胞。

E. 利用常规计算机断层扫描，医生容易判定黄金纳米粒子是否已经投放到癌细胞中。

40. 甲：己所不欲，勿施于人。

乙：我反对。己所欲，则施于人。

以下哪项与上述对话方式最为相似？

A. 甲：人非草木，孰能无情？

乙：我反对，草木无情，但人有情。

B. 甲：人无远虑，必有近忧。

乙：我反对，人有远虑，亦有近忧。

C. 甲：不入虎穴，焉得虎子？

乙：我反对，如得虎子，必入虎穴。

D. 甲：人不犯我，我不犯人。

乙：我反对。人若犯我，我就犯人。

E. 甲：不在其位，不谋其政。

乙：我反对，在其位，则行其政。

41. 颜子、曾寅、孟申、荀辰申请一个中国传统文化建设项目。根据规定，该项目的主持人只能有一名，且在上述 4 位申请者中产生：包括主持人在内，项目组成员不能超过两位。另外，各位申请者在申请答辩时做出如下陈述：

（1）颜子：如果我成为主持人，将邀请曾寅或荀辰作为项目组成员；

（2）曾寅：如果我成为主持人，将邀请颜子或孟申作为项目组成员；

（3）荀辰：只有颜子成为项目组成员，我才能成为主持人；

（4）孟申：只有荀辰或颜子成为项目组成员，我才能成为主持人。

假定 4 人陈述都为真，关于项目组成员的组合，以下哪项是不可能的？

A. 孟申、曾寅。

B. 荀辰、孟申。

C. 曾寅、荀辰。

D. 颜子、孟申。

E. 颜子、荀辰。

42. 研究者调查了一组大学毕业即从事有规律的工作正好满 8 年的白领，发现他们的体重比刚毕业时平均增加了 8 公斤。研究者由此得出结论，有规律的工作会增加人们的体重。

关于上述结论的正确性，需要询问的关键问题是以下哪项？

A. 和该组调查对象其他情况相仿且经常进行体育锻炼的人，在同样的 8 年中体重有怎样的变化？

B. 该组调查对象的体重在 8 年后是否会继续增加？

C. 为什么调查关注的时间段是对象在毕业工作后 8 年，而不是 7 年或者 9 年？

D. 该组调查对象中的男性和女性的体重增加是否有较大差异？

E. 和该组调查对象其他情况相仿但没有从事有规律工作的人，在同样的 8 年中体重有怎样的变化？

43. 赵默是一位优秀的企业家。因为如果一个人既拥有国内外知名学府和研究机构的工作经历，又有担任项目负责人的管理经验，那么他就能成为一位优秀的企业家。

以下哪项与上述论证最为相似？

A. 李然是信息技术领域的杰出人才。因为如果一个人不具有前瞻性目光、国际化视野和创新思维，就不能成为信息技术领域的杰出人才。

B. 袁清是一位好作家。因为好作家都具有较强的观察能力、想象能力及表达能力。

C. 青年是企业发展的未来。因此，企业只有激发青年的青春力量，才能促其早日成才。

D. 人力资源是企业的核心资源。因为如果不开展各类文化活动，就不能提升员工的岗位技能，也不能增强团队的凝聚力和战斗力。

E. 风云企业具有凝聚力。因为如果一个企业能引导和帮助员工树立目标。提升能力，就能使企业具有凝聚力。

44. 爱书成痴注定会藏书。大多数藏书家也会读一些自己收藏的书；但有些藏书家却因喜爱书的价值和精致装帧而购书收藏，至于阅读则放到了自己以后闲暇的时间，而一旦他们这样想，这些新购的书就很可能不被阅读了。但是，这些受到"冷遇"的书只要被友人借去一本，藏书家就会失魂落魄，整日心神不安。

根据上述信息，可以得出以下哪项？

A. 有些藏书家将自己的藏书当作友人。

B. 有些藏书家喜欢闲暇时读自己的藏书。

C. 有些藏书家会读遍自己收藏的书。

D. 有些藏书家不会立即读自己新购的书。

E. 有些藏书家从不读自己收藏的书。

45. 人们通常认为，幸福能够增进健康、有利于长寿，而不幸福则是健康状况不佳的直接原因，但最近研究人员对 3000 多人的生活状态调查后发现，幸福或不幸福并不意味着死亡的风险会相应地变得更低或更高。他们由此指出，疾病可能会导致不幸福，但不幸福本身并不会对健康状况造成损害。

以下哪项如果为真，是能质疑上述研究人员的论证？

A. 幸福是个体的一种心理体验，要求被调查对象准确断定其幸福程度有一定的难度。

B. 有些高寿老人的人生经历较为坎坷，他们有时过得并不幸福。

C. 有些患有重大疾病的人乐观向上，积极与疾病抗争，他们幸福感比较高。

D. 人的死亡风险低并不意味着健康状况好，死亡风险高也不意味着健康状况差。

E. 少数个体死亡风险的高低难以进行准确评估。

46. 甲：只有加强知识产权保护，才能推动科技创新。

乙：我不同意。过分强化知识产权保护，肯定不能推动科技创新。

以下哪项与上述反驳方式最为类似？

A. 妻子：孩子只有刻苦学习，才能取得好成绩。

丈夫：也不尽然。学习光知道刻苦而不能思考，也不一定会取得好成绩。

B. 母亲：只有从小事做起，将来才有可能做成大事。

孩子：老妈你错了。如果我们每天只是做小事，将来肯定做不成大事。

C. 老板：只有给公司带来回报，公司才能给他带来回报。

　　员工：不对呀。我上月帮公司谈成一笔大业务，可是只得到 1%的奖励。

D. 老师：只有读书，才能改变命运。

　　学生：我觉得不是这样。不读书，命运会有更大的改变。

E. 顾客：这件商品只有价格再便宜一些，才会有人来买。

　　商人：不可能。这件商品如果价格再便宜一些，我就要去喝西北风了。

47. 某著名风景区有"妙笔生花""猴子观海""仙人晒靴""美人梳妆""阳关三叠""禅心向天"6 个景点。为方便游人，景区提示如下：

　（1）只有先游"猴子观海"，才能游"妙笔生花"；

　（2）只有先游"阳关三叠"，才能游"仙人晒靴"；

　（3）如果游"美人梳妆"，就要先游"妙笔生花"；

　（4）"禅心向天"应第 4 个游览，之后才可游"仙人晒靴"。

张先生按照上述提示，顺利游览了上述 6 个景点。

根据上述信息，关于张先生的游览顺序，以下哪项不可能为真？

A. 第一个游览"猴子观海"。

B. 第二个游览"阳关三叠"。

C. 第三个游览"美人梳妆"。

D. 第五个游览"妙笔生花"。

E. 第六个游览"仙人晒靴"。

48. "自我陶醉人格"是以过分重视自己为主要特点的人格障碍。它有多种具体特征：过高估计自己的重要性，夸大自己的成就；对批评反应强烈，希望他人注意自己和羡慕自己；经常沉湎于幻想中，把自己看成是特殊的人；人际关系不稳定，嫉妒他人，损人利己。

以下各项自我陈述中，除了哪项均能体现上述"自我陶醉人格"的特征？

A. 我是这个团队的灵魂，一旦我离开了这个团队，他们将一事无成。

B. 他有什么资格批评我？大家看看，他的能力连我一半都不到。

C. 我的家庭条件不好，但不愿意被别人看不起，所以我借钱买了一部智能手机。

D. 这么重要的活动竟然没有邀请我参加，组织者的人品肯定有问题，不值得跟这样的人交往。

E. 我刚接手别人很多年没有做成的事情，我跟他们完全不在一个层次，相信很快就会将事情搞定。

49. 通常情况下，长期在寒冷环境中生活的居民可以有更强的抗寒能力。相比于我国的南方地区，我国北方地区冬天的平均气温要低很多。然而有趣的是，现在许多北方地区的居民并不具有我们所认为的抗寒能力，相当多的北方人到南方来过冬，竟然难以忍受南方的寒冷天气，怕冷程度甚至远超过当地人。

以下哪项如果为真，最能解释上述现象？

A. 一些北方人认为南方温暖，他们去南方过冬时往往对保暖工作做得不够充分。
B. 南方地区冬天虽然平均气温比北方高，但也存在极端低温的天气。
C. 北方地区在冬天通常启用供暖设备，其室内温度往往比南方高出很多。
D. 有些北方人是从南方迁过去的，他们没有完全适应北方的气候。
E. 南方地区湿度较大，冬天感受到的寒冷程度超出气象意义上的温度指标。

50. 译制片配音，作为一种特有的艺术形式，曾在我国广受欢迎。然而时过境迁，现在许多人已不喜欢看配过音的外国影视剧。他们觉得还是听原汁原味的声音才感觉到位。有专家由此断言，配音已失去观众，必将退出历史舞台。

以下哪项如果为真，则除哪项外都能支持上述专家的观点？

A. 很多上了年纪的国人仍习惯看配过音的外国影视剧，而在国内放映的外国大片有的仍然是配过音的。
B. 配音是一种艺术再创作，倾注了配音艺术家的心血，但有的人对此并不领情，反而觉得配音妨碍了他们对原创的欣赏。
C. 许多中国人通晓外文，观赏外国原版影视剧并不存在语言的困难；即使不懂外文，边看中文字幕边听原声也不影响理解剧情。
D. 随着对外交流的加强，现在外国影视剧大量涌入国内，有的国人已经等不及慢条斯理、精工细作的配音了。
E. 现在有的外国影视剧配音难以模仿剧中演员的出色嗓音，有时也与剧情不符，对此观众并不接受。

51~52 题基于以下题干：

六一节快到了。幼儿园老师为班上的小明、小雷、小刚、小芳、小花 5 位小朋友准备了红、橙、黄、绿、青、蓝、紫 7 份礼物。已知所有礼物都送了出去，每份礼物只能由一人获得，每人最多获得两份礼物。另外，礼物派送还需要满足如下要求：

（1）如果小明收到橙色礼物，则小芳会收到蓝色礼物；
（2）如果小雷没有收到红色礼物，则小芳不会收到蓝色礼物；
（3）如果小刚没有收到黄色礼物，则小花不会收到紫色礼物；
（4）没有人既能收到黄色礼物，又能收到绿色礼物；
（5）小明只收到橙色礼物，而小花只收到紫色礼物。

51. 根据上述信息，以下哪项为真？
    A. 小明和小芳都收到两份礼物。
    B. 小雷和小刚都收到两份礼物。
    C. 小刚和小花都收到两份礼物。
    D. 小芳和小花都收到两份礼物。
    E. 小明和小雷都收到两份礼物。

52. 根据上述信息，如果小刚收到两份礼物，则可以得出以下哪项？

A. 小雷收到红色和绿色两份礼物。

B. 小刚收到黄色和蓝色两份礼物。

C. 小芳收到绿色和蓝色两份礼物。

D. 小刚收到黄色和青色两份礼物。

E. 小芳收到青色和蓝色两份礼物。

53. 某民乐小组拟购买几种乐器，购买要求如下：

（1）二胡、箫至多购买一种；

（2）笛子、二胡和古筝至少购买一种；

（3）箫、古筝、唢呐至少购买两种；

（4）如果购买箫，则不购买笛子。

根据以上要求，可以得出以下哪项？

A. 至多可以购买三种乐器。

B. 箫、笛子至少购买一种。

C. 至少要购买三种乐器。

D. 古筝、二胡至少购买一种。

E. 一定要购买唢呐。

54~55 题基于以下题干：

某影城将在"十一"黄金周 7 天（周一至周日）放映 14 部电影，其中有 5 部科幻片、3 部警匪片、3 部武侠片、2 部战争片及 1 部爱情片。限于条件，影城每天放映两部电影.已知：

（1）除两部科幻片安排在周四外，其余 6 天每天放映的两部电影都属于不同类别；

（2）爱情片安排在周日；

（3）科幻片和武侠片没有安排在同一天；

（4）警匪片和战争片没有安排在同一天。

54. 根据上述信息，以下哪项中的两部电影不可能安排在同一天放映？

A. 警匪片和爱情片。

B. 科幻片和警匪片。

C. 武侠片和战争片。

D. 武侠片和警匪片。

E. 科幻片和战争片。

55. 根据上述信息，如果同类型影片放映日期连续，则周六可能放映的电影是以下哪项？

A. 科幻片和警匪片。

B. 武侠片和警匪片。

C. 科幻片和战争片。

D. 科幻片和武侠片。

E. 警匪片和战争片。

四、写作：第56~57 小题，共 65 分。其中论证有效性分析 30 分，论说文 35 分。

56. 论证有效性分析：分析下述论证中存在的缺陷和漏洞，选择若干要点，写一篇 600 字左右的文章，对该论证的有效性进行分析和评论。（论证有效性分析的一般要点是：概念特别是核心概念的界定和使用是否准确并前后一致，有无各种明显的逻辑错误，论证的论据是否成立并支持结论，结论成立的条件是否充分，等等。）

　　如果我们把古代荀子、商鞅、韩非等人的一些主张归纳起来，可以得出如下一套理论：

　　人的本性是"好荣恶辱，好利恶害"的，所以，人们都会追求奖赏、逃避刑罚。因此拥有足够权力的国君只要利用赏罚就可以把臣民治理好了。

　　既然人的本性是好利恶害的，那么在选拔官员时，既没有可能也没有必要去寻求那些不求私利的廉洁之士，因为世界上根本不存在这样的人。廉政建设的关键，其实只在于任用官员之后有效地防止他们以权谋私。

　　怎样防止官员以权谋私呢？国君通常依靠设置监察官的方法。这种方法其实是不合理的。因为监察官也是人，也是好利恶害的，所以依靠监察官去制止其他官吏以权谋私，就是让一部分以权谋私者去制止另一部分人以权谋私，结果只能使他们共谋私利。

　　既然依靠设置监察官的方法不合理，那么依靠什么呢？可以利用赏罚的方法来促使臣民去监督。谁揭发官员的以权谋私就奖赏谁，谁不揭发官员的以权谋私就惩罚谁，臣民出于好利恶害的本性就会揭发官员的以权谋私。这样，以权谋私的罪恶行为就无法藏身，就是最贪婪的人也不敢以权谋私了。

57. 论说文：根据下述材料，写一篇 700 字左右的论说文，题目自拟。

　　一家企业遇到了这样一个问题：究竟是把有限的资金用于扩大生产呢，还是用于研发新产品？有人主张投资扩大生产，因为根据市场调查，原产品还可以畅销三到五年，由此可以获得可靠而丰厚的利润。有人主张投资研发新产品，因为这样做，虽然有很大的风险，但风险背后有数倍于甚至数十倍于前者的利润。

答案速查

数学：
1—5：BDEBD   6—10：CDBAA   11—15：EECBB

16—20：DACBE   21—25：BACCA

逻辑：
26—30：ACDEE   31—35：CECCD   36—40：ADBDD

41—45：CEEDD   46—50：BDCCA   51—55：BDDAC

写作：
56—57：略

试卷解析

使用 MBA 大师 App 扫描下方二维码可查看试卷解析

扫码查看数学解析

扫码查看逻辑解析

扫码查看写作解析

2016 年全国硕士研究生招生考试

管理类专业学位联考综合能力试题

（科目代码：199）

考生注意事项

1. 答题前，考生须在试题册指定位置上填写考生姓名和考生编号；在答题卡指定位置上填写报考单位、考生姓名和考生编号，并涂写考生编号信息点。

2. 考生须把试题册上的"试卷条形码"取下，粘贴在答题卡的"试卷条形码粘贴位置"框中。不按规定粘贴条形码而影响评卷结果的，后果由考生自行负责。

3. 选择题的答案必须涂写在答题卡相应题号的选项上，非选择题的答案必须书写在答题纸指定位置的边框区域内。超出答题卡区域写的答案无效；在草稿纸、试题册上答题无效。

4. 填（书）写部分必须使用黑色字迹签字笔或者钢笔书写，字迹工整、笔迹清楚；涂写部分必须使用 2B 铅笔填涂。

5. 考试结束，将试题、答题卡一并装入试题袋中交回。

（以下信息考生必须认真填写）

考生编号																
考生姓名																

一、**问题求解：第 1~15 小题，每小题 3 分，共 45 分．下列每题给出的 A、B、C、D、E 五个选项中，只有一个选项符合试题要求．**

1. 某家庭在一年总支出中，子女教育支出与生活资料支出的比为3：8，文化娱乐支出与子女教育支出的比为1：2.已知文化娱乐支出占家庭总支出的 10.5%，则生活资料支出占家庭总支出的（　　）.
   A.40%　　　　　B.42%　　　　　C.48%　　　　　D.56%　　　　　E.64%

2. 有一批同规格的正方形瓷砖，用他们铺满整个正方形区域时剩余 180 块，将此正方形区域的边长增加一块瓷砖的长度时，还需要增加 21 块才能铺满.该批瓷砖共有（　　）.
   A.9981 块　　　　B.10000 块　　　C.10180 块　　　D.10201 块　　　E.10222 块

3. 上午 9 时一辆货车从甲地出发前往乙地，同时一辆客车从乙地出发前往甲地，中午 12 时两车相遇.已知货车和客车的时速分别是 90 千米和 100 千米，则当客车到达甲地时，货车距乙地的距离是（　　）.
   A.30 千米　　　　B.43 千米　　　　C.45 千米　　　　D.50 千米　　　　E.57 千米

4. 在分别标记了数字 1、2、3、4、5、6 的 6 张卡片中随机取 3 张，其上数字之和等于 10 的概率为（　　）.
   A.0.05　　　　　B.0.1　　　　　C.0.15　　　　　D.0.2　　　　　E.0.25

5. 某商场将每台进价为 2000 元的冰箱以 2400 元销售时，每天售出 8 台.调研表明，这种冰箱的售价每降低 50 元，每天就能多销售 4 台.若要每天的销售利润最大，则该冰箱的定价应为（　　）.
   A.2200 元　　　　B.2250 元　　　C.2300 元　　　D.2350 元　　　E.2400 元

6. 某委员会由三个不同专业的人员组成，三个专业的人数分别是 2，3，4.从中选派 2 位不同专业的委员外出调研，则不同的选派方式有（　　）.
   A.36 种　　　　　B.26 种　　　　C.12 种　　　　D.8 种　　　　E.6 种

7. 从 1 到 100 的整数中任取一个数，则该数能被 5 或 7 整除的概率为（　　）.
   A.0.02　　　　　B.0.14　　　　　C.0.2　　　　　D.0.32　　　　　E.0.34

8. 如图，在四边形 $ABCD$ 中，$AB /\!/ CD$，AB 与 CD 的边长分别为4和8.若 $\triangle ABE$ 的面积为4，则四边形 $ABCD$ 的面积为（　　）.

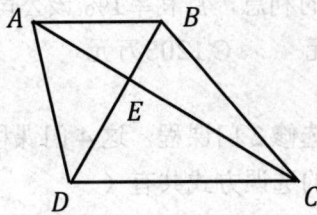

A.24   B.30   C.32   D.36   E.40

9. 现有长方形木板 340 张，正方形木板 160 张（图a），这些木板恰好可以装配成若干个竖式和横式的无盖箱子（图 b）.装配成的竖式和横式箱子的个数分别为（　　）.

(a)

(b)

A.25，80   B.60，50   C.20，70   D.60，40   E.40，60

10. 圆 $x^2 + y^2 - 6x + 4y = 0$ 上到原点距离最远的点是（　　）.
   A.(−3,2)   B.(3,−2)   C.(6,4)   D.(−6,4)   E.(6,−4)

11. 如图，点 A, B, O 的坐标分别为 $(4,0)$，$(0,3)$，$(0,0)$.若 (x,y) 是 $\triangle AOB$ 中的点，则 $2x + 3y$ 的最大值为（　　）.

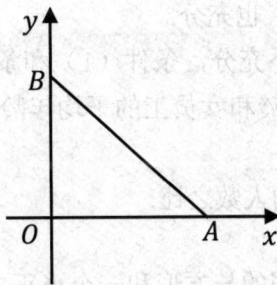

A.6   B.7   C.8   D.9   E.12

12. 设抛物线 $y = x^2 + 2ax + b$ 与 x 轴相交于 A，B 两点，点 C 坐标为 $(0,2)$.若 $\triangle ABC$ 的面积等于 6，则（　　）.
   A.$a^2 - b = 9$ B.$a^2 + b = 9$ C.$a^2 - b = 36$
   D.$a^2 + b = 36$ E.$a^2 - 4b = 9$

13. 某公司以分期付款方式购买一套定价为1100万元的设备，首期付款100万元，之后每月付款50万元，并支付上期余额的利息，月利率1%.该公司共为此设备支付了（   ）.

A.1195万元　　　B.1200万元　　　C.1205万元　　　D.1215万元　　　E.1300万元

14. 某学生要在 4 门不同课程中选修 2 门课程，这 4 门课程中的 2 门各开设 1 个班，另外 2 门各开设 2 个班，该学生不同的选课方式共有（   ）.

A.6 种　　　　　B.8 种　　　　　C.10 种　　　　　D.13 种　　　　　E.15 种

15. 如图，在半径为10厘米的球体上开一个底面半径是6厘米的圆柱形洞，则洞的内壁面积为（   ）（单位：平方厘米）.

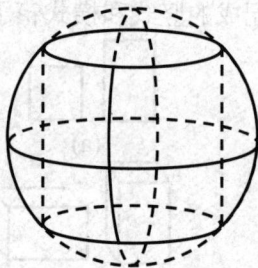

A.48π　　　　　B.288π　　　　　C.96π　　　　　D.576π　　　　　E.192π

二、条件充分性判断：第 16~25 小题，每小题 3 分，共 30 分.要求判断每题给出的条件（1）和条件（2）能否充分支持题干所陈述的结论.A、B、C、D、E 五个选项为判断结果，请选择一项符合试题要求的判断.

A：条件（1）充分，但条件（2）不充分.

B：条件（2）充分，但条件（1）不充分.

C：条件（1）和（2）单独都不充分，但条件（1）和条件（2）联合起来充分.

D：条件（1）充分，条件（2）也充分.

E：条件（1）和（2）单独都不充分，条件（1）和条件（2）联合起来也不充分.

16. 已知某公司的男员工的平均年龄和女员工的平均年龄.则能确定该公司员工的平均年龄.

（1）已知该公司员工的人数.

（2）已知该公司男、女员工的人数之比.

17. 如图，正方形ABCD由四个相同的长方形和一个小正方形拼成.则能确定小正方形的面积.

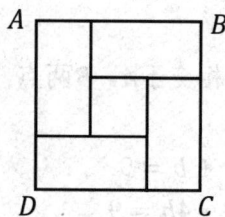

（1）已知正方形ABCD的面积.

（2）已知长方形的长与宽之比.

18. 利用长度为a和b的两种管材能连接成长度为37的管道.（单位：米）

    （1）$a=3$，$b=5$.

    （2）$a=4$，$b=6$.

19. 设x，y是实数.则$x \leqslant 6$，$y \leqslant 4$.

    （1）$x \leqslant y+2$.

    （2）$2y \leqslant x+2$.

20. 将2升甲酒精和1升乙酒精混合得到丙酒精.则能确定甲、乙两种酒精的浓度.

    （1）1升甲酒精和5升乙酒精混合后的浓度是丙酒精浓度的$\frac{1}{2}$倍.

    （2）1升甲酒精和2升乙酒精混合后的浓度是丙酒精浓度的$\frac{2}{3}$倍.

21. 设有两组数据S_1：3，4，5，6，7和S_2：4，5，6，7，a.则能确定a的值.

    （1）S_1与S_2的均值相等.

    （2）S_1与S_2的方差相等.

22. 已知M是一个平面有限点集.则平面上存在到M中各点距离相等的点.

    （1）M中只有三个点.

    （2）M中的任意三点都不共线.

23. 设x，y是实数.则可以确定x^3+y^3的最小值.

    （1）$xy=1$.

    （2）$x+y=2$.

24. 已知数列a_1，a_2，a_3，$\cdots$，a_{10}.则$a_1-a_2+a_3-\cdots+a_9-a_{10} \geqslant 0$.

    （1）$a_n \geqslant a_{n+1}$，$n=1$，2，$\cdots$，9.

    （2）$a_n{}^2 \geqslant a_{n+1}{}^2$，$n=1$，2，$\cdots$，9.

25. 已知$f(x)=x^2+ax+b$.则$0 \leqslant f(1) \leqslant 1$.

    （1）$f(x)$在区间$[0，1]$中有两个零点.

    （2）$f(x)$在区间$[1，2]$中有两个零点.

三、逻辑推理：第26~55小题，每小题2分，共60分。下列每题给出的A、B、C、D、E五个选项中，只有一项是最符合试题要求的。请在答题卡上将所选项的字母涂黑。

26. 企业要建设科技创新中心，就要推进与高校、科研院所的合作，这样才能激发自主创新的活力。一个企业只有搭建服务科技创新发展战略的平台、科技创新与经济发展对接的平台以及聚集创新人才的平台，才能催生重大科技成果。

根据上述信息，可以得出以下哪项？

A. 如果企业没有搭建聚集创新人才的平台，就无法催生重大科技成果。

B. 如果企业搭建了服务科技创新发展战略的平台，就能催生重大科技成果。

C. 如果企业推进与高校、科研院所的合作，就能激发其自主创新的活力。

D. 如果企业搭建科技创新与经济发展对接的平台，就能激发其自主创新的活力。

E. 能否推进与高校、科研院所的合作决定企业是否具有自主创新的活力。

27. 生态文明建设事关社会发展方式和人民福祉。只有实行最严格的制度、最严密的法治，才能为生态文明建设提供可靠保障；如果要实行最严格的制度、最严密的法治，就要建立责任追究制度，对那些不顾生态环境盲目决策并造成严重后果者,追究其相应责任。根据上述信息，可以得出以下哪项？

A. 如果要建立责任追究制度，就要实行最严格的制度、最严密的法治。

B. 只有筑牢生态环境的制度防护墙，才能造福于民。

C. 如果对那些不顾生态环境盲目决策并造成严重后果者追究相应责任，就能为生态文明建设提供可靠保障。

D. 实行最严格的制度和最严密的法治是生态文明建设的重要目标。

E. 如果不建立责任追究制度，就不能为生态文明建设提供可靠保障。

28. 注重对孩子的自然教育，让孩子亲身感受大自然的神奇与美妙，可促进孩子释放天性，激发自身潜能；而缺乏这方面教育的孩子容易变得孤独，道德、情感与认知能力的发展都会受到一定的影响。

以下哪项与以上陈述方式最为类似？

A. 老百姓过去"盼温饱"，现在"盼环保"；过去"求生存"，现在"求生态"。

B. 脱离环境保护搞经济发展是"竭泽而渔"，离开经济发展抓环境保护是"缘木求鱼"。

C. 注重调查研究，可以让我们掌握第一手资料；闭门造车，只能让我们脱离实际。

D. 只说一种语言的人，首次被诊断出患阿尔茨海默症的平均年龄约为 71 岁；说双语的人，首次被诊断患阿尔茨海默症的平均年龄约为 76 岁；说三种语言的人，首次被诊断患阿尔茨海默症的平均年龄为 78 岁。

E. 如果孩子完全依赖电子设备来进行学习和生活，将会对环境越来越漠视。

29. 古人以干支纪年。甲乙丙丁戊己庚辛壬癸为十干，也称天干。子丑寅卯辰巳午未申酉戌亥为十二支，也称地支。顺次以天干配地支，如甲子、乙丑、丙寅、…… 癸酉、甲戌、乙亥、丙子等，六十年重复一次，俗称六十花甲子。根据干支纪年，公元 2014 年为甲午年，公元 2015 年为乙未年。

根据以上陈述，可以得出以下哪项？

A. 21 世纪会有甲丑年。

B. 现代人已不用干支纪年。

C. 干支纪年有利于农事。

D. 根据干支纪年，公元 2087 年为丁未年。

E. 根据干支纪年，公元 2024 年为甲寅年。

30. 赵明与王洪都是某高校辩论协会成员，在为今年辩论赛招募新队员的问题上，两人发生了争执。

赵明：我们一定要选拔喜爱辩论的人。因为一个人只有喜爱辩论，才能投入精力和时间研究辩论并参加辩论赛。

王洪：我们招募的不是辩论爱好者，而是能打硬仗的辩手。无论是谁，只要能在辩论赛中发挥应有的作用，他就是我们理想的人选。

以下哪项最可能是两人争论的焦点？

A. 招募的目的是集体荣誉还是满足个人爱好。

B. 招募的标准是对辩论的爱好还是辩论的能力。

C. 招募的目的是培养新人还是赢得比赛。

D. 招募的标准是从现实出发还是从理想出发。

E. 招募的目的是研究辩论规律还是培养实战能力。

31. 在某届洲际杯足球大赛中，第一阶段某小组单循环赛共有 4 支队伍参加，每支队伍需要在这一阶段比赛三场。甲国足球队在该小组的前两轮比赛中一平一负。在第三轮比赛之前，甲国队主教练在新闻发布会上表示："只有我们在下一场比赛中取得胜利并且本组的另外一场比赛打成平局，我们才有可能从这个小组出线。"

如果甲国队主教练的陈述为真，以下哪项是不可能的？

A. 第三轮比赛该小组两场比赛都分出了胜负，甲国队从小组出线。

B. 甲国队第三场比赛取得了胜利，但他们未能从小组出线。

C. 第三轮比赛该小组另外一场比赛打成平局，甲国队从小组出线。

D. 第三轮比赛甲国队取得了胜利，该小组另一场比赛打成平局，甲国队未能从小组出线。

E. 第三轮比赛该小组两场比赛都打成了平局，甲国队未能从小组出线。

32. 考古学家发现，那件仰韶文化晚期的土坯砖边缘整齐，并且没有切割痕迹，由此他们推测，这件土坯砖应当是使用木质模具压制成形的；而其他 5 件由土坯砖经过烧制而成的烧结砖，经检测其当时的烧制温度为 850~900℃。由此考古学家进一步推测，当时的砖是先使用模具将黏土做成土坯，然后再经过高温烧制而成的。

以下哪项如果为真，最能支持上述考古学家的推测？

A. 仰韶文化晚期的年代约为公元前 3500 年~公元前 3000 年。

B. 出土的 5 件烧结砖距今已有 5000 年，确实属于仰韶文化晚期的物品。

C. 仰韶文化晚期，人们已经掌握了高温冶炼技术。

D. 没有采用模具而成形的土坯砖，其边缘或者不整齐，或者有切割痕迹。

E. 早在西周时期，中原地区的人们就可以烧制铺地砖和空心砖。

33. 研究人员发现，人类存在 3 种核苷酸基因类型：AA 型、AG 型以及 GG 型。一个人有 36% 的几率是 AA 型，有 48% 的几率是 AG 型，有 16% 的几率是 GG 型。在 1200 名参与实验的老年人中，拥有 AA 型和 AG 型基因类型的人都在上午 11 时之前去世，而拥有 GG 型基因类型的人几乎都在下午 6 时左右去世。研究人员据此认为：GG 型基因类型的人会比其他人平均晚死 7 个小时。

以下哪项如果为真，最能质疑上述研究人员的观点？

A．对人死亡时间的比较，比一天中的哪一时刻更重要的是哪一年、哪一天。

B．当死亡临近的时候，人体会还原到一种更加自然的生理节律感应阶段。

C．有些人是因为疾病或者意外事故等其他因素而死亡的。

D．平均寿命的计算依据应是实验对象的生命存续长度，而不是实验对象的死亡时间。

E．拥有 GG 型基因类型的实验对象容易患上心血管疾病。

34. 某市消费者权益保护条例明确规定，消费者对其所购商品可以"7 天内无理由退货"。但这项规定出台后并未得到顺利执行，众多消费者在 7 天内"无理由"退货时，常常遭遇商家的阻挠，他们以商品已作特价处理、商品已经开封或使用等理由拒绝退货。

以下哪项如果为真，最能质疑商家阻挠退货的理由？

A．那些作特价处理的商品，本来质量就没有保证。

B．如果不开封验货，就不能知道商品是否存在质量问题。

C．商品一旦开封或使用了，即使不存在问题，消费者也可以选择退货。

D．开封验货后，如果商品规格、质量等问题来自消费者本人，他们应为此承担责任。

E．政府总偏向消费者，这对于商家来说是不公平的。

35. 某县县委关于下周一几位领导的工作安排如下：

（1）如果李副书记在县城值班，那么他就要参加宣传工作例会；

（2）如果张副书记在县城值班，那么他就要做信访接待工作；

（3）如果王书记下乡调研，那么张副书记或李副书记就需在县城值班；

（4）只有参加宣传工作例会或做信访接待工作，王书记才不下乡调研；

（5）宣传工作例会只需分管宣传的副书记参加，信访接待工作也只需一名副书记参加。

根据上述工作安排，可以得出以下哪项？

A．王书记下乡调研。

B．张副书记做信访接待工作。

C．李副书记做信访接待工作。

D．张副书记参加宣传工作例会。

E．李副书记参加宣传工作例会。

36. 近年来，越来越多的机器人被用于在战场上执行侦察、运输、拆弹等任务，甚至将来冲锋陷阵的都不再是人，而是形形色色的机器人。人类战争正在经历自核武器诞生以来最深刻的革命。有专家据此分析指出，机器人战争技术的出现可以使人类远离危险，更安全、更有效率地实现战争目标。

以下哪些选项如果为真，最能质疑上述专家的观点？

A. 现代人类掌控机器人，但未来机器人可能会掌控人类。

B. 全球化时代的机器人战争技术要消耗更多资源，破坏生态环境。

C. 因不同国家之间军事科技实力的差距，机器人战争技术只会让部分国家远离危险。

D. 掌握机器人战争技术的国家为数不多，将来战争的发生更为频繁也更为血腥。

E. 机器人战争技术有助于摆脱以往大规模杀戮的血腥模式，从而让现代战争变得更为人道。

37. 郝大爷过马路时不幸摔倒昏迷，所幸有小伙子及时将他送往医院救治。郝大爷病情稳定后，有 4 位陌生小伙陈安、李康、张幸、汪福来医院看望他。郝大爷问他们究竟是谁送他来医院，他们的回答如下：

陈安：我们 4 人都没有送您来医院。

李康：我们 4 人中有人送您来医院。

张幸：李康和汪福至少有一人没有送您来医院。

汪福：送您来医院的人不是我。

后来证实上述 4 人中有两人说真话，有两人说假话。

根据上述信息，可以得出以下哪项？

A. 说真话的是陈安和汪福。

B. 说真话的是张幸和汪福。

C. 说真话的是李康和汪福。

D. 说真话的是陈安和张幸。

E. 说真话的是李康和张幸。

38. 开车上路，一个人不仅需要良好的守法意识，也需要有特别的"理性计算"：在拥的车流中，只要有"加塞"的，你开的车就一定要让着它；你开着车在路上正常直行，有车不打方向灯在你近旁突然横过来要撞上你，原来它想要变道，这时你也得让着它。

以下除哪项外，均能质疑上述"理性计算"的观点？

A. 即使碰上也不可怕，碰上之后如果立即报警，警方一般会有公正的裁决。

B. "理性计算"其实就是胆小怕事，总觉得凡事能躲则躲，但有的事很难躲过。

C. 一味退让也会给行车带来极大的危险，不但可能伤及自己，而且也可能伤及无辜。

D. 有理的让着没理的，只会助长歪风邪气，有悖于社会的法律与道德。

E. 如果不让，就会碰上；碰上之后，即使自己有理，也会有许多麻烦。

39. 有专家指出，我国城市规划缺少必要的气象论证，城市的高楼建得高耸而密集，阻碍了城市的通风循环。有关资料显示，近几年国内许多城市的平均风速已下降 10%。风速下降，意味着大气扩散能力减弱，导致大气污染物滞留时间延长，易形成雾霾天气和热岛效应。为此，有专家提出建立"城市风道"的设想，即在城市里制造几条畅通的通风走廊，让风在城市中更加自由地进出，促进城市空气的更新循环。

以下哪项如果为真，最能支持上述建立"城市风道"的设想？

A．城市风道形成的"穿街风"，对建筑的安全影响不大。

B．风从八方来，"城市风道"的设想过于主观和臆想。

C．有风道但没有风，就会让"城市风道"成为无用的摆设。

D．有些城市已拥有建立"城市风道"的天然基础。

E．城市风道不仅有利于"驱霾"，还有利于散热。

40. 2014 年，为迎接 APEC 会议的召开，北京、天津、河北等地实施"APEC 治理模式"，采取了有史以来最严格的减排措施。果然，令人心醉的"APEC 蓝"出现了。然而，随着会议的结束，"APEC 蓝"也渐渐消失了。对此，有些人士表示困惑，既然政府能在短期内实施"APEC 治理模式"取得良好效果，为什么不将这一模式长期坚持下去呢？

以下除哪项外，均能解释人们的困惑？

A．短期严格的减排措施只能是权宜之计，大气污染治理仍需从长计议。

B．如果 APEC 会议期间北京雾霾频发，就会影响我们国家的形象。

C．任何环境治理都需要付出代价，关键在于付出的代价是否超出收益。

D．如果近期将"APEC 治理模式"常态化，将会严重影响地方经济和社会的发展。

E．最严格的减排措施在落实过程中已产生很多难以解决的实际困难。

41. 根据现有物理学定律，任何物质的运动速度都不可能超过光速，但最近一次天文观测结果向这条定律发起了挑战。距离地球遥远的 IC310 星系拥有一个活跃的黑洞，掉入黑洞的物质产生了伽马射线冲击波。有些天文学家发现，这束伽马射线的速度超过了光速，因为它只用了 4.8 分钟就穿越了黑洞边界，而光需要 25 分钟才能走完这段距离。由此，这些天文学家提出，光速不变定律需要修改了。

以下哪项如果为真，最能质疑天文学家所作的结论？

A．如果天文学家的观测没有问题，光速不变定律就需要修改。

B．要么天文学家的观测有误，要么有人篡改了天文观测数据。

C．或者光速不变定律已经过时，或者天文学家的观测有误。

D．天文观测数据可能存在偏差，毕竟 IC310 星系离地球很远。

E．光速不变定律已经历过去多次实践检验，没有出现反例。

42. 某公司办公室茶水房提供自助式收费饮料。职员拿完饮料后，自己把钱放到特设的收款箱中。研究者为了判断职员在无人监督时，其自律水平会受哪些因素的影响，特地在收款箱上方贴了一张装饰图片，每周一换。装饰图片有时是一些花朵，有时是一双眼睛。一个有趣的现象出现了：贴着"眼睛"的第一周，收款箱里的钱远远超过其他图片的情形。

以下哪项为真，最能解释上述实验现象？

A．该公司职员看到"眼睛"图片时，就能联想到背后可能有人看着他们。

B．在该公司工作的职员，其自律能力超过社会中的其他人。

C．该公司职员看着"花朵"图片时，心情容易变得愉快。

D．眼睛是心灵的窗口，该公司职员看到"眼睛"图片时会有一种莫名的感动。

E．在无人监督的情况下，大部分人缺乏自律能力。

43~44 题基于以下题干：

某皇家园林依中轴线布局，从前到后依次排列着七个庭院。这七个庭院分别以汉字"日""月""金""木""水""火""土"来命名。已知：

（1）"日"字庭院不是最前面的那个庭院；

（2）"火"字庭院和"土"字庭院相邻；

（3）"金""月"两庭院间隔的庭院数与"木""水"两庭院间隔的庭院数相同。

43．根据上述信息，下列哪个庭院可能是"日"字庭院？

    A．第一个庭院。   B．第二个庭院。   C．第四个庭院。

    D．第五个庭院。   E．第六个庭院。

44．如果第二个庭院是"土"字庭院，可以得出以下哪项？

    A．第七个庭院是"水"字庭院。

    B．第五个庭院是"木"字庭院。

    C．第四个庭院是"金"字庭院。

    D．第三个庭院是"月"字庭院。

    E．第一个庭院是"火"字庭院。

45．在一项关于"社会关系如何影响人的死亡率"的课题研究中，研究人员惊奇地发现：不论种族、收入、体育锻炼等因素，一个乐于助人、和他人相处融洽的人，其平均寿命长于一般人，在男性中尤其如此；相反，心怀恶意、损人利己、和他人相处不融洽的人 70 岁之前的死亡率比正常人高出 1.5 倍至 2 倍。

以下哪项如果为真，最能解释上述发现？

A．身心健康的人容易和他人相处融洽，而心理有问题的人与他人很难相处。

B．男性通常比同年龄段的女性对他人有更强的"敌视情绪"，多数国家男性的平均寿命也因此低于女性。

C．与人为善带来轻松愉悦的情绪，有益身体健康；损人利己则带来紧张的情绪，有损身体健康。

D．心存善念、思想豁达的人大多精神愉悦、身体健康。

E．那些自我优越感比较强的人通常"敌视情绪"也比较强，他们长时间处于紧张状态。

46．超市中销售的苹果常常留有一定的油脂痕迹，表面显得油光滑亮。牛师傅认为，这是残留在苹果上的农药所致，水果在收摘之前都喷洒了农药，因此，消费者在超市购买水果后，一定要清洗干净方能食用。

以下哪项最可能是牛师傅看法所依赖的假设？

A. 除了苹果，其他许多水果运至超市时也留有一定的油脂痕迹。

B. 超市里销售的水果并未得到彻底清洗。

C. 只有那些在水果上能留下油脂痕迹的农药才可能被清洗掉。

D. 许多消费者并不在意超市销售的水果是否清洗过。

E. 在水果收摘之前喷洒的农药大多数会在水果上留下油脂痕迹。

47. 许多人不仅不理解别人，而且也不理解自己，尽管他们可能曾经试图理解别人，但这样的努力注定会失败，因为不理解自己的人是不可能理解别人的。可见，那些缺乏自我理解的人是不会理解别人的。

以下哪项最能说明上述论证的缺陷？

A. 使用了"自我理解"概念，但并未给出定义。

B. 没有考虑"有些人不愿意理解自己"这样的可能性。

C. 没有正确把握理解别人和理解自己之间的关系。

D. 结论仅仅是对其论证前提的简单重复。

E. 间接指责人们不能换位思考，不能相互理解。

48. 在编号壹、贰、叁、肆的4个盒子中装有绿茶、红茶、花茶和白茶4种茶，每只盒子只装一种茶，每种茶只装在一个盒子中。已知：

（1）装绿茶和红茶的盒子在壹、贰、叁号范围之内；

（2）装红茶和花茶的盒子在贰、叁、肆号范围之内；

（3）装白茶的盒子在壹、叁号范围之内。

根据以上陈述，可以得出以下哪项？

A. 绿茶装在壹号盒子中。

B. 红茶装在贰号盒子中。

C. 白茶装在叁号盒子中。

D. 花茶装在肆号盒子中。

E. 绿茶装在叁号盒子中。

49. 在某项目招标过程中，赵嘉、钱宜、孙斌、李汀、周武、吴纪6人作为各自公司代表参与投标，有且只有一个人中标。关于究竟谁是中标者，招标小组中有3位成员各自谈了自己的看法：

（1）中标者不是赵嘉就是钱宜；

（2）中标者不是孙斌；

（3）周武和吴纪都没有中标；

经过深入调查，发现上述3人中只有一人的看法是正确的。

根据以上信息，以下哪项中的3人都可以确定没有中标？

A. 赵嘉、孙斌、李汀。

B. 赵嘉、钱宜、李汀。

C．孙斌、周武、吴纪。

D．赵嘉、周武、吴纪。

E．钱宜、孙斌、周武。

50. 如今，电子学习机已全面进入儿童的生活。电子学习机将文字与图像、声音结合起来，既生动形象，又富有趣味性，使儿童独立阅读成为可能。但是，一些儿童教育专家却对此发出警告，电子学习机可能不利于儿童成长。他们认为，父母应该抽时间陪孩子一起阅读纸质图书。陪孩子一起阅读纸质图书，并不是简单地让孩子读书识字，而是在交流中促进其心灵的成长。

以下哪项如果为真，最能支持上述专家的观点？

A．电子学习机最大的问题是让父母从孩子的阅读行为中走开，减少了父母与孩子的日常交流。

B．接触电子产品越早，就越容易上瘾，长期使用电子学习机会形成"电子瘾"。

C．在使用电子学习机时，孩子往往更多关注其使用功能而非学习内容。

D．纸质图书有利于保护儿童视力，有利于父母引导儿童形成良好的阅读习惯。

E．现代生活中年轻父母工作压力较大，很少有时间能与孩子一起共同阅读。

51. 田先生认为，绝大部分笔记本电脑运行速度的原因不是 CPU 性能太差，也不是内存容量太小，而是硬盘速度太慢，给老旧的笔记本电脑换装固态硬盘可以大幅度提升使用者的游戏体验。

以下哪项如果为真，最能质疑田先生的观点？

A．一些笔记本电脑使用者的使用习惯不好，使得许多运行程序占据大量内存，导致电脑运行速度缓慢。

B．销售固态硬盘的利润远高于销售传统笔记本电脑硬盘。

C．固态硬盘很贵，给老旧笔记本换装硬盘费用不低。

D．使用者的游戏体验很大程度上取决于笔记本的显卡，而老旧笔记本电脑显卡较差。

E．少部分老旧笔记本电脑的 CPU 性能很差，内存也小。

52~53 基于以下题干：

钟医生："通常，医学研究的重要成果在杂志发表之前需要经过匿名评审，这需要耗费不少时间。如果研究者能放弃这段等待时间而事先公开其成果，我们的公共卫生水平就可以伴随着医学发现更快获得提高。因为新医学信息的及时公布将允许人们利用这些信息提高他们的健康水平。"

52. 以下哪项最可能是钟医生论证所依赖的假设？

A．即使医学论文还没有在杂志发表，人们还是会使用已公开的相关新信息。

B．因为工作繁忙，许多医学研究者不愿成为论文评审者。

C．首次发表于匿名评审杂志的新医学信息一般无法引起公众的注意。

D．许多医学杂志的论文评审者本身并不是医学研究专家。

E．部分医学研究者愿意放弃在杂志上发表，而选择事先公开其成果。

53. 以下哪项如果为真，最能削弱钟医生的论证？

A．人们常常根据新发表的医学信息来调整他们的生活方式。

B．大部分医学杂志不愿意放弃匿名评审制度。

C．有些媒体常常会提前报道那些匿名评审杂志准备发表的医学研究成果。

D．社会公共卫生水平的提高还取决于其他因素，并不完全依赖于医学新发现。

E．匿名评审常常能阻止那些含有错误结论的文章发表。

54~55 题基于以下题干：

江海大学的校园美食节开幕了，某女生宿舍有 5 人积极报名参加此次活动，她们的姓名分别为金粲、木心、水仙、火珊、土润。举办方要求，每位报名者只做一道菜品参加评比，但需自备食材。限于条件，该宿舍所备食材仅有 5 种：金针菇、木耳、水蜜桃、火腿和土豆，要求每种食材只能有 2 人选用，每人又只能选用 2 种食材，并且每人所选食材名称的第一个字与自己的姓氏均不相同。已知：

（1）如果金粲选水蜜桃，则水仙不选金针菇；

（2）如果木心选金针菇或土豆，则她也须选木耳；

（3）如果火珊选水蜜桃，则她也须选木耳和土豆；

（4）如果木心选火腿，则火珊不选金针菇。

54. 根据上述信息，可以得出以下哪项？

A．木心选用水蜜桃、土豆。

B．水仙选用金针菇、火腿。

C．土润选用金针菇、水蜜桃。

D．火珊选用木耳、水蜜桃。

E．金粲选用木耳、土豆。

55. 如果水仙选用土豆，则可以得出以下哪项？

A．木心选用金针菇、水蜜桃。   B．金粲选用木耳、火腿。

C．火珊选用金针菇、土豆。   D．水仙选用木耳、土豆。

E．土润选用水蜜桃、火腿。

四、写作：第 56～57 小题，共 65 分。其中论证有效性分析 30 分，论说文 35 分。

56. **论证有效性分析：分析下述论证中存在的缺陷和漏洞，选择若干要点，写一篇 600 字左右的文章，对该论证的有效性进行分析和评论。（论证有效性分析的一般要点是：概念特别是核心概念的界定和使用是否准确并前后一致，有无各种明显的逻辑错误，论证的论据是否成立并支持结论，结论成立的条件是否充分，等等。）**

现在人们常在谈论大学毕业生就业难的问题，其实大学生的就业并不难。

据国家统计局数据，2012 年我国劳动年龄人口比 2011 年减少了 345 万，这说明我国劳动力的供应从过剩变成了短缺。据报道，近年长三角等地区频频出现"用工荒"现象，2015 年第二季度我国岗位空缺与求职人数的比率均为 1.06，表明劳动力市场需求大于供给。因此，我国的大学生其实是供不应求的。

还有，一个人受教育程度越高，他的整体素质也就越高，适应能力就越强，当然也就越容易就业，大学生显然比其他社会群体更容易就业，再说大学生就业难就没有道理了。

实际上，一部分大学生就业难，是因为其所学专业与市场需求不相适应，或对就业岗位的要求过高。因此，只要根据市场需求调整高校专业设置，对大学生进行就业教育以改变他们的就业观念，鼓励大学生自主创业，那么大学生的就业难问题将不复存在。

总之，大学生的就业并不是什么问题，我们大可不必为此顾虑重重。

57. 论说文：根据下述材料，写一篇 700 字左右的论说文，题目自拟。

亚里士多德说："城邦的本质在于多样化，而不在于一致性。……无论是家庭还是城邦，它们的内部都有着一定的一致性。不然的话，它们是不可能组建起来的。但这种一致性是有一定限度的。……同一种声音无法实现和谐，同一个音阶也无法组成旋律。城邦也是如此，它是一个多面体。人们只能通过教育使存在着各种差异的公民统一起来组成一个共同体。"

答案速查

数学：

1—5：DCECB 6—10：BDDEE 11—15：DACDE

16—20：BCACE 21—25：ACBAD

逻辑：

26—30：AECDB 31—35：ADACA 36—40：DEEEB

41—45：BADEC 46—50：BDDBA 51—55：DAECB

写作：

56—57：略

试卷解析

使用 MBA 大师 App 扫描下方二维码可查看试卷解析

扫码查看数学解析

扫码查看逻辑解析

扫码查看写作解析

写作

56、论证有效性分析

▲ 100

▲ 200

▲ 300

▲ 400

请在各题目的答题区域内作答，超出答题区域的答案无效

▲ 500

▲ 600

▲ 700

57、论说文

▲ 100

▲ 200

写作

56、论证有效性分析

▲ 100

▲ 200

▲ 300

▲ 400

▲ 500

▲ 600

▲ 700

57、论说文

▲ 100

▲ 200

写作

56、论证有效性分析

▲ 100

▲ 200

▲ 300

▲ 400

▲ 500

▲ 600

▲ 700

57、论说文

▲ 100

▲ 200

写作

56、论证有效性分析

▲ 100

▲ 200

▲ 300

▲ 400

▲ 500

▲ 600

▲ 700

57、论说文

▲ 100

▲ 200

写作

56、论证有效性分析

▲ 100

▲ 200

▲ 300

▲ 400

▲ 500

▲ 600

▲ 700

57、论说文

▲ 100

▲ 200

写作

56、论证有效性分析

▲ 100

▲ 200

▲ 300

▲ 400

▲ 500

▲ 600

▲ 700

57、论说文

▲ 100

▲ 200

写作

56、论证有效性分析

▲ 100

▲ 200

▲ 300

▲ 400

▲ 500

▲ 600

▲ 700

57、论说文

▲ 100

▲ 200

写作

56、论证有效性分析

▲ 100

▲ 200

▲ 300

▲ 400

▲ 500

▲ 600

▲ 700

57、论说文

▲ 100

▲ 200

写作

56、论证有效性分析

▲ 100

▲ 200

▲ 300

▲ 400

考生姓名：＿＿＿＿＿＿＿＿

▲ 500

▲ 600

▲ 700

57、论说文

▲ 100

▲ 200

写作

56、论证有效性分析

▲ 100

▲ 200

▲ 300

▲ 400

▲ 500

▲ 600

▲ 700

57、论说文

▲ 100

▲ 200

▲ 300

▲ 400

▲ 500

▲ 600

▲ 700

▲ 800

全国硕士研究生入学统一考试

管理类专业学位联考综合能力答题卡(199)

报考单位

准考证号（左对齐）

0 0 0 0 0 0 0 0 0 0 0 0 0 0 0
1 1 1 1 1 1 1 1 1 1 1 1 1 1 1
2 2 2 2 2 2 2 2 2 2 2 2 2 2 2
3 3 3 3 3 3 3 3 3 3 3 3 3 3 3
4 4 4 4 4 4 4 4 4 4 4 4 4 4 4
5 5 5 5 5 5 5 5 5 5 5 5 5 5 5
6 6 6 6 6 6 6 6 6 6 6 6 6 6 6
7 7 7 7 7 7 7 7 7 7 7 7 7 7 7
8 8 8 8 8 8 8 8 8 8 8 8 8 8 8
9 9 9 9 9 9 9 9 9 9 9 9 9 9 9

考生姓名

注意事项

1、填（书）写必须使用黑色字迹签字笔，笔迹工整、字迹清楚;涂写部分必须使用2B铅笔填涂。

2、选择题答案必须用2B铅笔涂在答题卡相应题号的选项上，非选择题答案必须书写在答题卡指定位置的边框区域内超出答题区域书写的答案无效；在草稿纸上、试题册上答题无效。

3、保持答题卡整洁、不要折叠，严禁在答题卡上做任何标记，否则按无效答卷处理。

4、考生须将"考生信息条形码"粘贴在答题卡的"考生信息条形码粘贴位置"框中。

正确涂卡 ■   **错误涂卡** ☑ ☒ ◧ ● ⊡ ⊘ ▬

缺考标记 ☐   缺考考生由监考员贴条码，并用2B铅笔填涂缺考标记。加盖缺考章时，请勿遮盖信息点。

1 [A] [B] [C] [D] [E]   6 [A] [B] [C] [D] [E]   11 [A] [B] [C] [D] [E]
2 [A] [B] [C] [D] [E]   7 [A] [B] [C] [D] [E]   12 [A] [B] [C] [D] [E]
3 [A] [B] [C] [D] [E]   8 [A] [B] [C] [D] [E]   13 [A] [B] [C] [D] [E]
4 [A] [B] [C] [D] [E]   9 [A] [B] [C] [D] [E]   14 [A] [B] [C] [D] [E]
5 [A] [B] [C] [D] [E]   10 [A] [B] [C] [D] [E]   15 [A] [B] [C] [D] [E]

16 [A] [B] [C] [D] [E]   21 [A] [B] [C] [D] [E]   26 [A] [B] [C] [D] [E]
17 [A] [B] [C] [D] [E]   22 [A] [B] [C] [D] [E]   27 [A] [B] [C] [D] [E]
18 [A] [B] [C] [D] [E]   23 [A] [B] [C] [D] [E]   28 [A] [B] [C] [D] [E]
19 [A] [B] [C] [D] [E]   24 [A] [B] [C] [D] [E]   29 [A] [B] [C] [D] [E]
20 [A] [B] [C] [D] [E]   25 [A] [B] [C] [D] [E]   30 [A] [B] [C] [D] [E]

31 [A] [B] [C] [D] [E]   36 [A] [B] [C] [D] [E]   41 [A] [B] [C] [D] [E]
32 [A] [B] [C] [D] [E]   37 [A] [B] [C] [D] [E]   42 [A] [B] [C] [D] [E]
33 [A] [B] [C] [D] [E]   38 [A] [B] [C] [D] [E]   43 [A] [B] [C] [D] [E]
34 [A] [B] [C] [D] [E]   39 [A] [B] [C] [D] [E]   44 [A] [B] [C] [D] [E]
35 [A] [B] [C] [D] [E]   40 [A] [B] [C] [D] [E]   45 [A] [B] [C] [D] [E]

46 [A] [B] [C] [D] [E]   51 [A] [B] [C] [D] [E]
47 [A] [B] [C] [D] [E]   52 [A] [B] [C] [D] [E]
48 [A] [B] [C] [D] [E]   53 [A] [B] [C] [D] [E]
49 [A] [B] [C] [D] [E]   54 [A] [B] [C] [D] [E]
50 [A] [B] [C] [D] [E]   55 [A] [B] [C] [D] [E]

请在各题目的答题区域内作答，超出答题区域的答案无效

▲ 300

▲ 400

▲ 500

▲ 600

▲ 700

▲ 800

全国硕士研究生入学统一考试

管理类专业学位联考综合能力答题卡(199)

1 [A] [B] [C] [D] [E]   6 [A] [B] [C] [D] [E]   11 [A] [B] [C] [D] [E]
2 [A] [B] [C] [D] [E]   7 [A] [B] [C] [D] [E]   12 [A] [B] [C] [D] [E]
3 [A] [B] [C] [D] [E]   8 [A] [B] [C] [D] [E]   13 [A] [B] [C] [D] [E]
4 [A] [B] [C] [D] [E]   9 [A] [B] [C] [D] [E]   14 [A] [B] [C] [D] [E]
5 [A] [B] [C] [D] [E]   10 [A] [B] [C] [D] [E]   15 [A] [B] [C] [D] [E]

16 [A] [B] [C] [D] [E]   21 [A] [B] [C] [D] [E]   26 [A] [B] [C] [D] [E]
17 [A] [B] [C] [D] [E]   22 [A] [B] [C] [D] [E]   27 [A] [B] [C] [D] [E]
18 [A] [B] [C] [D] [E]   23 [A] [B] [C] [D] [E]   28 [A] [B] [C] [D] [E]
19 [A] [B] [C] [D] [E]   24 [A] [B] [C] [D] [E]   29 [A] [B] [C] [D] [E]
20 [A] [B] [C] [D] [E]   25 [A] [B] [C] [D] [E]   30 [A] [B] [C] [D] [E]

31 [A] [B] [C] [D] [E]   36 [A] [B] [C] [D] [E]   41 [A] [B] [C] [D] [E]
32 [A] [B] [C] [D] [E]   37 [A] [B] [C] [D] [E]   42 [A] [B] [C] [D] [E]
33 [A] [B] [C] [D] [E]   38 [A] [B] [C] [D] [E]   43 [A] [B] [C] [D] [E]
34 [A] [B] [C] [D] [E]   39 [A] [B] [C] [D] [E]   44 [A] [B] [C] [D] [E]
35 [A] [B] [C] [D] [E]   40 [A] [B] [C] [D] [E]   45 [A] [B] [C] [D] [E]

46 [A] [B] [C] [D] [E]   51 [A] [B] [C] [D] [E]
47 [A] [B] [C] [D] [E]   52 [A] [B] [C] [D] [E]
48 [A] [B] [C] [D] [E]   53 [A] [B] [C] [D] [E]
49 [A] [B] [C] [D] [E]   54 [A] [B] [C] [D] [E]
50 [A] [B] [C] [D] [E]   55 [A] [B] [C] [D] [E]

请在各题目的答题区域内作答，超出答题区域的答案无效

▲ 300

▲ 400

▲ 500

▲ 600

▲ 700

▲ 800

全国硕士研究生入学统一考试

管理类专业学位联考综合能力答题卡(199)

<table>
<tr><td>报考单位</td><td rowspan="2">准考证号（左对齐）</td></tr>
</table>

报考单位

准考证号（左对齐）

考生姓名

注意事项

1、填（书）写必须使用黑色字迹签字笔，笔迹工整、字迹清楚;涂写部分必须使用2B铅笔填涂。

2、选择题答案必须用2B铅笔涂在答题卡相应题号的选项上，非选择题答案必须书写在答题卡指定位置的边框区域内 超出答题区域书写的答案无效；在草稿纸上、试题册上答题无效。

3、保持答题卡整洁、不要折叠，严禁在答题卡上做任何标记，否则按无效答卷处理。

4、考生须将"考生信息条形码"粘贴在答题卡的"考生信息条形码粘贴位置"框中。

正确涂卡 ■   **错误涂卡** ☑ ☒ ▐ ● ◢ ▬

缺考标记 □   缺考考生由监考员贴条码，并用2B铅笔填涂缺考标记。加盖缺考章时，请勿遮盖信息点。

1 [A] [B] [C] [D] [E]　　6 [A] [B] [C] [D] [E]　　11 [A] [B] [C] [D] [E]
2 [A] [B] [C] [D] [E]　　7 [A] [B] [C] [D] [E]　　12 [A] [B] [C] [D] [E]
3 [A] [B] [C] [D] [E]　　8 [A] [B] [C] [D] [E]　　13 [A] [B] [C] [D] [E]
4 [A] [B] [C] [D] [E]　　9 [A] [B] [C] [D] [E]　　14 [A] [B] [C] [D] [E]
5 [A] [B] [C] [D] [E]　　10 [A] [B] [C] [D] [E]　　15 [A] [B] [C] [D] [E]

16 [A] [B] [C] [D] [E]　　21 [A] [B] [C] [D] [E]　　26 [A] [B] [C] [D] [E]
17 [A] [B] [C] [D] [E]　　22 [A] [B] [C] [D] [E]　　27 [A] [B] [C] [D] [E]
18 [A] [B] [C] [D] [E]　　23 [A] [B] [C] [D] [E]　　28 [A] [B] [C] [D] [E]
19 [A] [B] [C] [D] [E]　　24 [A] [B] [C] [D] [E]　　29 [A] [B] [C] [D] [E]
20 [A] [B] [C] [D] [E]　　25 [A] [B] [C] [D] [E]　　30 [A] [B] [C] [D] [E]

31 [A] [B] [C] [D] [E]　　36 [A] [B] [C] [D] [E]　　41 [A] [B] [C] [D] [E]
32 [A] [B] [C] [D] [E]　　37 [A] [B] [C] [D] [E]　　42 [A] [B] [C] [D] [E]
33 [A] [B] [C] [D] [E]　　38 [A] [B] [C] [D] [E]　　43 [A] [B] [C] [D] [E]
34 [A] [B] [C] [D] [E]　　39 [A] [B] [C] [D] [E]　　44 [A] [B] [C] [D] [E]
35 [A] [B] [C] [D] [E]　　40 [A] [B] [C] [D] [E]　　45 [A] [B] [C] [D] [E]

46 [A] [B] [C] [D] [E]　　51 [A] [B] [C] [D] [E]
47 [A] [B] [C] [D] [E]　　52 [A] [B] [C] [D] [E]
48 [A] [B] [C] [D] [E]　　53 [A] [B] [C] [D] [E]
49 [A] [B] [C] [D] [E]　　54 [A] [B] [C] [D] [E]
50 [A] [B] [C] [D] [E]　　55 [A] [B] [C] [D] [E]

请在各题目的答题区域内作答，超出答题区域的答案无效

▲ 300

▲ 400

▲ 500

▲ 600

▲ 700

▲ 800

全国硕士研究生入学统一考试

管理类专业学位联考综合能力答题卡(199)

报考单位

考生姓名

注意事项

1、填（书）写必须使用黑色字迹签字笔，笔迹工整、字迹清楚;涂写部分必须使用2B铅笔填涂。

2、选择题答案必须用2B铅笔涂在答题卡相应题号的选项上，非选择题答案必须书写在答题卡指定位置的边框区域内超出答题区域书写的答案无效；在草稿纸上、试题册上答题无效。

3、保持答题卡整洁、不要折叠，严禁在答题卡上做任何标记，否则按无效答卷处理。

4、考生须将"考生信息条形码"粘贴在答题卡的"考生信息条形码粘贴位置"框中。

正确涂卡	■	错误涂卡	☑ ☒ ◧ ● ⬓ ⬔ ▬
缺考标记	☐	缺考考生由监考员贴条码，并用2B铅笔填涂缺考标记。加盖缺考章时，请勿遮盖信息点。	

1 [A] [B] [C] [D] [E]   6 [A] [B] [C] [D] [E]   11 [A] [B] [C] [D] [E]
2 [A] [B] [C] [D] [E]   7 [A] [B] [C] [D] [E]   12 [A] [B] [C] [D] [E]
3 [A] [B] [C] [D] [E]   8 [A] [B] [C] [D] [E]   13 [A] [B] [C] [D] [E]
4 [A] [B] [C] [D] [E]   9 [A] [B] [C] [D] [E]   14 [A] [B] [C] [D] [E]
5 [A] [B] [C] [D] [E]   10 [A] [B] [C] [D] [E]   15 [A] [B] [C] [D] [E]

16 [A] [B] [C] [D] [E]   21 [A] [B] [C] [D] [E]   26 [A] [B] [C] [D] [E]
17 [A] [B] [C] [D] [E]   22 [A] [B] [C] [D] [E]   27 [A] [B] [C] [D] [E]
18 [A] [B] [C] [D] [E]   23 [A] [B] [C] [D] [E]   28 [A] [B] [C] [D] [E]
19 [A] [B] [C] [D] [E]   24 [A] [B] [C] [D] [E]   29 [A] [B] [C] [D] [E]
20 [A] [B] [C] [D] [E]   25 [A] [B] [C] [D] [E]   30 [A] [B] [C] [D] [E]

31 [A] [B] [C] [D] [E]   36 [A] [B] [C] [D] [E]   41 [A] [B] [C] [D] [E]
32 [A] [B] [C] [D] [E]   37 [A] [B] [C] [D] [E]   42 [A] [B] [C] [D] [E]
33 [A] [B] [C] [D] [E]   38 [A] [B] [C] [D] [E]   43 [A] [B] [C] [D] [E]
34 [A] [B] [C] [D] [E]   39 [A] [B] [C] [D] [E]   44 [A] [B] [C] [D] [E]
35 [A] [B] [C] [D] [E]   40 [A] [B] [C] [D] [E]   45 [A] [B] [C] [D] [E]

46 [A] [B] [C] [D] [E]   51 [A] [B] [C] [D] [E]
47 [A] [B] [C] [D] [E]   52 [A] [B] [C] [D] [E]
48 [A] [B] [C] [D] [E]   53 [A] [B] [C] [D] [E]
49 [A] [B] [C] [D] [E]   54 [A] [B] [C] [D] [E]
50 [A] [B] [C] [D] [E]   55 [A] [B] [C] [D] [E]

请在各题目的答题区域内作答，超出答题区域的答案无效

▲ 300

▲ 400

▲ 500

▲ 600

▲ 700

▲ 800

全国硕士研究生入学统一考试

管理类专业学位联考综合能力答题卡(199)

报考单位	准考证号（左对齐）

准考证号数字栏 0 1 2 3 4 5 6 7 8 9（每列重复）

考生姓名

注意事项

1、填（书）写必须使用黑色字迹签字笔，笔迹工整、字迹清楚；涂写部分必须使用2B铅笔填涂。

2、选择题答案必须用2B铅笔涂在答题卡相应题号的选项上，非选择题答案必须书写在答题卡指定位置的边框区域内超出答题区域书写的答案无效；在草稿纸上、试题册上答题无效。

3、保持答题卡整洁、不要折叠，严禁在答题卡上做任何标记，否则按无效答卷处理。

4、考生须将"考生信息条形码"粘贴在答题卡的"考生信息条码粘贴位置"框中。

正确涂卡 ■	错误涂卡 ☑ ☒ ◪ ● ◺ ◿ ▬
缺考标记 ☐	缺考考生由监考员贴条码，并用2B铅笔填涂缺考标记。加盖缺考章时，请勿遮盖信息点。

1 [A] [B] [C] [D] [E]　　6 [A] [B] [C] [D] [E]　　11 [A] [B] [C] [D] [E]
2 [A] [B] [C] [D] [E]　　7 [A] [B] [C] [D] [E]　　12 [A] [B] [C] [D] [E]
3 [A] [B] [C] [D] [E]　　8 [A] [B] [C] [D] [E]　　13 [A] [B] [C] [D] [E]
4 [A] [B] [C] [D] [E]　　9 [A] [B] [C] [D] [E]　　14 [A] [B] [C] [D] [E]
5 [A] [B] [C] [D] [E]　　10 [A] [B] [C] [D] [E]　　15 [A] [B] [C] [D] [E]

16 [A] [B] [C] [D] [E]　　21 [A] [B] [C] [D] [E]　　26 [A] [B] [C] [D] [E]
17 [A] [B] [C] [D] [E]　　22 [A] [B] [C] [D] [E]　　27 [A] [B] [C] [D] [E]
18 [A] [B] [C] [D] [E]　　23 [A] [B] [C] [D] [E]　　28 [A] [B] [C] [D] [E]
19 [A] [B] [C] [D] [E]　　24 [A] [B] [C] [D] [E]　　29 [A] [B] [C] [D] [E]
20 [A] [B] [C] [D] [E]　　25 [A] [B] [C] [D] [E]　　30 [A] [B] [C] [D] [E]

31 [A] [B] [C] [D] [E]　　36 [A] [B] [C] [D] [E]　　41 [A] [B] [C] [D] [E]
32 [A] [B] [C] [D] [E]　　37 [A] [B] [C] [D] [E]　　42 [A] [B] [C] [D] [E]
33 [A] [B] [C] [D] [E]　　38 [A] [B] [C] [D] [E]　　43 [A] [B] [C] [D] [E]
34 [A] [B] [C] [D] [E]　　39 [A] [B] [C] [D] [E]　　44 [A] [B] [C] [D] [E]
35 [A] [B] [C] [D] [E]　　40 [A] [B] [C] [D] [E]　　45 [A] [B] [C] [D] [E]

46 [A] [B] [C] [D] [E]　　51 [A] [B] [C] [D] [E]
47 [A] [B] [C] [D] [E]　　52 [A] [B] [C] [D] [E]
48 [A] [B] [C] [D] [E]　　53 [A] [B] [C] [D] [E]
49 [A] [B] [C] [D] [E]　　54 [A] [B] [C] [D] [E]
50 [A] [B] [C] [D] [E]　　55 [A] [B] [C] [D] [E]

请在各题目的答题区域内作答，超出答题区域的答案无效

▲ 300

▲ 400

▲ 500

▲ 600

▲ 700

▲ 800

全国硕士研究生入学统一考试

管理类专业学位联考综合能力答题卡(199)

报考单位

准考证号（左对齐）

考生姓名

注意事项

1、填（书）写必须使用黑色字迹签字笔，笔迹工整、字迹清楚;涂写部分必须使用2B铅笔填涂。

2、选择题答案必须用2B铅笔涂在答题卡相应题号的选项上，非选择题答案必须书写在答题卡指定位置的边框区域内超出答题区域书写的答案无效；在草稿纸上、试题册上答题无效。

3、保持答题卡整洁、不要折叠，严禁在答题卡上做任何标记，否则按无效答卷处理。

4、考生须将"考生信息条形码"粘贴在答题卡的"考生信息条形码粘贴位置"框中。

正确涂卡 ■   **错误涂卡** ☑ ☒ ▮ ● ◺ ⊘ ▬

缺考标记 ☐   缺考考生由监考员贴条码，并用2B铅笔填涂缺考标记。加盖缺考章时，请勿遮盖信息点。

1 [A] [B] [C] [D] [E]　　6 [A] [B] [C] [D] [E]　　11 [A] [B] [C] [D] [E]
2 [A] [B] [C] [D] [E]　　7 [A] [B] [C] [D] [E]　　12 [A] [B] [C] [D] [E]
3 [A] [B] [C] [D] [E]　　8 [A] [B] [C] [D] [E]　　13 [A] [B] [C] [D] [E]
4 [A] [B] [C] [D] [E]　　9 [A] [B] [C] [D] [E]　　14 [A] [B] [C] [D] [E]
5 [A] [B] [C] [D] [E]　　10 [A] [B] [C] [D] [E]　　15 [A] [B] [C] [D] [E]

16 [A] [B] [C] [D] [E]　　21 [A] [B] [C] [D] [E]　　26 [A] [B] [C] [D] [E]
17 [A] [B] [C] [D] [E]　　22 [A] [B] [C] [D] [E]　　27 [A] [B] [C] [D] [E]
18 [A] [B] [C] [D] [E]　　23 [A] [B] [C] [D] [E]　　28 [A] [B] [C] [D] [E]
19 [A] [B] [C] [D] [E]　　24 [A] [B] [C] [D] [E]　　29 [A] [B] [C] [D] [E]
20 [A] [B] [C] [D] [E]　　25 [A] [B] [C] [D] [E]　　30 [A] [B] [C] [D] [E]

31 [A] [B] [C] [D] [E]　　36 [A] [B] [C] [D] [E]　　41 [A] [B] [C] [D] [E]
32 [A] [B] [C] [D] [E]　　37 [A] [B] [C] [D] [E]　　42 [A] [B] [C] [D] [E]
33 [A] [B] [C] [D] [E]　　38 [A] [B] [C] [D] [E]　　43 [A] [B] [C] [D] [E]
34 [A] [B] [C] [D] [E]　　39 [A] [B] [C] [D] [E]　　44 [A] [B] [C] [D] [E]
35 [A] [B] [C] [D] [E]　　40 [A] [B] [C] [D] [E]　　45 [A] [B] [C] [D] [E]

46 [A] [B] [C] [D] [E]　　51 [A] [B] [C] [D] [E]
47 [A] [B] [C] [D] [E]　　52 [A] [B] [C] [D] [E]
48 [A] [B] [C] [D] [E]　　53 [A] [B] [C] [D] [E]
49 [A] [B] [C] [D] [E]　　54 [A] [B] [C] [D] [E]
50 [A] [B] [C] [D] [E]　　55 [A] [B] [C] [D] [E]

请在各题目的答题区域内作答，超出答题区域的答案无效

▲ 300

▲ 400

▲ 500

▲ 600

▲ 700

▲ 800

全国硕士研究生入学统一考试

管理类专业学位联考综合能力答题卡(199)

报考单位

考生姓名

注意事项

1、填（书）写必须使用黑色字迹签字笔，笔迹工整、字迹清楚;涂写部分必须使用2B铅笔填涂。

2、选择题答案必须用2B铅笔涂在答题卡相应题号的选项上，非选择题答案必须书写在答题卡指定位置的边框区域内超出答题区域书写的答案无效；在草稿纸上、试题册上答题无效。

3、保持答题卡整洁、不要折叠，严禁在答题卡上做任何标记，否则按无效答卷处理。

4、考生须将"考生信息条形码"粘贴在答题卡的"考生信息条形码粘贴位置"框中。

正确涂卡 ■   错误涂卡 ☑ ☒ ▬ ● ◩ ◪ ▬

缺考标记 ☐   缺考考生由监考员贴条码，并用2B铅笔填涂缺考标记。加盖缺考章时，请勿遮盖信息点。

1 [A] [B] [C] [D] [E]   6 [A] [B] [C] [D] [E]   11 [A] [B] [C] [D] [E]
2 [A] [B] [C] [D] [E]   7 [A] [B] [C] [D] [E]   12 [A] [B] [C] [D] [E]
3 [A] [B] [C] [D] [E]   8 [A] [B] [C] [D] [E]   13 [A] [B] [C] [D] [E]
4 [A] [B] [C] [D] [E]   9 [A] [B] [C] [D] [E]   14 [A] [B] [C] [D] [E]
5 [A] [B] [C] [D] [E]   10 [A] [B] [C] [D] [E]   15 [A] [B] [C] [D] [E]

16 [A] [B] [C] [D] [E]   21 [A] [B] [C] [D] [E]   26 [A] [B] [C] [D] [E]
17 [A] [B] [C] [D] [E]   22 [A] [B] [C] [D] [E]   27 [A] [B] [C] [D] [E]
18 [A] [B] [C] [D] [E]   23 [A] [B] [C] [D] [E]   28 [A] [B] [C] [D] [E]
19 [A] [B] [C] [D] [E]   24 [A] [B] [C] [D] [E]   29 [A] [B] [C] [D] [E]
20 [A] [B] [C] [D] [E]   25 [A] [B] [C] [D] [E]   30 [A] [B] [C] [D] [E]

31 [A] [B] [C] [D] [E]   36 [A] [B] [C] [D] [E]   41 [A] [B] [C] [D] [E]
32 [A] [B] [C] [D] [E]   37 [A] [B] [C] [D] [E]   42 [A] [B] [C] [D] [E]
33 [A] [B] [C] [D] [E]   38 [A] [B] [C] [D] [E]   43 [A] [B] [C] [D] [E]
34 [A] [B] [C] [D] [E]   39 [A] [B] [C] [D] [E]   44 [A] [B] [C] [D] [E]
35 [A] [B] [C] [D] [E]   40 [A] [B] [C] [D] [E]   45 [A] [B] [C] [D] [E]

46 [A] [B] [C] [D] [E]   51 [A] [B] [C] [D] [E]
47 [A] [B] [C] [D] [E]   52 [A] [B] [C] [D] [E]
48 [A] [B] [C] [D] [E]   53 [A] [B] [C] [D] [E]
49 [A] [B] [C] [D] [E]   54 [A] [B] [C] [D] [E]
50 [A] [B] [C] [D] [E]   55 [A] [B] [C] [D] [E]

请在各题目的答题区域内作答，超出答题区域的答案无效

▲ 300

▲ 400

▲ 500

▲ 600

▲ 700

▲ 800

全国硕士研究生入学统一考试

管理类专业学位联考综合能力答题卡(199)

报考单位

准考证号（左对齐）

0	0	0	0	0	0	0	0	0	0	0	0	0	0	0
1	1	1	1	1	1	1	1	1	1	1	1	1	1	1
2	2	2	2	2	2	2	2	2	2	2	2	2	2	2
3	3	3	3	3	3	3	3	3	3	3	3	3	3	3
4	4	4	4	4	4	4	4	4	4	4	4	4	4	4
5	5	5	5	5	5	5	5	5	5	5	5	5	5	5
6	6	6	6	6	6	6	6	6	6	6	6	6	6	6
7	7	7	7	7	7	7	7	7	7	7	7	7	7	7
8	8	8	8	8	8	8	8	8	8	8	8	8	8	8
9	9	9	9	9	9	9	9	9	9	9	9	9	9	9

考生姓名

注意事项

1、填（书）写必须使用黑色字迹签字笔，笔迹工整、字迹清楚;涂写部分必须使用2B铅笔填涂。

2、选择题答案必须用2B铅笔涂在答题卡相应题号的选项上，非选择题答案必须书写在答题卡指定位置的边框区域内超出答题区域书写的答案无效；在草稿纸上、试题册上答题无效。

3、保持答题卡整洁、不要折叠，严禁在答题卡上做任何标记，否则按无效答卷处理。

4、考生须将"考生信息条形码"粘贴在答题卡的"考生信息条形码粘贴位置"框中。

正确涂卡 ■

错误涂卡 ☑ ☒ ■ ● ◩ ╱ ▬

缺考标记 ☐   缺考考生由监考员贴条码，并用2B铅笔填涂缺考标记。加盖缺考章时，请勿遮盖信息点。

---

1 [A] [B] [C] [D] [E]   6 [A] [B] [C] [D] [E]   11 [A] [B] [C] [D] [E]
2 [A] [B] [C] [D] [E]   7 [A] [B] [C] [D] [E]   12 [A] [B] [C] [D] [E]
3 [A] [B] [C] [D] [E]   8 [A] [B] [C] [D] [E]   13 [A] [B] [C] [D] [E]
4 [A] [B] [C] [D] [E]   9 [A] [B] [C] [D] [E]   14 [A] [B] [C] [D] [E]
5 [A] [B] [C] [D] [E]   10 [A] [B] [C] [D] [E]   15 [A] [B] [C] [D] [E]

16 [A] [B] [C] [D] [E]   21 [A] [B] [C] [D] [E]   26 [A] [B] [C] [D] [E]
17 [A] [B] [C] [D] [E]   22 [A] [B] [C] [D] [E]   27 [A] [B] [C] [D] [E]
18 [A] [B] [C] [D] [E]   23 [A] [B] [C] [D] [E]   28 [A] [B] [C] [D] [E]
19 [A] [B] [C] [D] [E]   24 [A] [B] [C] [D] [E]   29 [A] [B] [C] [D] [E]
20 [A] [B] [C] [D] [E]   25 [A] [B] [C] [D] [E]   30 [A] [B] [C] [D] [E]

31 [A] [B] [C] [D] [E]   36 [A] [B] [C] [D] [E]   41 [A] [B] [C] [D] [E]
32 [A] [B] [C] [D] [E]   37 [A] [B] [C] [D] [E]   42 [A] [B] [C] [D] [E]
33 [A] [B] [C] [D] [E]   38 [A] [B] [C] [D] [E]   43 [A] [B] [C] [D] [E]
34 [A] [B] [C] [D] [E]   39 [A] [B] [C] [D] [E]   44 [A] [B] [C] [D] [E]
35 [A] [B] [C] [D] [E]   40 [A] [B] [C] [D] [E]   45 [A] [B] [C] [D] [E]

46 [A] [B] [C] [D] [E]   51 [A] [B] [C] [D] [E]
47 [A] [B] [C] [D] [E]   52 [A] [B] [C] [D] [E]
48 [A] [B] [C] [D] [E]   53 [A] [B] [C] [D] [E]
49 [A] [B] [C] [D] [E]   54 [A] [B] [C] [D] [E]
50 [A] [B] [C] [D] [E]   55 [A] [B] [C] [D] [E]

请在各题目的答题区域内作答，超出答题区域的答案无效

▲ 300

▲ 400

▲ 500

▲ 600

▲ 700

▲ 800

全国硕士研究生入学统一考试

管理类专业学位联考综合能力答题卡(199)

报考单位	准考证号（左对齐）

0 0 0 0 0 0 0 0 0 0 0 0 0 0 0
1 1 1 1 1 1 1 1 1 1 1 1 1 1 1
2 2 2 2 2 2 2 2 2 2 2 2 2 2 2
3 3 3 3 3 3 3 3 3 3 3 3 3 3 3
4 4 4 4 4 4 4 4 4 4 4 4 4 4 4
5 5 5 5 5 5 5 5 5 5 5 5 5 5 5
6 6 6 6 6 6 6 6 6 6 6 6 6 6 6
7 7 7 7 7 7 7 7 7 7 7 7 7 7 7
8 8 8 8 8 8 8 8 8 8 8 8 8 8 8
9 9 9 9 9 9 9 9 9 9 9 9 9 9 9

考生姓名

注意事项

1、填（书）写必须使用黑色字迹签字笔，笔迹工整、字迹清楚;涂写部分必须使用2B铅笔填涂。

2、选择题答案必须用2B铅笔涂在答题卡相应题号的选项上，非选择题答案必须书写在答题卡指定位置的边框区域内 超出答题区域书写的答案无效；在草稿纸上、试题册上答题无效。

3、保持答题卡整洁、不要折叠，严禁在答题卡上做任何标记，否则按无效答卷处理。

4、考生须将"考生信息条形码"粘贴在答题卡的"考生信息条形码粘贴位置"框中。

正确涂卡 ■　　　　　**错误涂卡** ☑ ☒ ▬ ● ◩ ◪ ▬

缺考标记 □　　缺考考生由监考员贴条码，并用2B铅笔填涂缺考标记。加盖缺考章时，请勿遮盖信息点。

1 [A] [B] [C] [D] [E]　　6 [A] [B] [C] [D] [E]　　11 [A] [B] [C] [D] [E]
2 [A] [B] [C] [D] [E]　　7 [A] [B] [C] [D] [E]　　12 [A] [B] [C] [D] [E]
3 [A] [B] [C] [D] [E]　　8 [A] [B] [C] [D] [E]　　13 [A] [B] [C] [D] [E]
4 [A] [B] [C] [D] [E]　　9 [A] [B] [C] [D] [E]　　14 [A] [B] [C] [D] [E]
5 [A] [B] [C] [D] [E]　　10 [A] [B] [C] [D] [E]　　15 [A] [B] [C] [D] [E]

16 [A] [B] [C] [D] [E]　　21 [A] [B] [C] [D] [E]　　26 [A] [B] [C] [D] [E]
17 [A] [B] [C] [D] [E]　　22 [A] [B] [C] [D] [E]　　27 [A] [B] [C] [D] [E]
18 [A] [B] [C] [D] [E]　　23 [A] [B] [C] [D] [E]　　28 [A] [B] [C] [D] [E]
19 [A] [B] [C] [D] [E]　　24 [A] [B] [C] [D] [E]　　29 [A] [B] [C] [D] [E]
20 [A] [B] [C] [D] [E]　　25 [A] [B] [C] [D] [E]　　30 [A] [B] [C] [D] [E]

31 [A] [B] [C] [D] [E]　　36 [A] [B] [C] [D] [E]　　41 [A] [B] [C] [D] [E]
32 [A] [B] [C] [D] [E]　　37 [A] [B] [C] [D] [E]　　42 [A] [B] [C] [D] [E]
33 [A] [B] [C] [D] [E]　　38 [A] [B] [C] [D] [E]　　43 [A] [B] [C] [D] [E]
34 [A] [B] [C] [D] [E]　　39 [A] [B] [C] [D] [E]　　44 [A] [B] [C] [D] [E]
35 [A] [B] [C] [D] [E]　　40 [A] [B] [C] [D] [E]　　45 [A] [B] [C] [D] [E]

46 [A] [B] [C] [D] [E]　　51 [A] [B] [C] [D] [E]
47 [A] [B] [C] [D] [E]　　52 [A] [B] [C] [D] [E]
48 [A] [B] [C] [D] [E]　　53 [A] [B] [C] [D] [E]
49 [A] [B] [C] [D] [E]　　54 [A] [B] [C] [D] [E]
50 [A] [B] [C] [D] [E]　　55 [A] [B] [C] [D] [E]

请在各题目的答题区域内作答，超出答题区域的答案无效

▲ 300

▲ 400

▲ 500

▲ 600

▲ 700

▲ 800

全国硕士研究生入学统一考试

管理类专业学位联考综合能力答题卡(199)

<table>
<tr><td>报考单位</td></tr>
<tr><td></td></tr>
<tr><td>考生姓名</td></tr>
<tr><td></td></tr>
</table>

准考证号（左对齐）

0	0	0	0	0	0	0	0	0	0	0	0	0	0	0
1	1	1	1	1	1	1	1	1	1	1	1	1	1	1
2	2	2	2	2	2	2	2	2	2	2	2	2	2	2
3	3	3	3	3	3	3	3	3	3	3	3	3	3	3
4	4	4	4	4	4	4	4	4	4	4	4	4	4	4
5	5	5	5	5	5	5	5	5	5	5	5	5	5	5
6	6	6	6	6	6	6	6	6	6	6	6	6	6	6
7	7	7	7	7	7	7	7	7	7	7	7	7	7	7
8	8	8	8	8	8	8	8	8	8	8	8	8	8	8
9	9	9	9	9	9	9	9	9	9	9	9	9	9	9

注意事项

1、填（书）写必须使用黑色字迹签字笔，笔迹工整、字迹清楚;涂写部分必须使用2B铅笔填涂。

2、选择题答案必须用2B铅笔涂在答题卡相应题号的选项上，非选择题答案必须书写在答题卡指定位置的边框区域内超出答题区域书写的答案无效；在草稿纸上、试题册上答题无效。

3、保持答题卡整洁、不要折叠，严禁在答题卡上做任何标记，否则按无效答卷处理。

4、考生须将"考生信息条形码"粘贴在答题卡的"考生信息条形码粘贴位置"框中。

正确涂卡 ■

错误涂卡 ☑ ☒ ■ ● ◐ ◪ ▬

缺考标记 □ 缺考考生由监考员贴条码，并用2B铅笔填涂缺考标记。加盖缺考章时，请勿遮盖信息点。

---

1 [A] [B] [C] [D] [E]　　6 [A] [B] [C] [D] [E]　　11 [A] [B] [C] [D] [E]
2 [A] [B] [C] [D] [E]　　7 [A] [B] [C] [D] [E]　　12 [A] [B] [C] [D] [E]
3 [A] [B] [C] [D] [E]　　8 [A] [B] [C] [D] [E]　　13 [A] [B] [C] [D] [E]
4 [A] [B] [C] [D] [E]　　9 [A] [B] [C] [D] [E]　　14 [A] [B] [C] [D] [E]
5 [A] [B] [C] [D] [E]　　10 [A] [B] [C] [D] [E]　　15 [A] [B] [C] [D] [E]

16 [A] [B] [C] [D] [E]　　21 [A] [B] [C] [D] [E]　　26 [A] [B] [C] [D] [E]
17 [A] [B] [C] [D] [E]　　22 [A] [B] [C] [D] [E]　　27 [A] [B] [C] [D] [E]
18 [A] [B] [C] [D] [E]　　23 [A] [B] [C] [D] [E]　　28 [A] [B] [C] [D] [E]
19 [A] [B] [C] [D] [E]　　24 [A] [B] [C] [D] [E]　　29 [A] [B] [C] [D] [E]
20 [A] [B] [C] [D] [E]　　25 [A] [B] [C] [D] [E]　　30 [A] [B] [C] [D] [E]

31 [A] [B] [C] [D] [E]　　36 [A] [B] [C] [D] [E]　　41 [A] [B] [C] [D] [E]
32 [A] [B] [C] [D] [E]　　37 [A] [B] [C] [D] [E]　　42 [A] [B] [C] [D] [E]
33 [A] [B] [C] [D] [E]　　38 [A] [B] [C] [D] [E]　　43 [A] [B] [C] [D] [E]
34 [A] [B] [C] [D] [E]　　39 [A] [B] [C] [D] [E]　　44 [A] [B] [C] [D] [E]
35 [A] [B] [C] [D] [E]　　40 [A] [B] [C] [D] [E]　　45 [A] [B] [C] [D] [E]

46 [A] [B] [C] [D] [E]　　51 [A] [B] [C] [D] [E]
47 [A] [B] [C] [D] [E]　　52 [A] [B] [C] [D] [E]
48 [A] [B] [C] [D] [E]　　53 [A] [B] [C] [D] [E]
49 [A] [B] [C] [D] [E]　　54 [A] [B] [C] [D] [E]
50 [A] [B] [C] [D] [E]　　55 [A] [B] [C] [D] [E]

请在各题目的答题区域内作答，超出答题区域的答案无效